Study on Community Governance
by Law in Northwest Cities

甘肃政法大学双一流建设学术文库

西北城市社区
依法治理研究

李晟赟／著

法律出版社
LAW PRESS·CHINA
——北京——

图书在版编目(CIP)数据

西北城市社区依法治理研究 / 李晟赟著. -- 北京 :
法律出版社, 2022
(甘肃政法大学双一流建设学术文库)
ISBN 978-7-5197-6732-7

Ⅰ. ①西… Ⅱ. ①李… Ⅲ. ①城市-社区管理-研究
-西北地区 Ⅳ. ①D669.3

中国版本图书馆 CIP 数据核字(2022)第 077553 号

西北城市社区依法治理研究
XIBEI CHENGSHI SHEQU YIFA ZHILI YANJIU

李晟赟 著

策划编辑 肖 越
责任编辑 肖 越
装帧设计 汪奇峰

出版发行 法律出版社
编辑统筹 法商出版分社
责任校对 裴 黎
责任印制 胡晓雅
经　　销 新华书店

开本 710 毫米×1000 毫米 1/16
印张 13　**字数** 206 千
版本 2022 年 7 月第 1 版
印次 2022 年 7 月第 1 次印刷
印刷 北京建宏印刷有限公司

地址:北京市丰台区莲花池西里 7 号(100073)
网址:www.lawpress.com.cn
投稿邮箱:info@lawpress.com.cn
举报盗版邮箱:jbwq@lawpress.com.cn
销售电话:010-83938349
客服电话:010-83938350
咨询电话:010-63939796

书号:ISBN 978-7-5197-6732-7　**定价**:56.00 元
凡购买本社图书,如有印装错误,我社负责退换。电话:010-83938349

前　言

依法治国方略提出以来，“依法治理是最可靠、最稳定的治理”[①]的理念深入人心，已成为普遍共识。沿着法治国家、法治政府、法治社会的纵向直线思路，到了社区微观层面，人们思维惯性往往觉得照搬依法治国的要点来治理社区即可。然而，概览各地几年来尝试开展的“依法治理社区”实践状况，看上去似乎顺理成章的路径，实际进展与构想中的社区法治蓝图还有很大差距。中国城市社区，作为依法治理的适用对象以及主要实践运作场域，本身存在的二元特征成为一个重要的影响因素。

为了适应从“总体性社会”向“后单位制时代社会”转型，中国绝大多数城市社区是在原有地域型居住共同体基础上以政府宏观引导的形式建构起来，实质是社会治理末端执行载体变迁的制度性安排。故中国语境下的“社区”兼具两大特性：一方面，它是国家在应对社会转型过程中主动实施制度有效供给的产物，是国家有意识地参与、干预并行动的结果[②]，具有政治管理末端单位的事实属性。另一方面，它也大体具有意大利学者滕尼斯所言守望相助的亲密情感共同

---

① 胡建淼：《依法治理是最可靠最稳定的治理》，载中国共产党新闻网2020年1月16日，http://theory.people.com.cn/n1/2020/0116/c40531-31550663.html。

② 参见吴越菲、文军：《作为“命名政治”的中国社区建设：问题、风险及超越》，载《江苏行政学院学报》2015年第5期。

体属性。尽管经历了长时间大规模的外源性现代化变迁，中国传统的“面子”“人情”“关系”等文化在城市社区依旧有着强大的生命力，当前社区里仍然保持着熟人、半熟人社会的文化特征。众多社区工作者也一直致力于睦邻文化再建构工作，打造亲密情感型社区家园文化，这是国家大力倡导的社区文化建设主流方向。

基于上述独特的历史场景条件，若预设将“依法治国”与“依法治理社区”进行简单纵向对接，其中存在明显逻辑悖论。“依法治理”在法理学上暗含着一个前提预设，即法律适用于调解陌生人之间的社会关系，满足国家对于流动性的社会控制需要。“依法治理社区”本意是要强调坚持“法”在社会治理中的刚性地位，避免“人治”带来的随意性弊端。然而，从法律社会学角度看，中国社区虽然由政策驱动建构起来，但其居住共同体的性质决定了核心构成要素仍然是“人”。“有法必依”“执法必严”等暗含的刚性特质，在“中国社区”这一即使陌生人之间依旧讲究“人情、面子”的复杂情感场域里并不完全契合。从政治学和社会学视角看，中国社区本身并非宪法规定的行政级别单位，履行社会管理的合法性身份存疑，很难独立完成真正意义上的依法治理社区。置身于中国特色语境下，兼顾社区的现有基础，“依法治理社区”所追求的社区治理法治化这一宏大目标，应当从推动社区的“政治功能”和“社会功能”互嵌入手，完成从“刚性法治”到“柔性法治”思路转变，以契合中国社区的二元属性特征。这一过程大体涉及包括“法治精神培育、基层矛盾化解、社会共识凝聚、公共服务创新、政治生活社会化以及法治秩序构建等方面”①，但焦点问题是如何转变，转变去向哪里。这些都需要从逻辑基础和实践模式进行分析。

西北地区自然地理条件差，气候环境恶劣，同时受限于财政资金紧张，城镇化进程的速度慢，社区基础设施缺口大，建设周期长，现代化程度低；社区内贫困人口数量大，内部结构差异大，居民总体受教育程度低等。近年来虽然社区建设取得了长足的进步，但各级政府主要的工作重心仍然大多聚焦于脱贫致富、增加就业方面，因而城市社区发育程度低，治理工作起步晚，发展速度缓慢，新型的社区治理模式尚未形成。此外，西北城市社区类型多样，发展水平参差

---

① 姬艳涛、杨昌军：《社会组织在基层治理法治化中的功能及其实现》，载《中国人民公安大学学报（社会科学版）》2019 年第 5 期。

不齐，杂居特点突出，绝大部分城市社区都存在多元民俗文化传统，其所认同的秩序观在广大社区居民中仍然有着较强的影响力，在很大程度上增加了依法治理的难度。

法治化治理是城市社区正常运作和发展的重要保证之一。但在西北城市社区，无论政府还是社区居民，对依法治理社区的认识还存在一定程度的滞后性。社区工作人员自我角色往往定位为政府行政管理人员，“管理”而不是“治理”的认知依然根深蒂固，对于现代社区依法治理的重要性要么没有认识，要么过度重视某些方面。立法进度慢，跟不上社区建设实际工作需求。在开展工作过程中缺乏相应的法律制度作为规范和指引，行政色彩浓厚。许多社区治理工作既无政策指导，又无法律可依，工作随意性大。依法行政，尊重居民的知情权、参与权，开辟多元渠道引导居民参与社区治理等方面的理念依旧停留在老观念中。社区居民对于自己享有的权利义务不清楚，参与渠道少，参与面窄，法律志愿服务人员缺乏，跟不上时代发展的需求。

社区是社会发展的最基本细胞，是西北城市社会发展变迁的一个缩影。随着社区的日益发展壮大并逐渐向现代社区转型，依法治理已经迫在眉睫，是一个全新的社会治理转型的实践探索过程。在依法治国宏观背景下，开展对西北城市社区的依法治理研究，探讨依法治理在城市社区治理中的地位和作用，提出具有现实意义的对策建议，对于加快现代社区建设，提升依法治理水平，探索我国当前现代社区本土化治理模式，推进基层民主建设，保障西部社会稳定与健康发展，无论从理论层面还是从现实层面都具有重要意义。

基于以上分析，本书选取了分别处于三个发展阶段的城市社区作为样本，聚焦于社区法治的运作机制及其得以生成、运行和发展变化的根基，关注到适合本土状况的法治社区建设模式之人文基础。分别探讨了双引擎模式、政社合作模式和社区自治模式中的法治状况及其法律分别扮演的角色，对依法治理社区的理论与实践进展进行了再认识与反思，提出了软法治与硬法治相嵌合的治理思路。

本书尝试为法学与其他多学科交叉研究社区法治建设提供一个新的视野。这种创新主要表现在两方面。一方面，从逻辑起点看，西北城市社区文化情况复杂，受到现代化浪潮与传统保守文化的双重影响，市场区域、文化区域和社会关系区域一定程度上高度重合，社区主体自律性尚未具备完全的法治基础，易受到各种非理智因素的影响，呈现理性行为与非理性行为并行的地域特征。社区行政文化、道德文化应当与法治文化并行，也最容易融入社区法治化治理的早期阶段，共同打破各异质性文化间的疏离感，成为动员志愿服务、公民参与社区建设的重要手段之一。另一方面，社区法治化治理的中国本土化的建构。中国城市社区文化具有松散性、半乡土性和杂糅性，西方社区文化具有开放性、自治性和民主性。本书针对西北城市社区多元文化的热点探讨其在现代多元文化社会获得丰富生命力的可能性，以及全球化大趋势下的传播与扩展路径，建构本土话语，扬长避短，避免中国的社区法治文化事业在发展方向上盲目排外或者过度向西方学习，取其精华，弃其糟粕，期望为社区法治建设的理论与实务贡献一份力量。

目 录
CONTENTS

第一章　绪　论

第一节　新研究的需求

习近平总书记在党的十八届四种全会就《关于全面推进依法治国若干重大问题的决定》作说明时指出:“法律是治国之重器,法治是国家治理体系和治理能力的重要依托。全面推进依法治国,是解决党和国家事业发展面临的一系列重大问题,解放和增强社会活力、促进社会公平正义、维护社会和谐稳定、确保党和国家长治久安的根本要求”①。党的十九大则再次引领了依法治国新时代大方向,指出“依法治国是党领导人民治理国家的基本方式,全面依法治国是国家治理的一场深刻革命,是中国特色社会主义的本质要求和重要保障。依法治国是实现国家治理体系和治理能力现代化的必然要求。②”当下,“依法治国”新时代大背景引发国内对于“依法治理社区”的思考。但往往简单地将依法治国的思路进行垂直对应,似乎顺理成章合情合理。但以此引发延伸出

---

① 《习近平关于〈中共中央关于全面推进依法治国若干重大问题的决定〉的说明》,载共产党员新闻网 2014 年 10 月 29 日,http://cpc.people.com.cn/n/2014/1029/c64094-25927958.html。

② 参见支振锋:《十九大引领依法治国新时代》,载共产党员新闻网 2017 年 10 月 21 日,http://cpc.people.com.cn/19th/n1/2017/1021/c414305-29600381.html。

更深层次的现实难题，譬如社区权力结构、政府与社会关系、治理模式与运作逻辑、功能形态、资源禀赋、结构特征等诸多差异，往往使我们再一次对其他国家积累的社区治理的基本经验与中国本土嫁接的适应性产生诸多质疑。而且，也迫使人们进一步思考，“依法治国”的基本要点能机械照搬应用于“依法治理社区”吗？中国城市社区的二重性特点使国内学界目前观点林立，莫衷一是，时至今日尚未能细致描绘出中国城市社区依法治理模式的全景版样貌。当然，值得欣慰的是，无论如何，至少确认了社区治理的理论体系和实践运作都需要“创新”这一重要事实。这种创新应当紧密关注以下三个关键因素：

一、中国社区治理方式的转型

就全国宏观层面而言，市场经济的不断深化，城市化进程加快，人口的流动性越来越强，社会结构日益分化，都使中国城市社区基本形态发生了巨大变化。社区居民的异质性不断上升，尊重个性、倡导多方参与共治共建的观念逐渐被广大住户接受。城市社区治理模式逐渐由“全能政府”主导下的街道办、居委会制向合作主义的多元主体参与治理模式演进。这一转变过程也是一个社会治理组织体系由以往的科层制垂直结构日益转变为横向网络治理结构的扁平化过程。各参与主体由管理者与被管理者关系逐渐演变为协作与互惠关系，彼此之间通过合作、互动的方式积极主动地参与到社区的公共事务中，最终实现城市社区善治。

就地域微观层面而言，西北地区地处多元文化走廊腹地，混居社区数量庞大，社区内人口的异质性强，文化类型多元，居民之间需求差异大。与东南部发达地区相比，西北城市社区的经济基础普遍比较薄弱，居民的受教育程度偏低，信息闭塞，视野较为狭窄，一些比较保守落后的思想还根深蒂固。社区内的基础设施条件多数较差，管理方法和理念均相对落后，社区建设缺乏资金和人力资源支持，公共服务体系建设普遍较为滞后。外在的物质、人力、技术条件落后尚可通过对口支援、财政定向投入、优惠政策扶持等途径加以改善，最为棘手的难题是，由于历史及其现实原因，城市社区居民适应市场竞争的能力有差别，市场竞争导致利益分化加剧，社会矛盾多发，治理难度加大。这不但影响社区的自身发展，甚至可能会进一步引发维稳、治安等一系列问题。社区是城市的最基本细胞，是中国社会大治理长河里的一朵朵小浪花，是推动地区政治民主化、经济活跃化和社会多元化进程的重要途径之一，在当地政治、经济、社会发展中有着重要的基础作用，优化社区治理效果直接牵连着当地社会的文明进步和中国整体综合实力的内在提升。

社区若要有更好的发展，就必须顺应中国社会法治化发展的时代潮流，这既是当前各地社区平稳有序地推进社会治理方式变革的可行性路径，也为今后进一步探索深化社区治理方式变革提供了基本的法律保障，更是维护社会公平正义的重要武器。它为居民们提供一个相对公平、公正、公开的环境，倡导社区工作、社区生活在“规则”中运行，保障全体居民的合法权利，使居民在社区中不会因社会地位、经济实力的不同而遭受不平等的对待，同时也为社区居民参与社区管理、公共服务工作开辟了共建、共治、共享的多元通道。社区治理方式向“依法治理”转型已是大势所趋，同时，社区治理方式转型应当遵循中国依法治理的宏观主导方向。

二、社区建设的现实需求

社区治理所要解决的问题往往在实践中都带有一定的公共性质，常见的诸如环境卫生、小区安全、邻里矛盾、公共空间使用、噪声污染、宠物伤人等，涉及人员数量广，触及多方的现实利益。从社区发展的现实情况看，城市社区数量迅速增长，住户构成异质性突出，又面临着从传统半静态社区向现代开放型社区转变的压力，日常社区管理中容易出现多种矛盾纠纷，社区由此成为社情民意的综合反映地和各种矛盾、问题的汇聚地。作为国家依法治理体系的一个组成部分，现代社区的依法治理重要性不言而喻。靠过去由街道干部、居委会主任上门做工作的简单方式已不能适应现实的需要。

在走向市场化、信息化、国际化的转型过程中，与发达地区社区相比，当前西北社区存在语言、社会交往、生计发展、经济政策等社会治理的特殊性、复杂性因素。在社区治理工作中，如果缺乏明确的法律规章制度作为规范和指引，往往极易导致社区工作人员的过度行政化倾向，主观随意性过大，暂时性、应付性行为突出，容易引起居民的不满。在缺乏明确法律规章制度的前提下，居民认为社区工作人员个人主义色彩严重，开展工作缺乏依据，处理结果有失公正。有些地方会出现个别居民过分强调其自身特殊性，以优惠政策为依据拒绝接受社区管理，以谋求最大限度的内在个人利益现象。某些局部的问题可能会在社群中传播、扩散，小问题变成大问题，局部问题变成较大范围的问题甚至重大性问题。

各级政府在城市社区治理过程中，自身角色定位尚未完成从“管理”到“治理”的转变，服务性的政府理念尚未完全确立。西北城市社区的建设，从一开始就带着浓重的行政色彩，社区治理对政府力量过度依赖，社区事务基本由政府大包大揽。目前社区依法治理工作还存在诸多混沌，在管理上造成“真空”，立法、执法缺乏工作前瞻性，依法治理的职责不清，互相推诿或互有交叠。社区没有在依法治理环境下成长起来，居民缺乏作为一名公民应当具备的基本权利义务规范意识，也没有充分参与社区治理的实际体验和广泛的参与渠道，出现问题只会找政府，甚至采用哭、闹、打、砸等极端手段，没有真正的主人翁意识。社区治理法治化还缺乏专业社会工作者，专业化程度低，应对能力欠缺，对社会稳定造成一定隐患。

三、学术研究需要跟进

尽管目前关于社区治理的研究成果很多，研究视角和分析路径各异，都在不同程度上结合了当代中国的社会发展的实际情况，也都为理论的发展做出了各自的贡献。但对于社区的依法治理研究则相对冷清得多。从目前国内已有的研究来看，对该领域的研究存在理论研究与实践工作发展不协调、依法治理社区仍然是研究空白区和依法治理概念混乱三大主要问题。

理论研究相对不足，明显滞后于社区治理的实践。目前国内关于城市社区治理的研究很多，尤其是关于实务工作领域，各地都出版了一些研究报告、著作，生动细致地描述了各地的实践做法。表面上看第一手资料翔实丰富，但存在描述细节过多而对于城市社区治理的理论提炼非常少的问题，似乎陷入了细节资料的汪洋大海。这种情形在国内为数不多的对于社区依法治理的研究中也存在十分相似的状况。当然，造成上述问题的主要原因在于我们没有发育出系统完善的适合本土的社区治理理论，一切实践工作只能“摸着石头过河”，边干边探索。但缺少理论研究和同步凝练提升实务经验会使社区治理实践工作不断在茫然中迂回曲折，重复型实务工作往往容易缺乏持续性易于陷入停滞。

社区依法治理相对而言是一个研究空白。社区治理本身就是一个全新的研究领域，目前国内的理论研究陷入两大极端，一方面，介绍国外社区治理的理论多,本土化的理论成果少。国外的社区发展历史、社区结构、社区文化基础跟中国有很大区别,有多少经验能够拿来借鉴还是未知数。另一方面,对于城市社区依法治理的相关研究也不多。即使有,也大多都由法学界展开,主要集中于社区自治、居民参与的民主法治建设方面。而且,我国西北城市的社区,因其多年来优惠扶持政策一直有很大的影响力,随着社会全面转型,法治如何在西北社区展开运作,国家优惠政策与法治如何有效对接,都是一个全新的研究主题,亟须学者进行更多、更广泛、更深入的研究。

依法治理概念含混不清。国内关于这一关键词的研究内容十分庞杂,目前的研究并没有界定出一个清晰的概念和研究主题。有政治学、经济学、社会学、管理学等学科提出来的“大依法治理”概念,和法学、公安等学科提出来的“小依法治理”概念。实际上,具体到社区,依法治理的主体、目标、手段存在诸多差异,研究方法更是五花八门。这一概念在西北城市社区,由于历史和现实的因素,哪些领域由法律治理,哪些领域由政策治理,更需要进行十分严谨的分析。

第二节 学术史回顾

至 2020 年年底我国的城市社区治理方式已经走过了二十年的艰难探索与调试历程。之所以从 21 世纪初这一特殊时间节点起算,是因为 2001 年我国正式成为世界贸易组织的一员,随即进一步引发了全国人口大规模流动,传统的城市社区治理方式已经明显不能适应新环境的需求,从“单位制”向”“街居制”转型成为大势所趋。2000 年,《中国司法》杂志敏锐捕捉到时代浪潮,发表了《实现社区法治化文明化》一文,提出紧紧把握“依法治理、精神文明”两条主线。这一过程中,政府也在不断尝试从全能政府向有限政府角色转变,城市居民的维权意识逐渐高涨,各类社会组织如雨后春笋般纷纷涌现。因缺乏社区建设经验,曾有一段时间社区内、外部各种矛盾纠纷此起彼伏,城市社区作为新型社会细胞对于社会变革反应最为敏感,面对困局不断从各个角度尝试推动社区治理方式转型,最终逐渐清晰地定位于向法治化迈进。那么,二十多年来,社区治理法治化经历了怎样的发展历程,积累了哪些经验,吸取了哪些教训?只有对上述问题进行耐心梳理回顾，才能为今后的社区治理进一步指引方向，也为今后的理论研究和实践工作提供丰富的借鉴。

一、国外社区法治状况

（一）国外社区法治理论研究概况

在依法治理社区的理论研究方面，西方发达国家社区内事务解决主要采取居民自治形式，所以针对社区依法治理的法律规定并不多。这里我们只对国外社区治理的研究现状做一个简略考察。

1995 年，治理理论的主要创始人之一詹姆斯·罗西瑙（2001）认为，治理是一些列活动领域里的管制机制，他们虽未得到正式授权，却能有效发挥作用。美国芝加哥学派在对人文区位学说研究的基础上提出多核心理论、同心圆理论、扇形理论等社区组织模式及理论。林德夫妇（1929）通过对中镇的研究，提出了社区的精英控制模式，开创了社区权力结构的研究分支。

英国吉登斯（1984）则提出了要将社区建设整合于“公民社会问题”的社区发展新思路，主张政府和公民重新建立相互信任和合作的关系，在大力发展社区建设和社区教育的基础上建立“新型民主国家”。20 世纪 90 年代，英国地方治理指导委员会罗伯特·罗兹（1996）提出自组织网络的合作，自组织网络包括公共部门、私人部门和自愿者组织，他们通过资源交换，各取所需，能使自己的影响最大化和对其他主体的依赖最小化，在一定程度上由网络取代了市场和等级制机构，使各参与者对公共事务有一定的自主权，实现自我管理的自治性质。

2008 年，美国斯蒂芬·戈德史密斯（Stephen Goldsmith）和威廉·艾格斯（William D. Eggs）的共同著作《网络治理：公共部门的新形态》中提出一种全新的治理模式，需要政府转变角色，由非营利和营利组织等多主体广泛参与，共同提供公共服务。罗宾（Robyn）等侧重权力利益的互相制衡，认为参与者在网络中建立起依赖度高的伙伴关系，通过平衡这种相互依赖度高的非政府组织与商业组织之间的利益关系，来提升公共产出。瑞士学者格扎维尔·梅利安（Gerzavil Melian）认为，社区参与者之间应该保持适度分权，形成三权分立的状态，使社区参与者之间互相帮助和监督，而且社区治理主体之间应该是自愿平等的合作关系，有着良好的沟通协作机制。

欧克利和凯特(2015)提出,网络治理就是一个依靠技术手段,不断完善公共服务供给和促进公共部门与社会互动的过程,即政府机构、社会团体、企业、公民等多元治理主体,运用现代网络与信息技术,参与管理公共事务,增进公共价值的过程。

(二)国外社区法治实践

鉴于国情不同,历史文化有别,本书仔细研究了国外的社区运作实践。社区制度在西方发达国家产生时间较早,已经形成一系列较为成熟的制度规范。

1. 美国政府并不干预社区具体事务,只在宏观政策和法规制定上予以指导,社区本身自发形成一套行之有效的自治体系,并由社区居民、志愿者以及大量社区中介组织进行社区管理,行使社区权力。因为在美国学者看来,社区要想健康发展,首先就要远离政府行政行为的干预,然后以一种完全充满民主意识的生活方式实行自治。他们认为在这一潜移默化的过程之中,法治的精神能得到切实贯彻。

2. 日本在对待社区事务上同美国具有一定的相似之处,主要区别在于特别重视社区中介组织在社区事务中所体现的作用。不仅将社区的日常事务都交由"社区中町会"之类的组织进行管理,还制定、颁行了多部法律以规范社区中介组织的发展。多年来,社区中介组织有序健康发展,丰富了居民参与社区事务的形式,拓宽了意见表达渠道,有效地促进了社区法治的发展。

3. 新加坡特别强调政府在社区管理事务中所起的主导作用,行政色彩较浓,但政府的这种管理也并不是无限制的,必须在相关法律的规定下严格照章进行,同时还要接受社区居民、社区组织的依法监督,形成了细密完备的社会法律体系。

二、国内相关研究

(一)实践层面

由于我国城市社区建设本身起步较晚,依旧采用"摸着石头过河"的探索模式,边干边总结,先有实践后有理论,所以,本书先关注到了实践。在实践层面,社区依法治理的含义大约等于法治化治理,其重点之一是法治的实践运行机制,从 1998 年开始,国家先后在数十个省市和地区进行试点探索工作,出现了上海模式、武汉模式、沈阳模式。上海杨浦区另辟蹊径,2016 年探索建立社区法治专员制度，采用政府购买社会组织服务的方式，在政府与社区关系、社区组织性质、居民参与等制度方面都做了不少的有益创新。此外，深圳、苏州、杭州等也都探索了“党建+”的社区治理新办法，目前正在实践探索中，具体效果还需要后续研究跟进。

（二）理论层面

目前，国内学界关于城市社区治理法治化问题的系统研究尚处于起步阶段，多见于法学专家聚焦讨论法律的制度建构。在理论研究方面，国内学界主要聚焦于三个方面：

1. 社区治理法治化

鉴于国内学者常常使用“法治化治理”一词，其含义非常广，大体与本研究所称的“依法治理”相通，本研究在考察理论脉络时也将这一主题纳入文献分析范畴。

国内学者主要聚焦于目前中国城市社区治理法治化所存在的问题，继而尝试提出对策建议。杨士勇（2007）认为，当代各国社区治理实践大多走社区自治为主、政府有限指导的中间道路。但无论何种社区治理方式，社区的治理都有赖于国家法律法规制度的保障。社区的自治，总体看只能是法治状态下的自治，法治环境中的自治①。我国的城市社区建设面临对旧管理体制的否定，在建构市民社会的过程中，更缺少不了法治的保驾护航。梁迎修（2014）认为，中国城市社区治理法治化存在立法内容滞后、制度设计不科学、法律缺乏实效等问题，需要通过采取提高立法质量、加大法律实施资源投入等措施来加以解决。章再彬（2014）认为，我国城市社区治理存在法律体系不健全、选择性运用法律、信访不信法、法律方面使用边界模糊等问题，要发挥社区党组织和基层政府在推进社区治理法治化进程中的领导、主导和示范带头作用，通过科学立法、严格执法、公正司法、优化法律服务、加强法律监督等途径，完善法律体系，建构法律权威，强化法律执行，用法治为幸福社区建设保驾护航。

从社区治理法治化的角度，薛荐戈（2015）认为，西部城市社区治理法治化整体上而言还存在而较为突出的滞后性，表现为法治理念还比较缺乏、社区治理法治化的相关立法内容不明确、社区服务法律制度适用性较低。建议通过立

① 参见杨士勇：《我国城市社区治理的法制问题研究》，河北师范大学 2007 年硕士学位论文，第 25 页。

法体系和内容的完善、政府角色的重新定位和法治理念的增强、社区参与和社区自治法律保障的加强等措施实现民族地区城市社区治理的法治化。

徐勇、陈伟东(2012)认为,城市社区要特别注重法律规范对居民自治制度建设的保障。公共管理学界研究观点也基本类似,能够达成基本共识的主要观点认为权力维度、资源配置、公民自治的相关法律规范不完善、社区法律主体地位不清晰、政府与社区职责不明确等是目前存在的突出问题。

2. 社区治理理论的相关研究

夏建中(2010)从全球治理理论、国家治理理论、地方治理理论的角度,分析了社区治理理论的定义、主体、目的及其方式。主要是做了社区治理的概念提炼与理论分析论证。

吴晓林、郝丽娜(2015)认为,国内的社区治理研究既要适度借鉴国外的研究成果,跟进理论前沿,更要在“结构—过程”研究、差异化研究和本土化研究上下功夫,推动符合中国实际的“社区治理理论”的发展。其关注的焦点是本土化问题。

陈燕平(2014)与高霞(2014)观点大体一致,都是基于多中心治理理论提出了多元合作的社区治理理论。陈燕平尝试搭建出“一核多元”社区治理理论体系,作为城市社区治理的理论依据和应用框架,为社区治理的远景规划提供执行参考。高霞把视线转向农村,认为发挥农村社区治理主体的作用和功能,通过主体间的参与合作,构建政府、农村社区组织、市场、社区居民“四位一体”的农村社区治理机制,来解决我国农村社区治理所面临的难题。农村社区虽然不是本书研究的范围,但该观点具有一定的参考性。

李剑(2008)从影响城市社区治理内在和外在因素出发,提出适合经济欠发达新兴中小城市社区治理模式是政府主导型治理模式,并针对当前社区治理存在的问题。提出具体的对策建议。主要是转变政府职能,推动多元治理;培育中介组织,发挥社会力量的作用;促进社区良性互动,强化社区整合;提高社区意识,培育公民社会;提供财政政策支持,吸纳社会财力。

总之,国内从研究社区法治范式、社区法治面临困难、社区法治结构到对策建议,都有所涉及,主要表现在四个方面(见表1-1)。

表1－1　国内社区研究的进路分类

划分标准	具体内容
主体维度	国家中心主义、社会中心主义、国家与社会
权力维度	国家一元权力、社会多元权力、社区权力
历史维度	街居制、社区发展、社区建设、社区服务、社区治理
地域维度	农村社区、城市社区
层次维度	个案、区域、整体

3. 社区治理模式的相关研究

与上文社区治理理论相对应，学者所倡导的社区治理模型大体分为两类。一类是主张政府主导型。王鹏（2005）认为，应当构建我国政府主导的社区治理模式。主要路径有：推进政府职能转变；健全社区治理体制；创新社区治理制度；提高社区意识，培育公民社会；创建学习型社区，繁荣社区文化。

另一类是主张多元合作共治型。刘航（2011）通过对中外城市社区治理的情况及发展进行经验总结分析，认为我国应当把共治作为建立新型城市社区治理的模式，把城市社区管理上的政府单方向的“管治”，其特征是自上而下的“政府包办型”向政府、社会、社区、社团及社区居民共治的模式转变。

吕小辉（2013）梳理了中国城市基层社会治理的历史脉络，将中国既有的几种具有代表意义的社区治理模式和国外的社区治理模式做了比较，基于公共治理理论认为目前最适合中国的城市社区治理模式为多元合作治理，它能够较好地达到行政权力和自治权力平衡。

蒲浩荣（2014）对上海模式、沈阳模式和江汉模式进行全面总结，认为我国城市社区治理上存在的主要问题包括社区体制行政化色彩浓厚，社区居民缺乏参与社区管理的观念，缺乏相关组织参与管理社区的意识，没有形成比较有力的专门队伍。他提出的对策建议是不断创新城市社区治理机制，提高居民管理社区的参与意识，淡化社区管理的行政色彩，建立社区民间管理和志愿组织，招募更多社区专职人员，建立相应的教育场所等方面。

4. 政社关系研究

有更多的社会组织参与，构建一个“共治、共建、共享”的多元社会力量参与的社区，才能真正实现法治社区目标。社会组织如何参与、在什么范围内参与,有什么样的权利和义务,其实是政府主动让权的广度与深度的体现,背后是对国家与社会协作、共治能力的考验。关于政社合作关系的研究,国外研究主要集中于政社合作的原因、政社合作关系的类型和政社合作关系的政治功能三个方面:

其一,关于政社合作的原因。随着西方福利国家非营利组织出现的腐败、营利倾向、利他主义等诸多问题,萨拉蒙提出了"志愿失灵"的概念,认为非营利组织是社会运动的天然港湾,是社会的"安全阀",具有提供社会服务,赋权弱势群体,开展艺术、文化、宗教、娱乐活动,培育社区信任与文明礼仪之风气四项功能,与政府关系不是冲突而是合作关系①。当然,对于"志愿失灵"这一概念本身,学界有很多争议,认为任何非营利组织都存在失灵现象,并不是非营利组织独有。但我们在此主要关注到的是政社合作关系仍然有广泛的适用性价值。

20 世纪 80 年代兴起的民主行政理论的核心观点之一,是主张通过有效的制度安排实现国民实质性参与公共政策的制定过程,反映社会各阶层的利益、呼声和需求。以文森特·奥斯特洛姆和艾莉诺·奥斯特洛姆夫妇为核心的一批研究者在对发展中国家公共池塘资源进行研究的基础上,提出集权的政府单中心统治未必能够保证或提高效率,应当让乡村内部的自主性力量在公共事物领域充分发挥基础性作用。这样既可以降低政府直接控制的成本,也使乡村社会内部充满了活力。由此而凝练出了著名的多中心治理理论。应用在社区治理中,主要是指应当发挥政府、社会组织、市场、居民个人等多方面的力量,共同完成社区治理目标。

其二,政社合作关系的类型。吉德龙等学者根据政府与第三部门互动关系主体地位不同,分为政府主导模式、双元模式、协作模式、社会组织主导模式四种类型。英国学者詹妮弗·科斯顿(Jennifer Coston)(1998)全面地总结了政府与非政府组织之间的关系,根据政府对制度化多元主义的接受程度、政府与非政府组织之间的联系、二者之间的权力关系、二者之间互动的正式性、政府对非政府组织的发展政策是否有利等八项指标,将政社关系分为八类,即抑制、对

① 参见[美]莱斯特·M. 萨拉蒙:《公共服务中的伙伴——现代福利国家中政府与非营利组织的关系》,田凯译,商务印书馆 2008 年版,第 67 页。

抗、竞争、合约、第三政府、合作、互补以及合产。为了方便,人们往往将这八种模式又简化为冲突、竞争、合作三种形态。在这三种模式中,竞争居于中间,在政府与非政府组织之间的竞争关系中,既可能走向冲突从而成为对抗或抑制的模式,也有可能走向合作从而演化为合约、第三政府、合作、互补或合产等形态①。

吉德龙(Gidron)(1992)等人根据“服务的财务与授权”(Financing service)与“服务的实际输送”(Actual Delivery service)两项指标,将非政府组织(NGO)与政府的关系模式划分为竞争与合作两种关系模式②。库内(Kuhnle)和塞莱(Selle)(1992)根据“沟通与交往”“财务控制”两项指标将政社关系分为四种类型:分离自主型、整合自主型、分离依附型、整合依附型③。

进入21世纪后,西方学者在全球化视野下对政社关系进行了新的分析。大卫等人从行动的利益诉求角度将政社关系分为部门间极化、多部门合作两种类型,并认为多部门合作将是政府与公民社会共同应对国内及国际问题的必经之路。亚历山德拉通过分析澳大利亚公民投票数据得出结论,社会组织一定程度上取代了政府的部分功能④。所以,政社不仅有合作的一面,也有对立、抗衡的一面。

其三,政社合作的政治功能。对于这一问题,国际社会基本达成共识。政社合作有利于:(1)激发民间组织活力,发挥社会力量的专业性、灵活性优势;(2)有利于提高政府效率,实现从全能政府向有限政府转型;(3)了解民情,表达民意,拓宽民众参与社会管理渠道;(4)维持社会稳定。当然,很多学者也看到,政社合作的范围和领域有限,并非万能。第一,某些社会矛盾源于生产领域而非经济领域或者社会领域,单纯依靠政社协作沟通并不能得到有效解决,甚至会使矛盾激化。第二,政府与社会组织原本参与治理的权力和地位就有悬殊,在达成合作契约或者实践执行中存在权利义务不协调问题。第三,社会组

---

① See Jennifer M. Coston, *A Model and Typology of Government-NGO Relationships*, Nonprofit and Voluntary Sector Quarterly, 358 (1998).

② See B. Gidron, Ralph. L. M. Salamon, eds., *Government and the Third Sector: Emerging Relationships Welfare States*, San Francisco: Jossey-Bass Press, 1992, p. 18.

③ See Kuhnle. S., Selle. P., *Government and Voluntary Organization : A Relational Perspective*, Aldershot, Hands, English; Brookfield, Vt: Ashgate, 1992, p. 30.

④ 转引自张劲松:《政社关系的时代困境与协同途径》,载《人民论坛》2014年第2期。

织发展到一定程度，也会产生新的垄断，不断排斥打压其他社会组织进入政社合作，这样一来会阻碍政社合作创新。

国内关于基层政社关系的理论研究，以彭少峰的观点较为具有代表性。彭少峰(2019)认为，中国的政社关系研究一直放置于“国家与社会”关系的整体研究中，主要有市民社会视角和法团主义视角。市民社会视角即大家所熟悉的“社会中心论”主张以社会制约权力。法团主义视角则主张从国家的角度出发，政府为了实现自己的目的，与选定的社团发生出一种关系，强调国家整合社会。但适用“国家—社会”理论探讨中国问题时，国内学界一致认为对水土不服之现象，需要再反思。王汉生、吴莹(2011)认为，中国市民社会发育方式与西方国家最显著的差别是基层自治空间有限、社会组织资源匮乏和路径依赖①。李友梅(2007)认为，社区治理是中国独特社会背景下发育中国市民社会的一个重要路径和微观基础。② 但杨敏(2007)则持有完全相反的意见，认为城市社区是自上而下建构起来的国家治理单元，并非能促进市民社会发育的地域型社会治理共同体③。王向民(2016)则认为，不可简单套用西方市民社会理论，中国其实存在一个没有政府治理的公共领域，但不具有政治性，只具有社会性以及经济性，国家与社会关系不是竞争关系，而是分工而治。④ 尽管学界批评声不绝于耳，但毕竟为我们打开了一扇门，让我们认识到除了政府直接治理之外，还有“社会自治”这一被忽视的领域。2000 年以后，国内在全能政府向有限政府继而有为政府转型的新一轮探索中，国内学界法团主义观点兴起。安戈等(2001)认为，社会力量不断增长，一些群团组织或者协会正在成为基层居民的代言人。⑤ 张钟汝等(2009)敏锐意识到国家主动撤离才形成了国家庇护下的社会组织发展。⑥ 顾昕、王旭(2005)指出，社会组织并没有积极寻求自主性

---

① 参见王汉生、吴莹：《基层社会中“看得见”与“看不见”的国家——发生在一个商品房小区中的几个“故事”》，载《社会学研究》2011 年第 1 期。

② 参见李友梅：《社区治理：公民社会的微观基础》，载《社会》2007 年第 2 期。

③ 参见杨敏：《作为国家治理单元的社区——对城市社区建设运动过程中居民社区参与和社区认知的个案研究》，载《社会学研究》2007 年第 4 期。

④ 参见王向民：《“没有政府的治理”：西方理论的适用性及其边界——以明清时期的南方社会组织及其公共服务为例》，载《学术月刊》2016 年第 6 期。

⑤ 参见安戈、陈佩华、史禾：《中国、组合主义及东亚模式》，载《战略与管理》2001 年第 1 期。

⑥ 参见张钟汝、范明林、王拓涵：《国家法团主义视域下政府与非政府组织的互动关系研究》，载《社会》2009 年第 4 期。

强化，而是不断与国家卷入相配合，借此维持自己的垄断地位。[①] 其他类似的观点还有刘鹏（2009）的国家法团主义观以及吴建平（2012）的法团主义表象观。[②] 上述观点让我们看到了政府与社会组织之间存在协作与互助关系。

三、简要的述评

综上所述，社区治理法治化的本质是公共治理法治化，吸引了包括公共管理学、政治经济学、社会学、人类学、法学等多学科参与，已经形成比较完整的研究体系。国内外专家学者就社区治理及社区治理法治化的相关问题进行了富有成效的研究。社区治理法治化、社区治理理论、社区治理模式等方面都有丰硕的研究成果。学者们注重理论研究、经验积累和实证解析。同时注意多种研究方法的有机结合，使研究结果更具有丰富性和适用性，也为本书的研究打下了良好的研究基础。关于社区治理法治化研究主要集中于四个方面：

一是对社区法治范式进行了分析和综述。社区制度在西方发达国家产生时间较早，已经形成一系列较为成熟的规范制度。例如，美国社区由社区居民、志愿者以及大量社区中介组织进行社区管理，形成了一套行之有效的自治体系。日本社区的日常事务都交由“社区中町会”等组织进行管理。新加坡则形成了具有浓郁行政色彩的政府主导型社区管理体系。国内学者引进介绍时都进行了详细的分析探讨，在研究总结西方社区依法治理的过程中，对理论视野及其文化基础进行了反思，并指出了其优点与局限性。

二是对中国社区在推进依法治理实践中面临的困难、特点和运行机制进行了总结。国内学者对社区法治建设所形成的实践经验和模式进行了总结提炼。从 1998 年开始，他们对我国先后在数十个省市地区进行试点工作持续跟进，进行了参与式观察，对每一种模式都进行了个案实证研究，在政府与社区关系、社区组织性质、居民参与等制度方面都出现了不少颇具启发意义的创新，收获了许多社区法治建设方面的理论启示与实践灵感。学者基于实证研究达成了基本共识，认为法律依据不多、政府边界不清、社会协同不够、公众参与不畅、干部

---

① 参见顾昕、王旭：《从国家主义到法团主义——中国市场转型过程中国家与专业团体关系的演变》，载《社会学研究》2005 年第 2 期。

② 参见吴建平：《理解法团主义——兼论其在中国国家与社会关系研究中的适用性》，载《社会学研究》2012 年第 1 期。

法治意识不强是阻碍社区进行法治建设的主要因素。郭祎在《城市社区治理的法治化路径探究》中的观点具有高度概括性。① 其他补充观点还包括：社区居委会组成人员复杂、社区规章制度内容空泛、居委会选举运作存在问题、政策法规落实存在偏差等。

三是分析了社区法治结构。很多学者基于"国家与社会"关系的分析框架，分析了社区内部的多元社会治理参与主体，包括社区党组织、街道政府、专业社会组织、营利性组织、居民精英等，强调动员各主体参与社区法治建设的积极性。认为社区依法治理的本质特征是社会力量对社区公共事务的自主管理，通过与政府达成协作来进行合作治理，构建政府与社会的新型关系。也有学者从建构主义视角出发，广泛借鉴国内外相关研究成果，运用多中心治理理论把"规则、场域、角色"作为主要观测点，建构了一个多中心治理的系统分析框架。围绕"相互承认的法权""相互承诺的信任""相互尊重的管制"三条交叠互补的线索，对多中心治理机制在社区法治中的应用做出了深度分析。② 以自主治理为基础，允许多个权力中心或服务中心并存，通过竞争和协作给予公民更多的选择权和更好的服务，以摆脱公地困境、激发社区治理多中心因素的积极性和主动性、促进集体行动和社区善治。③ 还有学者认为，我国的社区法治还是应当走复合共治道路。在一定的地域范围内，坚持以党的领导核心作用发挥为根本，以政府的社会管理和公共服务职能为先导，以社区民主自治组织为基础，充分发挥社会组织和市场机制作用，形成政府调控机制与社会协调机制互联、政府行政功能与社会自治功能互补、政府管理力量与社会协调力量互动，对全社会进行有效覆盖的社区治理体制。④

四是对社区法治建设的路径分析。无论是法学界还是公共管理学界，对社区依法治理的路径基本观点大体一致。认为社区法治建设应当从国家层面、社区层面、个人层面同时进行，准确定位政府地位、规范社区自治地位、提高社会公众参与意识及能力、拓宽参与渠道、完善社区法律法规建设、理顺政社关系、

---

① 参见郭祎：《城市社区治理的法治化路径探究》，载《宁夏党校学报》2015 年第 6 期。

② 参见张洪武：《社区治理的多中心秩序与制度安排》，载《广东社会科学》2007 年第 1 期。

③ 参见孔繁斌：《公共性的再生产：多中心治理的合作机制建构》，江苏人民出版社 2008 年版，第 34 页。

④ 参见梁迎修：《我国城市社区治理法治化探析》，载《郑州大学学报（哲学社会科学版）》2014 年第 2 期。

减轻社区行政工作压力等。也有很多学者重点提出要发挥社会组织在社区法治中的积极作用,正确定位社区党组织、社区居委会、城市基层政府三个社区治理主体之间的关系,划分清楚彼此的权利义务边界,明确各自的管理权限和服务范围。

但进一步梳理研究成果就会发现,尽管学者的研究视角和分析路径各异,都在不同程度上结合了当代中国的社会发展的实际情况,也都为理论的发展做出了各自的贡献;但是,理论视角没有新突破。如多中心治理理论,或者“国家—社会”理论都存在严重的“水土不服”问题,多数研究都是在固有的框架之内寻找可分析的概念,截取素材,忽视了我国社区本身的二重性特点和自身的发展轨迹,直接在原有的理论框架下探讨中国的社区遭遇的现实障碍,如何实现理论本土化以及认识这种本土化的效果,都应当在实践中进行细致分析论证,否则理论就失去了对于现实的解释和指导意义。

此外,目前国内学界对于社区治理法治化的研究成果比较偏重于法学、管理学研究,探讨宏观制度建构多,研究社区法治的微观实践运行机制以及得以生成的社会根基少,尤其针对西部地区的社区依法治理的研究并不多。需要从实践出发,总结各地的经验教训,借鉴国外的成熟做法,探索出一套适合本土化特色的现代社区治理法治模式,这就为本书留下了广阔的研究空间。

第三节　概念界析与分析框架

一、概念界析

(一)城市社区

城市社区,是指按照地域因素的差异来进行划分的相对于乡村社区而言更现代化的社区形态。郑杭生认为,城市社区是建立在一定地域基础上,由从事各种非农劳动的社会群体聚居所形成的相对独立的初级社会共同体。① 本书也采用这一概念释义。

---

① 参见郑杭生:《社会学概论新修》,中国人民大学出版社 2009 年版,第 224 页。

我国西北地区的城市中人口成分复杂多样，由来自不同地域的居民个体组成。具有不同风俗习惯和文化传统的社区居民在同一个社区里生活，会产生不同的价值观和行为方式，形成社区内多元文化并存的局面。与一般的城市社区类型相比，西北城市社区与其他城市社区最主要的区别在于社区文化和社区人口结构两个方面，具体体现在“四个多元化”：一是居民的人口成分多元化；二是居民的身份结构多元化；三是居民的文化背景和需求多元化；四是居民的生活习性与行为方式多元化。

（二）社区依法治理

本书所称的社区依法治理，是指在城市社区的空间内，居民在党组织的领导下，依照宪法、法律和地方性法规，通过各种途径和形式，参与社区政治、经济、文化和社会事务的管理，使社区建设和发展逐步走向规范化、制度化和法治化的活动，与法学上把法律视为社会治理工具的理念并不等同。

其主要特征有以下六点：一是社区依法治理的性质，从纵向上属于基层的依法治理。二是社区依法治理的主体是多元的，包括自然人、法人等。三是社区依法治理的客体，包括社区政治事务、经济事务、文化事务及社会事务中的各类社会关系。四是社区依法治理的依据，是宪法、有关法律和地方性法规。五是社区依法治理的目标是使社区内成员法律素质有明显提高；社区建设、管理、服务等基本有章可循；社区居委会基本实现自我管理、自我教育、自我服务的民主自治；对社区各种监督制约机制基本完善；社区居民得到方便、快捷、高效的法律服务；社区矛盾得以及时化解；社区稳定有更充分的保障，社区居民安居乐业。六是社区依法治理的关键，是坚持党的领导，发挥一级党组织的领导协调和统览全局的作用，发挥街道办事处党工委的主导作用，发挥社区居委会党支部的主体作用。

二、分析框架

自从20世纪90年代国内学界把西方历史悠久的“国家—社会”理论引进中国以来，引发了国内学界的诸多探讨。值得思考的是，西方语境下的“国家—社会”理论最初脱胎于教权与王权之争，本身就带有一定的天然缺陷。它从静态视角设想国家与社会为了争夺权力二者天然对立，并预设该一元主义模式在全球社会普遍有效。即要么以马基雅维利、布丹、霍布斯、黑格尔等人为代表的国家中心论单纯强调以国家为中心,着重强调国家对社会的保障、整合、主导、控制作用;要么以洛克、亚当·斯密、孟德斯鸠、托克维尔等人为代表的社会中心论强调社会的自主、自治作用,弱化国家角色。该理论逻辑很长一段时间内被中国学者尝试分析中国社区在社会结构现代化转型中的角色。产生了一些富有启发意义的观点,但也或多或少忽略了中国社区本身集情感性和行政性于一身的特性,"社区工作行政化""居民自治性不足""低度社会化"之类的批评声不绝于耳。北京、深圳等地部分发达地区的城市社区也积极尝试"去行政化",动员各种社会力量参与社区建设,培育社区自我治理的能力。然而,实务工作一直在理论界纠结的"国家"与"社会"二元对立夹缝中徘徊,并未取得具有突破性的进展。我国城市社区的发展历史与现实状况表现出一个清晰的特点,即客观上需要国家与社会的统一性,启发、推动着学界不得不重新审视"国家—社会"范式在解释中国问题上的适宜性。

单纯争论该理论两端孰强孰弱并尝试来指引中国社区治理,无论是"大政府—小社会"还是"小政府—大社会",实质上只预判了二者存在内在张力并试图以弱化一端来避开想象中的张力,忽视了中华文化"家国一体"的深厚历史传统,难以洞察到中国社区内在的政社互动牵引、相互增能关系机制。因此,需要在实践中对上述理论进行新拓展、深挖掘。如果依旧坚持要将国家层面的"依法治国"与社区层面的"依法治理社区"对接,"嵌入式治理"将会是解决二元对立困境的有力工具。

"嵌入性"一词由新经济社会学家马克·格兰诺维特在继承卡尔·波兰尼"经济行为是嵌入社会行为中的"①理论基础上提出。他认为人的经济活动不是脱离当下社会结构、社会关系独立做出决策的,而是嵌入到当下的社会网络、政治构架、文化传统和制度基础之中做出符合自己主观目的之决策。② 嵌入理论为二元属性的中国城市社区探索依法治理提供了富有启发意义的思路。国家与社会,无论做出怎样的选择,都要符合当下中国城市社区的发展历史和社会结构特征。嵌入式理论本身描述的是一种单向的关系,本书将其引申,强调

① [英]卡尔·波兰尼:《大转型:我们时代的政治与经济起源》,冯刚、刘阳译,浙江人民出版社2007年版,第11页。

② 参见[美]马克·格兰诺维特:《社会与经济:信任、权力与制度》,王水雄、罗家德译,中信出版集团2019年版,第78页。

政府与社会的双边互嵌关系。互嵌型治理可以视为新时代中国特色“国家—社会”理论的本土化再发展。它并非要去苦苦思索看重“国家”“社会”哪一端，也并不预设二者之间存在所谓此消彼长的内在张力，而是把人类经济行为与社会环境的单向嵌入向前做了进一步深化，从理性务实视角出发，以政社互嵌为要点。

政社互嵌型依法治理模式务实地接受了当前我国社区二重性现实状况。其运作的社会基础并不需要去一味模仿西方模式去打造所谓“市民社会”，也并非单纯接受了传统乡土中国的现代版的“熟人社会”，而是立足当下特点，致力于完成社会治理目标，具有某种意味上的“任务中心模式”特点。当然，互嵌有多种类型，但在眼下西北城市社区社会治理初始转型阶段，本书所探讨的主要是一种基于信任与互惠机制下以资源交换为显著特点的双边“关系型”互嵌。“结构型”互嵌虽然也存在，但不占据主流。

本书基于实证研究资料将“国家—社会”理论结合本土状况进行了再理论化处理，以政社互嵌理论作为分析框架来集中探讨有限的社会现象。该理论能够有效地避免根植于西方土壤的“国家—社会”理论引进中国后那些似是而非的不具备多大实效的抽象争论，较为契合中国社区的本土情境和居民参与社会公共事务的心理特点，至少具有两大优势：

（一）避免陷入揠苗助长的陷阱

“国家—社会”理论的社会中心论设想先天存在一个外在于政府的社会，代表人物托克维尔意识到，“我认为必然有一个高于其他一切权力的社会权力”。① 其实这种所谓的不受完全限制的“社会”在现实世界中的真实存在性一直以来在西方学界都存疑。托克维尔本意也只是提倡国家与社会的良性互动关系而不是此消彼长的对立关系。更何况，政治乃管理众人之事，很大程度上也是调整人与人之间的社会关系，大部分着力解决的是居民的日常生活问题。倘若将公共管理权力从居民生活中大幅度抽离，社会也根本无法正常运转。中国社会组织从起步阶段就由政府扶持，目前还处在起步阶段，尚未有足够能力扛起过多重任。况且不同社会组织之间的发展差别也很大，若不顾现实情况急速弱化政府角色而过分强调尚处于成长阶段的社会组织立即承担公共事务管

① ［法］托克维尔：《论美国的民主》（上卷），董果良译，商务印书馆2009年版，第35页。

理责任,其实是脱离现实的。对于积累薄弱的中国社会组织而言等于揠苗助长。政社互嵌模式从集体层面出发,强调个人与集体紧密联系。把社区共同体视为自我的一体,不片面强调个人主义或者个人权利,其重心不放在增加个人的机会上,而是把注意力放在社会组织发展上,为各种社会组织的活动留下空间。社会组织扮演纽带角色来促进居民个人之间的协作行为,进而提高社会治理的效率。

(二)避免陷入宏大理论的微观适用性之争

"国家—社会"理论非常抽象宏大,政治学、法学、哲学、历史学、社会学、人类学诸多领域都使用该理论分析各自学科的论题。"应用性广"恰恰也从一个侧面反映了该理论似乎过分宏大,成了一个无所不包的综合性理论体系。每个学者、每个学科在应用时,其实又都带有浓厚的个人因素色彩。人们往往存在一个误解,宏观大理论可以在前期做了大量有效实证观察分析之前就能确立,并且能够指引实践活动。此外,还往往认为基于特定历史条件产生的宏观大理论能够对同一时期的文化都具有相同的适应性。其实,每一个理论在实践中的适用性都需要依赖研究方法和实证资料的具体结合。故本书从实效性角度出发,将政社互嵌理论定位于一种中层理论,它介于宏观理论与微观理论之间,源于实践资料,但并非仅仅是经验概括,而是在具体的实证思考基础上继续作深度挖掘凝练,只涉及有限范围内的事物,不要求解释所有现象,既是微观理论总结概括的有效途径,又可延续,能够与宏观理论衔接,进一步融入大理论体系,可以指明未知的方向,或需要进一步研究的方面。

政社互嵌不去消耗时间争论概念含义,不去争论孰优孰劣,而是基于发展视角,理性务实地根植于中国历史文化"家国一体"深厚土壤,认为参与社区建设,既是居民的权利也是义务。通过建立互惠规范机制,促进社区内居民交往,将差序格局社会结构中培育起来的私人之间的信任转化为国家(社会)的信任,有助于消解国家与社会站在各自视角看待社会问题所产生的分歧,促进更广泛的共同体内合作成功,尽可能去避免宏大理论的水土不服、应用性弱的缺陷。

社区就是一个小社会,政治、经济、文化三者息息相关,各方面很难割裂开。地方政府如果自我封闭自成体系,忽视社会力量,没有积极动员它们加入社区治理,就会形成以权威和依附的垂直关系为主要特征的社会等级关系网;如果致力于寻求开放的伙伴合作关系,就必须积极引入社会组织和居民参与社区治理,形成横向组织结构。所以,在追求速度与效率的当代社会,与其陷入烦琐的理论争论,还不如追求地方政府社会治理的实效。我国社会转型涉及的广度和深度前所未有,如何动员人人参与,激发社会潜在活力,调动广大居民的参与治理的积极性是最迫切的现实问题,对于维护社会安定团结、促进合力协作重要意义自然不言而喻。

政社互嵌理论对于本研究具有较好的针对性和适用性。由于中国社区内居民容易相互熟知并成为一个关系密切的社会关系网络,若尽力培育政府与居民之间的信任和互惠关系,就非常有利于促进形成公民参与事务管理的社会资本网络。基于中国社区的二元性特征,以场域、主体、规则三要素为逻辑分析的起点,现代社区依法治理意味着至少包含四个方面的基本要素:

其一,拓宽公民参与社区事务的路径。居民是社区的主体,社区治理当然离不开居民的积极参与,这也是真正的源头治理。虽然我国法律为公民参与国家政治生活提供很多正式的制度渠道,但社区事务往往都是一些与日常生活相关的鸡毛蒜皮的“小事”,还未必能达到提案、议案那样的高度。政社合作意味着政府主动让渡出部分权力,抓大放小,促进构建多元化的社会治理机制,构建“国家中的社会”;鼓励居民参与社区事务,更多地通过自身努力处理周边的“小事”;充分利用自治法规赋予的权利,在法律的框架内对一些“小事”进行处理,提升社区治理效率,防止矛盾扩大。从这个意义上讲,政社互嵌为居民参与社区公共事务提供了法律依据以及更为现实的参与路径。

其二,法律面前人人平等。社区居民作为国家公民,每个人都拥有平等的权利、承担平等的义务。依法治理意味着社区居民之间是作为平等的法律人身份形成互动,他们联结的纽带是互惠互利与合作横向关系。这种合作能够长期有效地顺利实现,所依赖的路径并非居民间心照不宣的传统观念意识,而是白纸黑字的法律规则。因为现代社区居民文化上的多元性和利益需求上的多层次性决定了很多社区往往缺乏文化共同体意识,陌生化程度高,而法律恰恰是联系人与人之间横向合作的最基本纽带。

其三,团结、信任和宽容。充分重视培育和建立社区集体发展目标,引导每个居民把社区的集体目标作为自己必须完成的任务。通过以这一集体目标为纽带,使他们团结起来,互相信任和尊重。尽管他们对社区公共事务有着不同的看法和冲突,但义务是占第一位的,因而对他人观点的宽容和尊重是维系共同体的必要条件。在每个人承担义务的基础上继续发展居民间的亲密互动关系,以实现居民之间的顺畅合作。当公共关系与私人关系重合时,由于有了私人间的信任关系,就减少了机会主义和投机行为对共同体的危害。

其四,社会组织是政社合作的基本载体。中国要对社区实现依法治理,就必须重视培养社会组织,充分发挥其参与社区治理的作用。究其原因,是由于当前社区内文化结构复杂,居民需求种类多,在中国日益面向全球开放的大环境下,社区单靠行政方式整合的难度很大。构建社区成员共同体的规范和价值不能仅仅停留口头上,必须依托于具体的平台才能得到体现和加强。社会组织的作用体现在对个人成员的内部效应,以及对更广大的政治体外部效应两个方面。从内部效应来看,社会组织培养了社区成员合作、团结和分担责任意识,以及更多的参与意识。当个人融入有着多元目标和多样化成员的横向组织时,社区居民的态度将因为组织内的互动和交互压力而变得温和起来,能够较好地避免极端个人主义事件爆发。从外部效应上看,大量的各层级社会组织存在能够组成更宏大的立体空间网络,促进社区生态结构多元化、风险分散化,有助于社区治理结构清晰化、细致化,提升当地基层政府的效率和稳定社区秩序。

这四个要素是衡量社区依法治理的主要指标。但其核心和基础是“规范性”这一重要概念。现代城市社区治理规范性程度的高低是社会治理程度高低的反映,也是影响城市社区发展的决定性变量。此外,政社合作能很好地激发出居民社会参与意识。一个公民积极参与的、团结合作、运作规范的社区可以将依法治理的绩效发挥至极大;相反,在一个缺乏凝聚力、缺少规范、勾心斗角、混乱无序的社区则会将相同制度的绩效降低至最低。

第四节　主要内容与时空划分

一、主要内容

本书以中国进入依法治国新时代为大背景,地理空间锁定在中国西北地区,以城市社区为研究对象,采用“政社互嵌”理论作为分析框架,分析西北城市社区治理的法治建设中已经取得的成就及其存在问题,提出对策建议。本书主要分为七个部分：

第一章绪论部分主要介绍了我国社会发展的新时空背景需要对依法治理社区及时跟进研究，对相关研究进行了学术史回顾并作了简要述评。介绍了基本概念、基本分析框架、基本研究内容与研究方法等。

第二章主要介绍了本书进行抽样调查得出的样本特征，作为研究的数据基础。分析了西北城市社区进行社区治理面临的诸多现实困难，讨论了西北城市现代社区依法治理的必要性。

第三章、第四章、第五章是本书的核心内容，主要论述了西北地区三个有代表性的城市社区三种依法治理的地方实践探索。分别为肃南党政双引擎模式、临夏政社合作模式、兰州社区志愿服务自治模式，这也是三个分别代表了西北地区经济、社会不同发展阶段的有代表性的城市社区的实践探索之道。

第六章进一步深入探讨了对于社区依法治理的再认识。从资源依赖视角对比了法律在三种城市社区依法治理中的角色；社区时空缩扩给城市社区依法治理带来的多重困难；智慧社区的柔性法治如何进行等三个方面进行了专题逐个解析。敏锐捕捉到城市社区依法治理的历史与现实困难，主张考察各种影响因素，才能有针对性地探讨解决之道。

第七章属于对策建议部分。首先提出了完善城市社区依法治理应当遵循的基本原则。其次分别从理念、制度、实践三个角度建议软法治理应当成为社区依法治理的重要组成部分，构建软硬法治嵌合的社区法治体系，夯实社区依法治理的基石。最后展望了城市社区今后的法治化治理的趋势及其基本走向。

二、关于本书的时空说明

研究西北的城市社区，理论上应当在西北五省各选取 1～2 两个社区样本做对比分析，才能得出更客观、全面的结论。但限于人力、物力、经费、时间以及研究视野等原因，本书采取了横断面局部观察分析视角，没有选取更多样本，只是尽可能挖掘所选取的社区样本的独特性，希望它们能在一定程度上代表西北城市社区的样貌。然而，这样做就未必能得到基层社区工作者认可所选样本的代表性。关于社区样本的代表性，可能在学术研究者和社区工作实践者之间有着一定认识上的差异。本书正视上述差异，将会在后续的研究中加大田野调查的深度和广度，尽可能有更丰富的样本资料来完善研究主题。

第二章　西北城市社区依法治理现状与现实困境

西北地区城市社区因城市规模、经济发展状况、人口构成、发展战略等诸多因素影响呈现多种状态。依法治理起步时间不一,适用领域参差不齐。本书基于当下现状,采用非概率抽样的方式,从西北选取三个城市的若干个社区进行田野调查,主要采用了问卷调查、参与观察和访谈的方式,了解西北城市社区依法治理的现状。

西北城市社区多为各民族交错杂居,基于文化的敏感性,入户访问面临着很多现实条件的限制。本书没有展开大样本问卷调查,经过后期的筛选整理,每个城市用于样本分析的最终数量均为110份有效问卷,其中社区工作人员20份,社区居民90份。本书采用SPSS 22.0软件进行数据分析,所有数据主要用于描述统计,呈现当地社区依法治理的现实状况,与定性研究一起互相印证补充,起到窥一斑而知全豹、启发思考的作用,并不做严格意义上的推论统计。

第一节　城市社区依法治理的基本问卷数据特征

一、样本的人口学特征

鉴于只是做探索性研究，因此，本书与常见的调查问卷不同，对于被调查者的人口信息特征并不做过多关注，只涉及了性别（男、女）、族别（汉族、少数民族）、居住状态（常住、暂住）三个变量。本次问卷调查样本构成共110人，从性别构成看，男性占52.73%，女性占47.27%，男女的性别比例大体适当（见图2－1）。从族别构成看，少数民族占33.64%，汉族占66.36%（见图2－2）。从居住状态构成看，常住者占95.5%，暂住者占4.5%（见表2－1）。

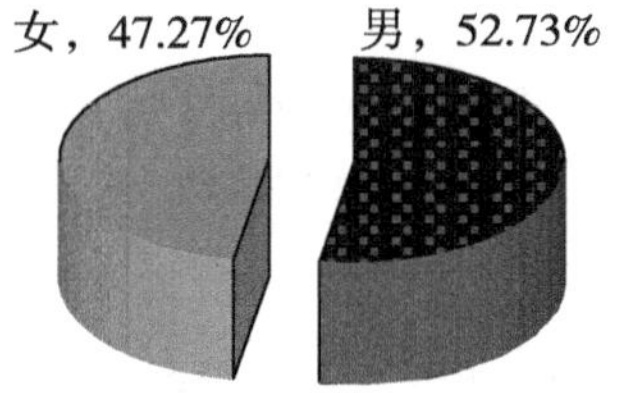

图2－1　样本的性别构成

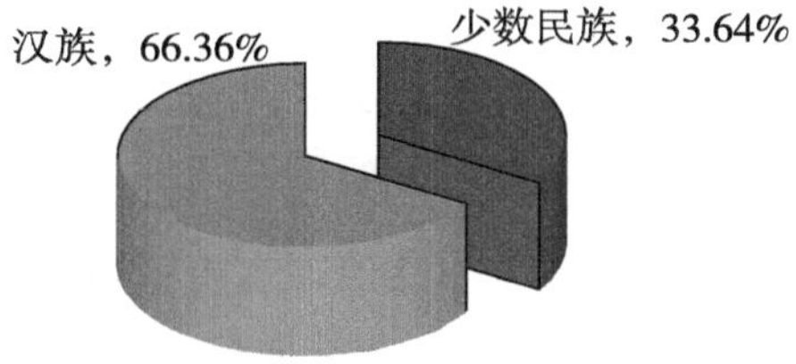

图2－2　样本的族别构成

表2－1　样本的居住状态构成

居住状态	频率	百分比	有效百分比	累积百分比
常住	105	95.5	95.5	95.5
暂住	5	4.5	4.5	100.0
合计	110	100.0	100.0	

二、社区依法治理的数据特征

1. 社区居民对依法治理了解甚少

在被问及“您了解什么是依法治理社区吗”，58.18%的人回答“不太了解”，3.64%的人回答“完全不了解”，二者加起来比例达61.82%。30.91%的人回答“比较了解”,4. 55% 的人回答“了解”,回答“非常了解”的只占 2. 73%(见图 2 -3)。根据进一步的访谈得知,回答“非常了解”的基本都是社区工作人员。回答“比较了解”的,其实也并不清楚,多数认为就是居民之间若发生了纠纷,依照法律规定处理,追究法律责任。至于多元主体依法参与社区治理,多数居民并不清楚具体含义。当课题组工作人员简要解释了社区依法治理活动的含义及其常见形式时,询问被调查者是否参加过这类活动,74. 55% 的被调查者回答“没有参加过”(见图 2 -4),可见,居民对当前社区的依法治理活动既不了解,也参加得比较少。

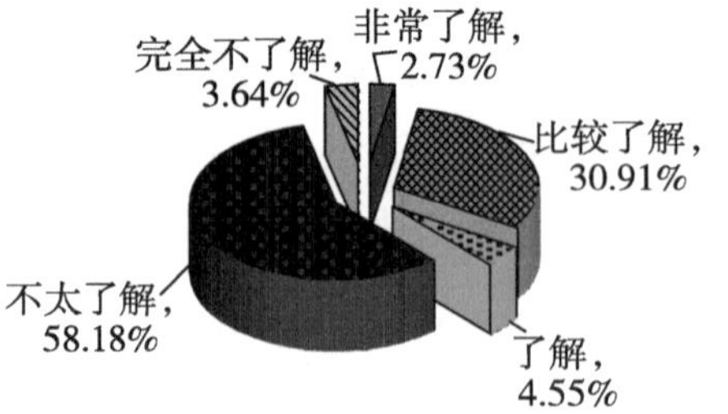

图 2 -3 对依法治理社区含义的了解程度

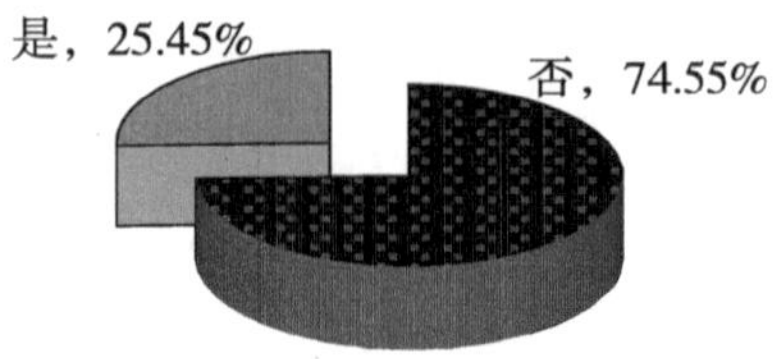

图 2 -4 是否参加过社区依法治理活动

2. 社区事务依法治理有待提升

当被问及“您最主要通过什么渠道了解本社区治理情况”,53. 64% 的被调查者回答“社区宣传栏”,20. 91% 回答“居民口传”,20. 00% 回答“广播、电视、报纸、网络”,只有 5. 45% 回答“亲自参与社区活动”(见图 2 -5)。可见,社区平时较少对居民们进行社区依法治理的宣传,以致居民对此比较陌生。

当被问到“您所在小区重大问题决策一般采用的形式是什么”时,49. 09% 的被调查者回答“不知道”,26. 36% 回答“社区领导决策”,二者加起来达到 75. 45%。回答“居民代表决策”的 12. 73%,“全区居民会议决议”的 11. 82%,二者加起来才 24. 55%(见图 2 -6)。尽管这里面的回答或许会有一些被调查者自己也不清楚的情况,但是总体上大致可以看出,行政主导的色彩较浓,居民参与的机会少,缺乏参与的渠道,居民自治权利行使的程度还有待提升。

当被问到“您所在社区日常事务处理的监督权通常由谁来行使”,49. 09% 的被调查者回答“不知道”,比例接近一半。11. 82% 被调查者居然回答“物业公司”,这意味着平时社区居民对自己拥有社区事务监督权一无所知。通过进一步的访谈得知,上述情形其实与文化程度无关,多数还是源于参与社区治理事务少,缺乏参与机会,没有实践体验。还有24.55%的被调查者回答由“全体居民”行使监督权,8.18%的被调查者回答由“居委会成员”行使,4.54%的被调查者回答由“业主代表”行使,1.82%的被调查者回答由“驻社区民间组织”行使(见图2-7)。这些回答所占比例很小,说明居民对此有一定认识,但远不能达到依法治理社区对于居民法治素养的要求。

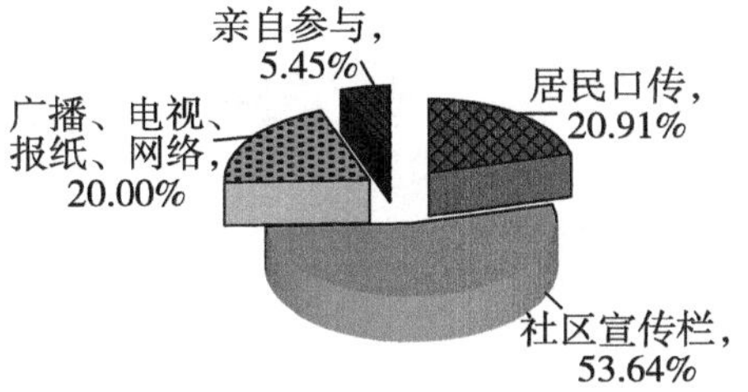

图2-5　居民对社区事务的了解渠道

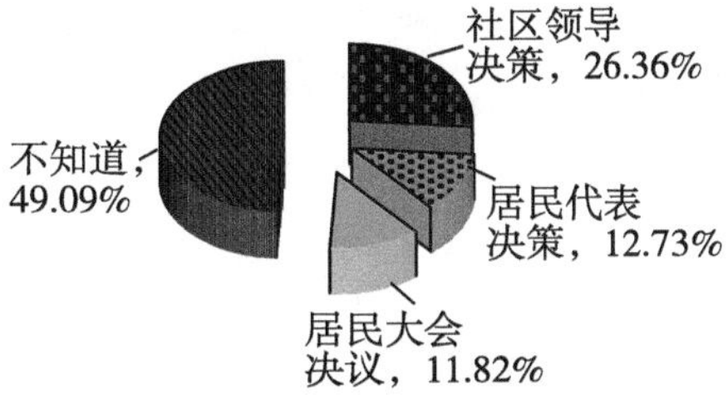

图2-6　社区重大问题的决策形式

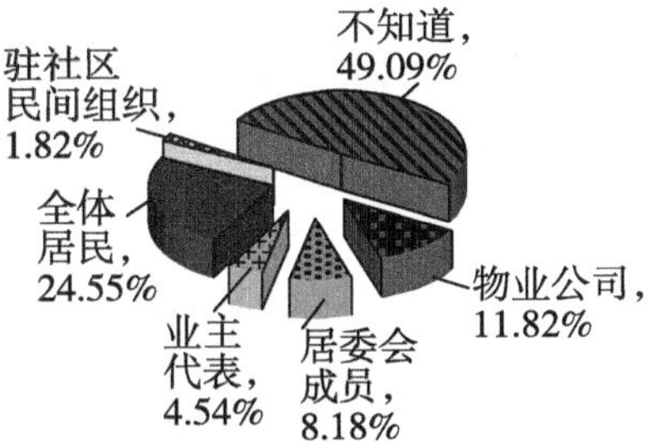

图2-7　社区日常事务处理的监督权行使

3.社区治理居民参与不足,缺乏参与渠道

当被问到“您认为什么是目前影响社区安全稳定的最重要因素”,43.64%的被调查者回答“居民参与治理的程度太低”,20.00%的被调查者回答“居民素质不高”,14.55%的被调查者回答“社区居委会不重视”,12.73%的被调查者回答“社区防范设备存在隐患”,9.09%的被调查者回答“社区安保工作不到位”(见图2-8)。可见,居民没有充分参与社区治理是最大的问题。

当被问到“您认为社区治理最应该优先完善的是”,排在第一位的回答是“让居民有途径参与社区治理工作”,占69.09%,其次是“居家安全保卫”占18.18%,“安装高科技防范设备”占12.73%(见图2-9)。后两项的回答集中反映在综治维稳方面，说明居民对社区治安的评价总体不高，一个主要原因是社区群众没有广泛参与进来，居民参与程度低，导致对社区综治维稳事务几乎没有接触机会，对于开展工作已经取得的成绩和存在的现实困难不够了解。

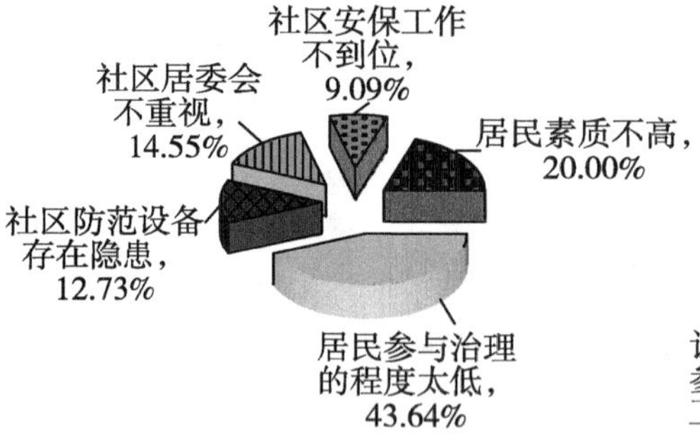

图 2－8　影响社区稳定的首要因素

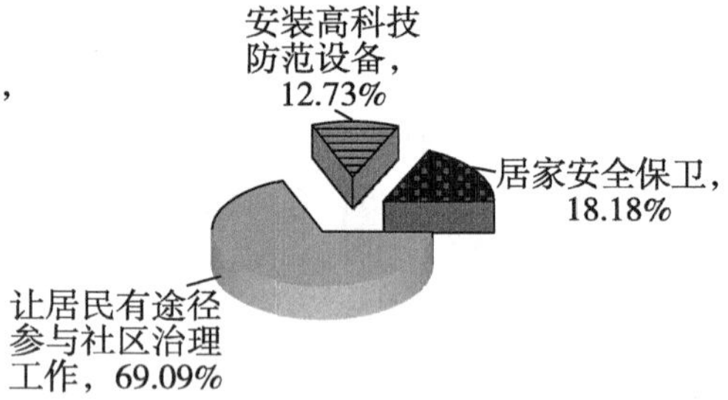

图 2－9　完善社区依法治理的最重要因素

4. 居民参与社区治理活动的意愿较高

当被问到“假如有机会参与社区治理活动，您愿意参与的首要原因是什么”，如表 2－2 所示，绝大多数居民态度还是很积极的。55.5% 的被调查者回答参与原因是“为社区建设贡献力量”，可见社区治理拥有良好的群众基础，应当积极吸收动员他们参与社区治理，成为重要的一支力量。17.3% 的被调查者回答“可以发挥自己的专业特长”，14.5% 的被调查者回答“扩大自己的社会交往圈子”，这说明社区邻里关系建设也是居民十分看重的，以自己的特长服务社区，构建幸福人际关系是居民的重要精神需求。

表 2－2　参与社区治理活动原因

参与原因	频率	百分比	有效百分比	累积百分比
为社区建设贡献力量	61	55.5	55.5	55.5
扩大自己的社会交往圈子	16	14.5	14.5	70.0
可以发挥自己的专业特长	19	17.3	17.3	87.3
获得社区志愿服务证明	6	5.5	5.5	92.7
其他	8	7.3	7.3	100.0
合计	110	100.0	100.0	

对于“您参与社区治理活动遇到哪些困难”，这是一道多项选择题，课题组

采用了多重响应进行分析。排在前三位的依次是“时间精力不够”(21.0%)、“社会支持不够”(20.3%)、“专业知识太少”(18.1%)(见表2-3)。可见,社区开展活动一定要精心设计时间安排,要做广泛宣传,取得居民共识,每个家庭成员才能积极支持亲属参与社区治理活动。此外,也应当进行必要的知识技能培训,毕竟,居民参与能力需要后天逐渐锻炼。当然,课题组没有对年龄、职业、文化程度进行细分,这里仅仅在描述统计意义上进行数据分析。

表2-3 居民参与社会活动的前提条件

前提条件		频率	百分比	有效百分比	累积百分比
有效	报销路费、活动经费	35	31.8	31.8	31.8
	团体参与,有安全保障	22	20.0	20.0	51.8
	参与的过程得到民主平等对待	35	31.8	31.8	83.6
	有机会发挥自己的特长	14	12.7	12.7	96.4
	其他	4	3.6	3.6	100.0
	合计	110	100.0	100.0	

5.社区治理活动有所开展,但类型不够丰富,居民参与面不够广

首先需要社区开展了治理活动,调动居民参与社区治理的积极性,无论是否采用了依法治理,才能为今后推广社区的依法治理打下良好基础。本研究在调查问卷中设置了“您参加过的社区治理活动有哪些”,本题目为多项选择题。采用多重响应进行了频率分析,结果显示10.77%的被调查者回答“没有参加过”,即意味着超过1/10的被调查者压根就没有与社区发生互动,只是一个社区事务的旁观者。居民参加比较多排在前三位的分别是“环境保护”(18.46%)、“敬老助老”(18.46%)、“文艺活动”(15.38%)。环境保护与居民自身的居住利益密切相关,敬老助老与传统美德有关,文艺活动与上级单位动员有关。其他矛盾调解、家政服务、心理咨询需要有一定的专业技能。居委会选举、党支部活动、业委会选举、社区座谈会等与活动举办频率、信息公开程度、居民的关心程度、参与渠道、治理模式等多种因素相关,居民参与的机会就相应会少一些(见图2-10)。

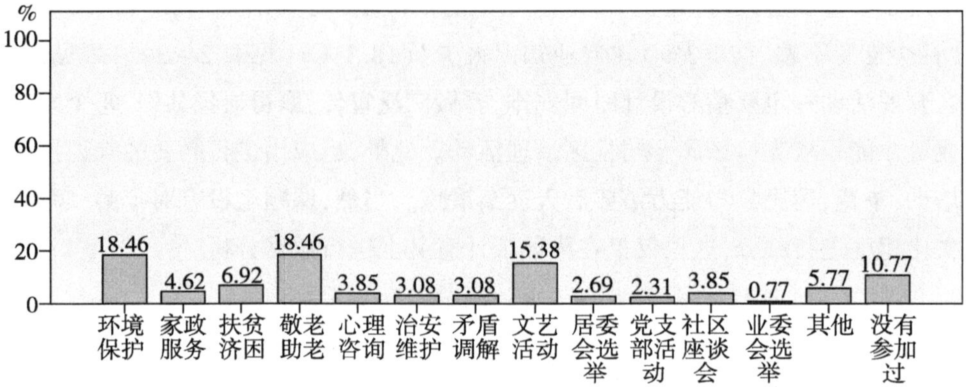

图 2 -10　居民参加社区治理活动的类别

三、其他值得关注的问卷数据信息

表 2 -4 显示的是调查问卷关于提升社区治理效果的对策建议。题目问“对于居民参与社区治理,您有什么建议”是多项选择题,采用多重响应进行分析,共有六个选项。浏览表格第二列数据分析,显示被调查者的回答比较均匀,各选项之间回答比例并无明显差距。其中值得关注的是“给志愿者适当的经济支持”比例占到了 20. 7% ,即 1/5 强。经济因素在西北城市社区治理活动中影响力明显。这与问卷里面另外两道题的获取的信息大体相一致。一道单项选择题问“您觉得自己参与社区治理活动的最重要前提条件是什么”,如图 2 -11 所示,“报销路费、活动经费” 占到了 31. 82% ,与参与的过程得到平等民主对待 31. 8% 比例值大致相当。另外一道题问“最吸引你参加社区活动的因素”,回答“给付报酬”的占 26. 36% ,回答“赠送小礼品”的占 3. 64% ,二者加起来高达30% ,参加社区活动的经济动因十分明显。(见图 2 -12)这一因素值得我们深思,为什么居民如此看重经济利益因素? 课题组结合访谈资料及参与观察,发现主要原因与西北地区经济发展整体比较落后相关,居民不愿意为参与社区治理减损自己的经济收入。

表2－4 居民参与社区治理的对策建议

对策建议	N	百分比	个案百分比
其他	2	0.6%	1.8%
活动前需要适当的培训	58	17.6%	46.4%
能得到权威的服务证明	51	15.5%	52.7%
给志愿者适当的经济支持	68	20.7%	61.8%
建立匹配的参与机制	73	22.2%	66.4%
明确划分参与主体责任	77	23.4%	70.0%
总计	329	100.0%	299.1%

注：值为1时制表的二分组。

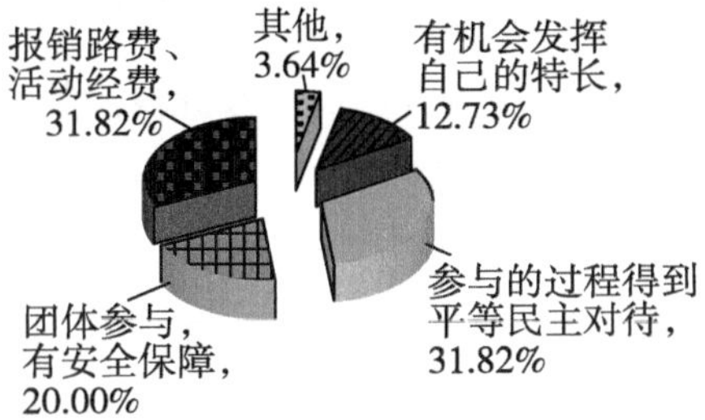

图2－11 您参与社区治理活动的前提条件

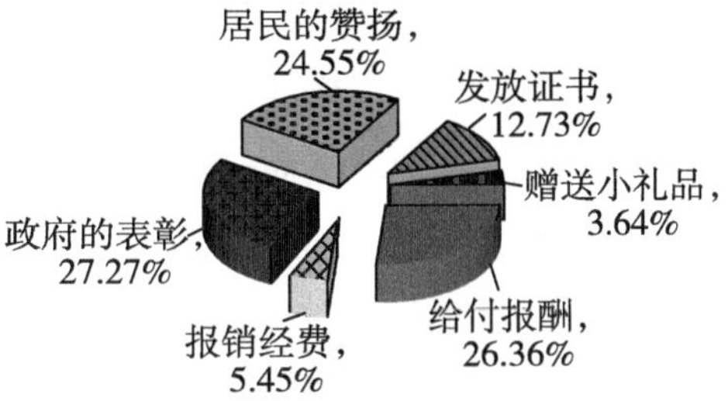

图2－12 最吸引你参加社区活动的因素

这一因素促使课题组反思。在西北地区推进社区依法治理活动，应当结合当地的经济社会发展状况，在力所能及的范围内逐步进行，不可一味贪大求全、急于求成，不可追求表面上的民主法治去组建一堆不可持续运作、形同虚设的机构。政府应当在财政预算上有所考虑，提供适当的财力支持。此外，提升居民素质，激发公民意识，引导居民关心社区，承担社会责任，加大社区治理的宣传力度，加强社区事务公开的广度，尽可能吸引社区居民多参与社区治理活动。公民意识是法治建设的重要基础，如果居民只关心自己的经济利益，对于社区事务抱着漠不关心的看客心态，社区的依法治理也将举步维艰。

第二节　西北城市现代社区依法治理面临的困境

脱贫攻坚战略日益走向纵深并最终完成，进一步牵引西北人口迁移速度加快，城市流动人口普遍增多，外出务工、经商等跨区域流动甚至跨国流动成为一种新常态。西北城市现代社区数量不断增多，类型日益多元化，城市社区的治理，面临着前所未有的难度。这一难度是在西北地区现代化加速向国际化转型、信息匿名化、网络虚拟化等多因素相互纠缠叠加的国际、国内形势下产生的，西北城市社区依法治理面临的困难主要表现在：

第一，从社会基础看，构造互嵌型社区结构的理想与现代社区发展内卷化的现实之冲突。居住格局的互嵌是实现社会弱势群体和高收入人群多交流、交往的重要空间基础。然而，现实的情形是，目前城市社区居民的居住格局，不但很难实现真正互嵌，反而随着人口在受教育程度、经济收入、社会资本等方面的差异凸显导致社会竞争日益激烈，“星团化小聚居”的模式日益明显，即相似的人群聚居于某一社区内。城市社区的弱势群体由于社会资本匮乏，面对社会转型带来的激烈竞争压力，或多或少显得应对吃力，常常聚居于城乡接合部、老旧小区，某一社区的边缘部分形成“城中村”，形成进城务工人员、失业人员、低保人口等连片居住小区域。他们受教育程度低、收入低，日常交往的范围常常限于本小区狭小空间地域内，较少与本社区内其他居民之间产生频繁的日常交往，人际关系比较疏离，构建合作、共治的社区治理模式往往会受到社区贫困弱势群体短板效应的影响。

兰州市白银区W厂小区是一个工厂老旧小区。居民多为原毛织厂职工，厂子破产倒闭后，该小区再没有资金投入来进行社区各项生活设备改造。小区供暖系统、供电系统设备陈旧，长期超负荷运转，早已跟不上时代技术要求，时常断水断电。每年冬天迟迟无法供暖，即使供暖也达不到室内最低18℃的温度要求，调查员走进几户居民家中，看见老年人都穿着厚厚的棉衣棉裤。居民方大爷说：

我们这小区没人管，别人家里子女争气的，都在外边买房把老人接走了，要是有一丁点儿办法，谁住这儿呀！你说社区居委会？我们打过交道。你看这房子里冷的，我们这么大岁数了，唉，一直不给送暖气，天天去吵架。他们管不了，说让我们把欠的取暖费交了。我们哪有钱，儿子四十好几了到现在找不到工作，在南市口摆个菜摊子卖菜，挣不了多少钱。一大家子就靠我一个人的退休工资顶着。你看看小区里面都住的啥人，租金低，我们这些老年人，下岗失业的人，外来打工的最多，都是没钱的。为啥，房租便宜呀。互相不认识，社区也从来不搞什么活动，没钱！

方大爷的话可谓是该小区居民生活状况的缩影。走在这个老旧小区里，密密麻麻的高压电线有气无力地耷拉在楼房屋顶，绝缘体表皮老化脱落，看着触目惊心。路面坑洼，楼梯间玻璃早已破损，寒风呼呼地进。社区居委会在一栋破旧阴暗的老楼房里，门口的宣传栏玻璃早已破碎，里面贴着几张红头文件和催交暖气费通知。办公人员说：

我们也是依法办事呀，你们不交暖气费，人家（热力公司）凭啥给你供暖！现在是市场经济，这帮人难缠得很，根本不跟你讲什么法律，我们天天磨嘴皮子，累呀。

市场经济发展乏力，居民经济状况不佳，不但社区开展工作艰难，社区居民也难以有能力参与社区法治建设。

第二，从依法治理的体制上看，居委会的角色存在内在张力，承担着国家与居民沟通桥梁的作用，导致表面上的多头管理与社区事实上的一元应对有冲突。居委会扮演着事实上的管理者角色，然而根据宪法规定，它只是一个基层群众性自治组织，并非一级行政管理机关。这种名不副实的状况使居委会在实践中社会角色模糊，既没有独立的法人财产，也没有独立的执法权，在实施行政管理和维护居民合法权利时，只能在政府与社区居民的夹缝中游走，依法治理的主体角色困难重重。

西宁市凯德社区位于市中心交通便利的黄金地段，社区内人口稠密，楼层建筑十分拥挤。一墙之隔的丽雅五星级大酒店为了确保新增的室内温泉及游泳馆冬季供暖足量，修建了一个供暖锅炉房。尽管采取了防尘、防噪声措施，但凯德社区居民仍然意见很大，认为距离太近，噪声和烟尘污染会损害居民健康，甚至有老年人跑去饭店找负责人吵架，认为噪声使自己心脏过速、血压升高，要求马上拆除。社区居委会在小区居民的反复催促下,多次向街道、环保、建筑部乃至市人大常委会多次反映。然而,问题始终没有得到解决,原本批建手续不全的锅炉房依旧年年运转。由此引发了信任危机,社区居委会被居民们多次批评指责,认为其“没什么用”“就是摆设”。自此以后,居委会工作人员在小区里迎头遇见居民,都低着头匆匆而过。

此外,西北城市社区社会治理方式的现代性转型速度慢,牵扯的政策文件多,实践中往往受到多达几十个行政部门机构管理。理论上讲,各部门、各管理机构之间有其各自的工作职责划分,然而各种具体的事务性工作下沉到社区,单靠数量有限的居委会工作人员实在难以完成如此繁杂的艰巨任务。在实践中往往社区的一元应对现象比较突出,容易产生短期行为,工作内容流于形式,效果不佳。

第三,从治理的主体看,社区治理法治化参与主体应当具有多元性,但目前城市社区治理主体间关系不清。参与社区依法治理的主体毋庸置疑首先是社区居民,然而有些观点误认为仅限于居民,片面认为社会组织、政府派出机构、驻社区单位、物业公司都不是依法治理的参与主体。此外,尽管一些地方政府承认存在多元参与主体,也采用了政府购买部分公共服务的方式扶持社会组织参与多民族城市社区治理,但目前并未有清晰的法律或者地方性指导意见来规范。可以由社会组织来承担的公共服务项目范围缺乏清晰的限定,也没有清晰的指导性规范来界定社会组织在社区开展活动的权利义务边界。志愿服务团体大多还处在自力更生状态,各自开展活动,其活动经费、人员组织框架、管理方式并没有清晰的法律规范引导,职责不清,授权不足,规范性和专业性不足,很容易跌入“临时化”的陷阱。各社会组织之间的关系,各社会组织与政府、社会组织与社区居民之间的关系,都没有清晰的定位。

第四,从治理方式来看,存在法律的规范性与政策的灵活性之间的冲突。西北城市社区居民往往贫困面积大,存在下岗失业人员多、低受教育程度人口多、子女数量多、就业状况不稳定、家庭结构差异性大等复杂情况,不同居民之间个人需求常常存在较大差异。上述社区贫困人口还常常是扶贫优惠政策的重点扶持对象,在摆摊设点、费用征收、公共服务设施使用、证照许可、低保待遇、发放济贫物资等方面灵活地给予一定的扶持政策,并不完全按照国家普遍性法律执行,容易引起其他居民的不满。这种不满主要源于社区居民对于优惠政策具体实施的事前决策、事中执行、事后监督缺乏必要的参与程序,优惠政策弹性不稳定,优惠面不清晰,优惠幅度的人为因素过多,规范性不强,公开、公正和公平难以保证,挤占了原本就普遍薄弱的城市社区公共服务资源。

第五,从治理的保障条件来看,工作人员不足、经费紧张、工作机制保障不到位是突出问题。西北城市社区往往存在脱贫任务艰巨、涉及范围广、情况复杂、工作难度大等问题,特别是依法维稳的重要性居于重要地位,反恐、防爆、禁毒工作要求很强的专业性,需要较多的专业人员投入,需要较多的经费支持。社区依法治理是一项周期长、内容烦琐、耗财耗物的系统工程。然而,目前从经费保障情况来看,现代社区长期以来财政拨款不足,自身未获得明确的法律授权,缺乏相关的立法,不享有从事经营活动相应的权利,面向社会的资源动员能力较低。社区依法治理中居民自治所需的经费物质资源相当短缺,甚至很多居民委员会因经费限制正常运转都举步维艰。逐渐地,依法治理工作处于悬浮的、无法落实的状态,有的现代社区法治建设甚至就是空白。这与党委、政府在现代社区的工作机构资金薄弱、人员不足形成了双“短板”。

第三节　城市现代社区依法治理的必要性

一、现代城市转型面临的基层治理困境

1949 年新中国成立之后,我国宣布废除保甲制,在城市逐步探索建立城市居民自治组织。以 1954 年颁行《城市居民委员会组织条例》(已废止)和《城市街道办事处组织条例》(已废止)为法律保障基石,新中国依法构建起了城市居民委员会,逐步完成了以“街居制”为细胞的城市社会基层治理格局构建。随后,随着计划经济的全面推行,国家高度垄断了社会资源的调配,扮演着集经济、政治和社会生活与一身的全能政府角色,另一种基层社会治理细胞“单位制”被建立起来。“单位”不仅仅是国有经济的基础单元,也负责管理职工及其家属“从摇篮到坟墓”的全部生活内容。居民完全依附于各自的单位,失去了工作单位则意味着失去了城市生活的绝大部分空间。每一个单位都有其上级

政府管理机构,单位与单位之间相对独立和封闭。从时间进度看,1958 年以后单位制迅速发展并成为社会主流的基层治理方式。这与当时的政治、经济、社会生活三者高度重叠的计划经济体制相适应,曾经实现了对城市基层社会的高效管理。

1978 年改革开放政策后,中国经济飞速发展带来了社会全方位的深刻变革,中国城市治理面临着前所未有的挑战。计划经济模式向市场经济模式转型使国家逐渐退出直接生产领域,市场经济大大激活了生产要素的重新分配组合,追求经济利益最大化的动机使大量企业剥离了原来计划经济体制下承担的社会福利、社会管理、社会服务等一系列非经济功能。经济资本的流动性越来越强,吸引着农村劳动力突破城乡二元制界限,跨省流动也日趋活跃,大量"社会人"出现,单位制和依附于其上的社会治理体制应对新情况明显表现出不适应、不契合,流动人口犯罪、环境污染、道德滑坡、弱势人口困境、地方财政困境等新情况层出不穷。

1980 年全国人大常委会重新公布了《城市街道办事处条例》和《居民委员会组织条例》,重新恢复了街居制。2000 年 11 月民政部又颁行了《民政部关于在全国推进城市社区建设的意见》,社区制成为一种新型的基层社会管理方式,各地全面铺开社区的物质基础条件和基本管理架构建设,尽管涌现出来了上海模式、江汉模式和沈阳模式,积累了很多成功经验,但随着社会转型的步步深入,作为民间自治组织的居委会,实际上扮演着基层社会行政管理者的角色,日益陷入"职能超载、职权有限和角色尴尬的现实困境"①。以行政管理的思维模式来应对流动性、多元化、多层次的居民需求,明显力不从心。社区居委会依据的《居民委员会组织条例》中自我管理、自我服务的法治功能实际上并没有充分发挥出来。城市基层社会管理急需向社会治理转变,从全能政府的包揽型管理向有限政府的放权、分流治理转变。这一转变的最重要媒介,就是法律。法治是乡土中国社区从静态、封闭走向流动、开放的转变完成现代性转型的最重要路径保障。

---

① 何海兵:《我国城市基层社会管理体制的变迁:从单位制、街居制到社区制》,载《管理世界》2003 年第 6 期。

二、有利于推进基层治理法治化

城市社区在基层治理实践中，社区居委会作为基层群众性自治组织普遍出现了行政化倾向。居委会承担了许多政府下达的环境整治、社会保障、公共事业管理等大量政府性行政事务管理工作，把大量的精力都集中在完成政府布置的各项工作上，不仅削弱了其自治特点和能力，也制约了基层民主的发挥。政府在公共服务领域大包大揽，群众参与不足，自治活动有名无实，活动内容、方式简单、初级、单一，尚未形成良好的基层社会治理结构。此外，在社区发展上也出现了诸多“瓶颈”。中国城市社区目前普遍面临着三大困境。一是公共服务设施建设不足，难以向居民的日常生活、办事提供便捷的公共空间。课题组走访的21个社区里，虽然都设有社区居委会，但绝大多数依靠借用社区服务站办公房来解决，合署办公，自治流于形式。二是缺乏社区管理与建设的经费。单靠政府提供建设资金来源僧多粥少，数量有限。三是工作人员主要靠政府任命，外聘的高层次的管理人才严重缺乏，专业化程度低。课题组调研的21个社区，工作人员整体年龄偏大，全日制高校毕业具有大专以上文化程度者不到1/4，持有社会工作证的人比例不超过15%，专业化程度跟不上当前城市发展变化的节奏，民主法治观念淡薄，行政化思维倾向明显，处理社会复杂问题的能力欠缺。上述情形表明，中国西北城市社区的治理手段多数还停留在由“人治”积累的传统经验里，法律意识、法治思维尚未建立起来，依旧未完成由“粗放式管理”向“精细式治理”的转变。

全面推进依法治国，工作基础和工作重点都在基层，社区是基层组织的典型代表，也是源头治理的重要平台。城市社区居委会组织和其他各类社会组织担负着保障基层社会正常生产、生活秩序的重任，依靠基层组织所制定的自治章程、乡规民约、行业规范等实行自我管理、自我服务、自我教育、自我监督，依法在人民调解、治安保卫、公共卫生等领域保障社区居民的基本权利，办理社区内的公共事务和公益事业，调解民间纠纷，协助维护社会治安，并且向人民政府反映群众的意见、要求和提出建议。社区的市民公约、社规民约、居民规章、社会组织章程等软法性质的社会规范在社区社会治理中能够起到积极作用。只有以社区为起点推进基层依法治理，才能夯实依法治国的社会基础，维护基层社会的稳定，促进繁荣与发展。

三、有利于改善民生，加快社会事业的发展

社区是城市的基本细胞，与百姓生活紧密相关，紧密联系基本民生。居民构成的异质性决定了社区不但需求社会性质的准公共产品供给数量大，还要求个性化、精准性与回应性，才能满足社区内部不同层次的需求。如此复杂的状况若单靠政府供给，从逻辑上就面临着供给主体单一、供给渠道狭窄、迟缓低效的困境，无论是从质还是从量上都无法满足灵活多变的社区需求。实践中非常需要包括政府、市场、非营利组织、家庭等多元路径协同合作，这种协作牵连众多参与主体，最重要、最经济的制度保障基础便是法律。以白纸黑字的契约、公约、共同声明等多种形式规范各主体参与的权利义务边界，厘清各自应承担的违约责任，不但大大减轻了政府审批和物资、服务配给的行政压力，更重要的是激活了社区内、外部的社会资源，有机会广泛地参与到社区建设中去。

以养老服务为例，虽然国家承担主要宏观责任，但我国西北地区青壮年迁出多，人口老龄化速度较快，政府能承担的公共责任范围有限。目前，政府提供的公办养老院服务很难满足日益增长的现实养老需求。市场机制和志愿服务机制能够纠正政府失灵问题，弥补政府养老供给不足，社区养老模式应运而生。但民办社会组织通过政府购买方式提供社区养老服务，在我国西北地区是新生事物，民办社会组织不是政府的行政管理下属单位，政府依靠传统的行政命令、行政指挥、行政调解并不会产生内部行政行为的具体效力。目前各地通行的做法是坚持依法办事，从一开始就签订完整、周密、规范、严格的服务合同，清晰界定各项监督验收指标，事先书面约定双方应当承担的违约责任。事实证明，养老服务合同履行顺畅，运转平稳，社会效果良好。西北地区社区养老事业快速发展，各地探索出来虚拟养老院、“一米服务圈”、“夕阳红老年帮帮队”等实践经验，极大地满足了社区人口居家养老的现实需求，较好地填补了政府失灵的空白。承担服务责任的民办社会组织也在社区养老服务中受益，收获了政府的资金支持、场地扶持和政策支持，如雨后春笋般地出现并发展壮大。此外，民办社会组织积极动员挖掘社区内外的志愿服务力量，各年龄、各民族、各专业领域的社会爱心人士积极参与社区各项民生事业，包括养老，助残，关爱留守儿童，关爱单亲家庭、失独家庭，调解邻里纠纷，社区环境清洁、防火防盗安保、社区健康教育等多项民生服务中去，极大地推动了西北地区城市社区民生事业向前大踏步迈进。

第三章　移民搬迁社区“大党委＋网格化”双引擎模式

通过实地调研发现,尽管在国家政治制度和法律基本制度框架下,西北城市社区的组织机构设置、权利义务分配、工作内容等方面具有高度的一致性,在西北地区现代化浪潮的推进下整体发展态势具有很大的趋同性,但也应当看到,这一历程中,受地缘十分辽阔、自然地理条件悬殊、域内经济发展水平差异较大、城市化的进度与水平、现代社区的组成结构等诸多因素影响,各地具体的社区发展思路和实践运作还是呈现一定的差异性。不同区域的城市社区一定程度上具有自己的个性,本书分别选取了三个城市社区作为个案进行样本分析。

第一节　游牧转定居的城乡一体化搬迁社区

肃南裕固族自治县(以下简称肃南县)隶属于张掖市,地处青藏高原东北前沿、河西走廊中部、祁连山北麓一线,东西长650公里,南北宽120～200公里,海拔在1327～5574米,平均海拔3200米,总面积2.4万平方公里。全县辖5乡3镇、9个国有林牧场、102个行政村和3个城镇社区,有裕固族、汉族、藏族、蒙古族等18个民族,总人口3.88万人,其中裕固族10,533人,占总人口的27.1%,藏族10,108人,占总人口的26%,是国务院确定的28个人口较少民族县份之一,也是省委、省政府确定纳入比照藏族聚居区扶持政策范围的县份之一。[①]

裕固族历史上原属于草原游牧民族,新中国成立后,一部分人口逐渐定居下来,其他人口仍保留游牧的传统生计方式。进入改革开放新发展阶段后,受到国家保护河西地区生态环境以及产业转型升级、城市化建设等政策的多方引导扶持,国家加大了修建定居点的速度和规模,仅以2013年为例,肃南县在张掖市滨河新区修建肃南裕苑职工和游牧民定居住宅1000套,在乡镇定居点修建游牧民定居住宅1460套12.9万平方米,改造农牧村危旧房400户;建成皇城镇、康乐乡、明花乡莲花片等老年日间照料中心,新建1个城市便民市场和11个平价蔬菜及肉类直销店,开工建设了肃南县粮食储备中心。裕固族,当然也包括当地其他游牧民族,大部分都转为定居模式,并且形成了独具特色的"游转居"城市社区。

与中国东南部常见的人口基数庞大的城市相比,肃南县市区内面积不大,仅2.38万平方公里;市区内常住人口不多,主要为政府和事业单位工作人员以及在此长居的汉族、回族等进行工商业活动的人口。县政府本身就驻扎在红湾寺镇,除了滨河路、马蹄路等几条主干道构成的充满现代气息的闹市区外,更多的场景是楼房小区与农业菜地相邻,或者住宅区附近大片空地闲置,农用三轮车在县城道路上行驶,城市和农村互嵌的特征十分突出。换句话说,当地城市与农村并非能够按照一般意义上静态/动态、封闭/开放、传统/现代、贫困/富裕等指标划分成明显二元对立的空间场域。事实上,由于从游牧到定居的生活方式深刻转型的时间并不长,城市人口都经历了再社会化过程。对于进城的农村人口而言,要重新塑造自我;对于长期居住在市区里的"老人口"而言,也要经历接受与吸纳"他者"的过程,旧有的人际圈子与生活物资不可能完全抛弃,城市与农村之间的仍然保持着千丝万缕的联系,日常互动交流十分频繁,很难找到一个所谓纯粹的"城市人"。

课题组在搬迁社区采用偶遇抽样的方式调查了10名居民(见表3-1)。他们

---

① 参见《美丽肃南》,载肃南裕固族自治县人民政府网2020年2月3日,http://www.gssn.gov.cn/sngk/index.html。

的日常生活内容很难区分清楚哪些属于城市生活空间，哪些划归农村生活空间。

表3－1　搬迁社区居民与农村密切联系

被调查者	职业	居住时间/年	与农村的联系
高××	全职家庭主妇	6	每天骑自行车回周边郊区的农村老家给父母做午饭、晚饭
赵××	县旅游局工作人员	3	农村的哥哥每周带自种的药材来一次，他管吃住并帮助哥哥推销包括药材在内的农副产品
安××	护士	10	老家亲戚很多，经常进城求医看病、住宿，语言、饮食、居住空间基本保持农村风格
巴××	饮食店老板	5	每个月回村里帮老家亲戚照看牛羊
马××	健身教练	2	从农村考入陇东学院，毕业后做健身房教练，每周回村里老家一次
杨××	家居装修工人	6	家里住着两个到县城来上学的小孩，都是老家村里村民的孩子
钟××	出租车司机	2	每天晚上收工后开车回农村老家，距离近，无停车费，吃饭方便
赵××	小学教师	8	妻子为农村人口，在郊区种植蔬菜，每天骑自行车回农村家里
孟××	随迁老人	7	跟随儿子从农村搬进城里养老，闲不住，经常帮着老家农村的妇女们做一些传统刺绣手工艺品
刘××	工人	4	弟弟是老家的牛羊养殖大户，必须经常回去帮助弟弟照看牲畜、牧场

从表3－1可以看出，乡村的现代性转型并不意味着农业人口进入城市后就切断了一切与乡村的联系，当地城市与乡村并没有特别明显的分界。布克钦在《现代危机》中精辟地阐述了现代化带来的精神危机，“市场经济已深深的扎根于我们的头脑，它那套可鄙的行话也已经取代了我们最为神圣的道德语言和精神语言。现在，我们在孩子、婚姻、个人关系上‘投资’，该术语已等同于‘爱’‘关怀’等词语；我们生活在一个充满‘交易’的世界中，对任何情感‘交易’都不免索取‘回报’”①。然而，中国东南部发达地区城市文化所具有的异质性、多

① 转引自［美］丹尼尔·A. 科尔曼：《生态政治——建设一个绿色社会》，梅俊杰译，上海译文出版社2006年版，第70页。

层次性、快节奏、商业化等特征，在当地城市社区虽存在但尚不十分明显，传统道德、文化习俗并没有大幅度退场，城市与农村的关系也没有扭曲异化。如表3－1所示，在肃南县，尽管随着西部大开发战略的深入推进，外力因素大面积植入市场经济观念，但市场经济对城市和乡村的改造几乎同时进行，城市社区与农村社区几乎同时进行新建或改建，二者在历史传统、文化基础、人口构成、生计方式等诸多方面都大体相似，发展趋势上具有很强的城乡一体化导向。

另外，肃南县除了裕固族在此地聚居外，还有藏族、蒙古族、土族、回族、保安族、东乡族、汉族等16个民族，虽然各民族有相对集中的聚居区，但总体上分布格局是典型的“你中有我、我中有你”的自由交错的大杂居模式。平时各民族居民间相互交往密切，彼此谦让包容，平和共处，族际通婚也比较普遍，十分和谐。简言之，肃南县的搬迁社区，并不区分农村社区与城市社区、多民族社区与单一民族社区，前者与后者在日常生活中具有相同的气质特征。

第二节　肃南县搬迁社区依法治理的双引擎模式

相较于中国普通的城市社区而言，肃南县搬迁社区居民的族别构成多样，需求层次差距较大，社区内不同民族人口的传统文化在现代性转型中的发展状况各异。受到当地市场经济总体发展相对薄弱的影响，各类社会组织发育程度弱，居民文化程度整体偏低，城市社区建设起步晚，完全依靠居民实行社区自治并不现实。该县理性分析自身发展现状，继续遵循学界所言的“强政府”治理模式，牢固树立大局意识，把构建文明、幸福、团结社区作为创新社会管理职能的主要目标，充分发挥政府的宏观指导作用，夯实党组织在社区的核心作用，形成了“党政1＋1”的引擎引领模式，引领社区法治建设与社会稳定、服务居民、倡导文明新风等多方面工作相结合。以依法治理为起点，各社区也积极创新社会管理职能，各项工作逐步展开，肃南县搬迁社区尝试进行了多方面的探索。

一、“党政1＋1”模式的内涵

依法治理社区，就学术角度而言，参与治理的主体应当主要是社区居民，依托于宪法所确定的居民委员会这个基层群众性自治组织来实现。但肃南县在西部大开发一波又一波的浪潮外力冲击下，从传统游牧刚刚搬迁定居到新城市社区，社区形成时间不长。在安置移民搬迁、新社区配套设施完善等完成各种现代生活方式转型过程中，政府一直起宏观主导作用，持续为当地经济社会的稳定与发展提供全方位强大支持。党员在当地多为社会精英，受到各族居民信赖与尊敬，有着强大的社会影响力。当地在推进依法治理社区过程中，敏锐地选择了党政优势作为法治社区建设的政治资本支持力量，探索出了“1+1”双引擎模式。一个“1”是指党组织的领导，另一个“1”是指政府的行政指导。“1+1”双引擎模式的突出特点是强调以“党委领导、政府负责”为核心，充分发挥二者在西部偏远落后地区的引领带动作用，引导社区居民委员会、物业公司、辖区内社会单位、街道办事处持续参与社区法治建设，引领处于西部偏远落后地区的县域社区逐步走上依法治理的道路。

二、“党政1+1”模式的主要特点

根据课题组的观察，当地社区治理所采用的“党政1+1”模式，其主要特点概括起来有四个方面：

一是注重宏观引领与微观工作协调。

党组织是引领社区发展的核心。强化社区内党组织建设，是社区平稳有序发展的重要基础。肃南县属于典型的城中有村、村中有城的混合型民族自治县。管辖地域相当分散，当地居民戏称为“四块飞地组成的神奇县”。特点是从东到西，从南到北，把所有裕固族聚居区都划成了一个县，与张掖市互嵌，几乎在张掖市内遍地开花，可用“天高云淡，地旷人稀”来形容。这种特殊类型的多民族杂居社区，日常工作点多面广，事务琐碎，单靠数量有限的社区工作人员开展每一项工作，很难面面俱到，显然存在诸多现实困难，急需辅助的工作力量有序补充进去。动员成熟的社会组织有效参与到社区组织体系工作中去是一个不错的路径，然而，当地信息流动速度慢，居民整体文化程度尚不能理解城市社区这一新鲜事物，社会组织发育程度较弱，难以完全挑起重任。基于当地的现实情况，夯实基层党组织覆盖范围，强化党对社区工作的领导，成为规范管理社区工作的必然选择。

在宏观上，当地注重加强社区党建工作。一方面，采取单独建、行业协会联建、挂靠组建等多种灵活方式，动员楼栋、居民小区、行业协会、非公有制经济组织、社会组织，凡符合条件的都建立党组织，做到全覆盖，不留空白点。另一方面，以社区党组织为纽带，与当地各类不同隶属关系的党组织参与协商社区事务、搭建沟通平台，推进社区事务共建共治。社区党组织是一个成熟规范、机构健全、运作有序的组织，能够实现社区居民意见和呼声的上传下达；党员是各民族居民中的优秀分子，能够夯实党建工作的基础，发挥党员在构建法治社区中的模范带头作用。党组织和党员在现代社区不仅能"有效地弥补社区自治功能的不足，还能起到发展和调控的双重作用"①。

在微观上，当地注重进行网格化管理，心连心服务。为了及时把握社区居民各项需求，掌握区情民意，肃南县以"网格化管理、心连心服务"为指导思想，结合本县社区分布的实际情况，灵活地对全县各社区进行网格划分，使管理和服务都落实在网格。每个网格由 2 名社区干部总负责，成员包括社区干部、党小组长、社区志愿者、信息采集员、辖区民警等。每个网格成立党员小组。小到环境卫生、居民日常矛盾纠纷化解，大到社区治安、社区维稳都做到"在网格内解决"。

以皇城镇为例，该镇树立了"平安皇城"总目标，按照全面覆盖、便于服务、无缝衔接、动态调整的原则，把辖区划分为 19 个网格，与之相关联的人、地、物、事、组织等全部纳入相应网格。对每个网格和联防组都定人、定岗、定责，形成"总网格长、总网格指导员、网格指导员、网格长、网格员、联户长、住户"闭环式的"五级联动"的工作运行机制。把面向基层的公共服务资源整合到网格，把社会治理和维护稳定的责任落实到具体网格，着力在矛盾化解上下功夫。网格员、联防长定期做好社情民意收集记录工作，不定期进行走访排查，及时排查掌握各类矛盾纠纷及不稳定因素，及时有效解决居民利益诉求等问题，实现社会治安职能重心下移、关口前移，打通联系服务居民的"最后一公里"。同时也实现居民自我管理、自我教育、自我服务、自我监督，促进党组织的领导与居民自治协力同行。

各社区近年来都陆续招考了引进了一批法务专干。他们整体上年纪轻，都受过全日制高等教育，有法学专业背景。法务专干常驻社区，一方面负责面向社区内的居民、物业公司或常住单位，负责日常矛盾纠纷调解处理的协调与保

---

① 邱梦华等编著：《城市社区治理》，清华大学出版社 2013 年版，第 10 页。

障工作;另一方面向街道负责,接受政府的统一领导与宏观工作安排,履行职责。目前针对法务专干已经形成了周例会、月碰头会、季小结、年度考核等一整套完整的工作机制。

二是注重转变传统理念,培养法治思维。

通常而言,思想认识对于社会治理方式的选择具有很强的影响作用。随着脱贫攻坚力度的加大,当地各族居民生活条件快速提升,人口的流动性也大大增强。以往的社区治理实行的是社区管理模式,显著特征为强调政府扮演社会治理的主角,居委会工作人员行政化,扮演着国家公务员角色,思想观念传统守旧,往往以“边远地区”“西部事务”具有特殊性为借口,传统单线管理模式下培养出来的“等等看”“慢半拍”等心态比较突出,工作效率低;居民普遍抱着“有问题找政府”的心态,发生了矛盾纠纷不是找法律,而是找红头文件。

自党的十八大实施全面依法治国战略以来,肃南县要求各社区以党员和社区工作人员为带头人,深入全面学习法律,把握好处理民族工作中的特殊性,将现代化治理方式与传统的地域文化特色相融合,实现城市社区治理模式的本土特色化。该县教育引导居委会工作人员逐步树立法治思维,用法治方式解决社区内部的利益纠葛,依法化解社会矛盾。肃南县正在尝试逐步构建社区主体间合作共赢机制,使法治理念、法治意识成为一种良好社区氛围。红湾寺镇搬迁社区一位工作人员说:

现在办什么事情都要讲法律,你看我们现在说话办事都要有法律依据,没有法律依据的话不能随便乱说。居民现在都不简单了,维权意识很高,有什么事情他们现在直接拿着法律来找我们,手机上网方便得很,什么都能查到。我们现在工作考核这方面也抓得紧,光说政策还不行,还得拿出法律来,要不然工作不好做。

这位工作人员还认为,依法治理社区实际上是减轻了他们的工作难度。因为过去当地的一些居民一有事找政府就搬出各级红头文件,有些文件甚至都失效很多年了居民们也不知道。社区工作人员做说服解释工作往往要大费周折,拿不准的情况下,还得层层请示上级。现在只要依据新颁布的法律,严格按照白纸黑字的法律规定办事即可,简捷高效,也往往更具有说服力。社区内偶有不同村落搬迁来的居民间因生活琐事发生口角,工作人员会联合当地派出所坚持按照《治安管理处罚条例》做调解处理，严格贯彻法律面前人人平等，让当事人逐字逐句地看法律条文，甚至还帮着拍摄、复印纸质法律法规。涉及赔偿案件，需要计算赔偿金数额时，让双方按照法律条文逐项计算，列出计算清单，在后面标注出相对应的法条。发生纠纷的双方当事人对此往往心服口服，有效地避免了缠讼现象的出现。

三是坚持法律程序意识，塑造社区工作法治形象。

现代城市社区作为社会的细胞，承担着基层社会治理的基础功能。依法治理社区，应当先从规范社区工作人员入手，从社区依法行政开始，做到自身有力量，才能逐渐推动社区治理走向良性循环。

肃南县要求社区有完整、详细的工作流程和规章制度。网格员入户访问要做到“五必访”，即对困难家庭必访，对重残家庭必访，对失业人员必访，对孤寡老人必访，对刑释解教人员必访。在信息收集中做到“五必报”，即急事、难事、怨事、险事、疑事必须及时上报。在信息处理时必须做到“五必做”，即紧急事情及时做，棘手事情及时做，热点事情及时做，扶贫帮困及时做，发生矛盾及时做。在此基础上，还绘制了网格工作流程图，区分不同情况，分类予以处置。对于一般性纠纷，由网格员现场调处解决；对于疑难复杂矛盾纠纷，由网格员提交社区综治维稳工作站、街道综治工作中心协调处理；对于其他诉求性问题，网格员当场答复或解决，做好政策宣传和情绪疏导工作；对于涉及多部门的复杂事项，由网格长向社区、上级有关部门联系落实后答复网格内居民；对于居民反映强烈，需要多方来协调沟通解决的热点难点问题，如在社区内因公共用地、绿化、垃圾清运、噪声扰民等常见问题发生内部争议的时候，组织召开座谈会，让争议各方公开讨论，充分陈述自己的要求并提交有关证据，规范、公正、公开透明地处置问题，让“缘法而治”的理念在社区内部变为生活实践。对涉及居民财产利益的支出，坚持经过社区业主大会参与论证、集体讨论决定等基本程序；对物业公司依法依规地进行规制，督促其制定详细的工作规章制度和奖惩制度，通过规范的程序搭建良好的交流平台，塑造优良的社区依法行政的法治形象。

四是当地在开展法治社区建设过程中，十分重视双语工作。

双语工作人员、双语志愿者、双语党员在现代社区治理中是至关重要的角色，发挥着重要作用。各社区有意识地选拔、邀请上述人员定期参加居民座谈会、党小组会议、党建联席会议、民情恳谈会、入户走访少数民族居民，使用双语了解居民所需、所虑、所求,聆听意见和呼声,进行民族团结教育。虽然当地社区汉语汉字的普及化程度早已很高,完全听不懂汉语的居民几乎很少见,但这种形式体现了对少数民族居民的关心体贴和尊重,使社区各族居民的情感关系更加密切。

三、"1+1"双引擎模式在依法治理社区中的实践

(一)"网格化+3455"工作模式全力构筑新时代反邪教防火墙

肃南县以创建"无邪教社区"为目标,全面推行"网格化管理、组团式服务、居民联系"和"3455"工作模式,即"三必访""四必到""五大员""五必报"。将全辖区划分为若干个网格,遵循"网中有格,格中定人,各负其责,群防结合,多方联动,无缝覆盖"原则,打造全方位、全覆盖、无缝隙管理的反邪教工作网络新格局。

坚持"三必访",注重做好教育转化。根据辖区涉邪人员基本情况,设立反邪教信号灯,实行"红、黄、绿"信号灯分级管理,精准开展帮教工作。红灯为涉邪顽固痴迷分子,每周必访1次,黄灯为涉邪重点人员,每月必访1次,绿灯为思想已转化人员,每年必访2次。通过采取帮教小组定期约谈和上门开展服务与思想疏导相结合、心理诊疗与强力灌输相结合的方式,做好重点人员及已转化人员的回访帮教,推进了后续帮教工作的稳固开展。

坚持"四必到",做好帮教巩固。在日常工作中,做到涉邪人员思想波动时必到、工作不满意时必到、身体有病时必到、家庭出现变故时必到。通过上述措施保持同涉邪人员的密切联系,从生产、生活、救助、增收、致富等方面为邪教人员排忧解难,使其真正树立起对生活的坚定信念,切实回归社会、回归家庭、回归正常生活。

建立"五大员",积极构建反邪教管理新模式。在党员、居民中选拔工作能力强、吃苦精神强、协调能力强、道德素质好的居民担任网格员、反邪中心户(联户长),他们兼任该网格的政策宣传员、民情报告员、信息员、监督员、专管员,负责该网格内法律政策宣传、涉邪情报信息收集、外来人口、流动人口、出租房屋摸排管理等工作,实现了对辖区的全方位、全覆盖、无缝隙管理。

坚持"五必报",加强情报信息的收集与分析研判。坚持公密结合、专群结合、网上网下相结合的方式,以防范邪教干扰破坏活动为重点,实行传播封建迷

信必报、邪教人员秘密集会必报、外来人员非法传教必报、涉邪人员外出必报、有不稳定因素必报的“五必报”情报信息机制，及时掌握邪教人员思想动态，切实提高了预知预警能力和主动掌控能力。

（二）坚持依法稳妥开展扫黑除恶专项斗争

肃南县十分重视在法治的轨道上稳步推进扫黑除恶工作，力求做到行稳致远。

第一，出台清晰的工作规章制度，依照规定流程办事，避免无原则的弹性。县委、县政府结合全县实际，先后制定印发了扫黑除恶专项斗争《工作方案》《宣传方案》《涉黑涉恶线索“大排查、大核查”方案》，明确了专项斗争的总体目标、工作任务、工作步骤和相关要求，指导该专项活动平稳有序进行。

第二，将扫黑除恶纳入依法治理社区工作日程，深入社区，动员居民积极参与。红湾寺镇搬迁社区、隆畅社区、马蹄藏族乡西水片区、马蹄藏族乡大泉沟片区等都陆续组织以“扫黑除恶”为主题的专题宣讲会。邀请县司法所人员，从法治的角度为居民讲解了黑恶势力的定义，用一个个生动案例，讲解了涉黑涉恶违法犯罪类型，以及对社会造成的危害。同时对肃南县扫黑除恶专项斗争重点打击的 14 种“黑恶势力”和举报“黑恶势力”线索奖励办法及举报途径做了一一讲解，也对如何保护举报人进行了阐述。活动还发放了各类宣讲资料，解答居民相关法律咨询，充分调动了广大居民居民的积极性，动员居民一起参加到活动中来。

第三，严格坚持法律标准，确保扫黑除恶专项斗争工作范围清晰，对象明确，手段合法。组织开展涉黑涉恶问题线索集中“大排查、大核查”，拓宽线索来源渠道，积极向社区居民征集线索，2018 年全县共摸排涉黑涉恶相关线索 11 条，已核查侦办 8 条。强化线索核查工作，严格坚持《刑法》，最高人民法院、最高人民检察院、公安部、司法部《关于办理黑恶势力犯罪案件若干问题的指导意见》的明确规定核查研判线索，重事实讲证据，不打折、不走样、不变形。严格贯彻罪刑法定原则，疑罪从无，严格定罪标准，既不扩大打击范围，也不走过场搞形式主义，杜绝犯罪分子成为漏网之鱼逃避法律追究。对于黑恶势力犯罪组织的涉案财产，既要充分运用判处罚金、没收等多种手段，摧毁其经济基础，防止死灰复燃，又要坚持法律标准，准确区分涉黑恶财产和公民个人、公司企业等的合法财产，切实加强对合法财产的保护。用足用好刑事政策，贯彻宽严相济刑事原则，该宽就宽、当严则严、宽严相济、罚当其罪，黑恶势力犯罪分子归案后认罪认罚的，兑现帮扶政策，最大限度减少社会消极因素，促进社会稳定，保平安幸福。注重规范司法权力，讲程序、讲证据。确保专项斗争始终在法治轨道上稳步前行，让每一起案件都经得起法律和历史的检验。

同时，县公安局将扫黑除恶专项斗争与社区突出治安问题和重点区域整治有效结合起来，深入开展“两抢一盗”、“缉枪治爆”、打击“黄赌毒”、社会面治安大清查等严打整治行动，加大对重点行业、场所的检查和管理力度，持续保持对违法犯罪行为的严打高压态势，切实整治社会治安乱象。2018 年 1 月至 5 月，全县共立刑事案件 32 起，破案 24 起，破案率 75%，抓获犯罪嫌疑人 17 人；受理治安案件 70 起，查处 51 起，查处率约 72. 86%；收缴各类枪支 5 支，各类子弹 118 发，雷管 121 枚。刑事案件、治安案件发案数量较上年同期全面下降，社会治安形势不断好转，有力地推动了专项斗争的持续深化。

（三）进行多种形式宣传教育，培养法治意识

只有现代社区居民的法律意识增强、法治素养提升，依法治理社区才能有强大的社会基础。肃南县的城市社区一部分属于游牧转定居组成的新移民社区，还有一部分属于传统现代社区进行了小城镇建设以后的新型农村社区。社区工作人员进行了摸底调查后发现，在现代文化的强大冲击下，社区内人口的流动性增强，居民之间交流频率大幅度下降，除非通过文艺体育等活动，日常生活很难有更多的交流渠道。交流频率低，人与人之间的情感因素淡化，安全感缺失，发生小矛盾时没有人情、面子作为润滑剂，很容易把个人利益过分放大，导致居民采取过激行为。社区中居民与居民之间的日常互动最为频繁，应当成为法制教育的核心阵地。因此，他们针对当地居民的特点，采取了灵活多样的形式，持续进行法制宣传教育。

第一，组织居民参加应急演练，让居民现场感受社会秩序稳定的必要性。2018 年 11 月，明花乡社区组织居民参加了反恐、防暴意识和现场应急处突能力的现场演习。该演习由综治办、派出所、卫生院、社区等单位联合开展。当日，该乡政府楼前有两名携带刀具的可疑人员进入乡政府，门卫发现后向该乡应急办进行电话汇报，接到报告后应急办迅速反应，立即启动应急预案，组织司法工作人员接访，进行先期处置。随后该乡党委书记担任总指挥，派出所民警、基干民兵，携带盾牌和防暴棍等装备迅速赶赴现场进行处置，同时医护人员也

在第一时间赶到,做好医疗保障工作。指挥员根据现场情况,对应急队伍进行分组,一组负责疏散周围居民,确保居民安全;另一组负责现场处置,与先期处置人员密切配合,快速制伏了持刀行凶的2名暴恐分子,及时排除了险情。整场演练场景真实、紧张有序、进展顺利,让社区各族居民现场深切感受到了社会稳定的重要性,增强了居民在安全保卫方面的意识和应急处突能力,取得了良好效果。

第二,组织社区居民旁听法院现场审判,现场学习法律。2018年11月,红湾寺社区组织干部、居民40余人前往肃南县法院现场旁听一起民间借贷案件的审理,“零距离”了解审判流程,接受法治熏陶。庭审现场,法官准确归纳了争议焦点,引导双方当事人围绕争议焦点进行举证、质证、辩论,并适当阐述法律规定,把庭审过程变成以案释法、教育居民的过程。一小时的庭审旁听,法理交融,丝丝入扣,使参加旁听的社区干部、社区居民切身感受到法律的威严,上了一堂生动的法治课和直观的警示教育课。用身边的事教育身边的人,通过“零距离”感受庭审,不仅让大家加深了对法院工作的了解,也深切体会到“借贷有风险,担保需谨慎”的道理。旁听法院审判有助于社区居民进一步提高自身法律意识,在生活中做到办事依法、遇事找法、解决问题用法。

第三,配合统战部门、司法所工作,组织宗教界人士学习法律。肃南县广泛开展了“法律八进”活动,红湾社区配合司法所工作人员到红湾寺开展“送法进寺庙、祥和过新春”法治宣传活动。宣传了《宪法》《宗教事务条例》《国家安全法》等相关法律条款,并赠送相关读本等书籍32本,法治宣传袋50余个,引导僧人自觉遵守国家法律法规,维护社会稳定。与寺管会人员座谈,探讨依法从事宗教事务,在佛事活动中嵌入开展相关的法律法规的宣传,引导信教居民知法于心,守法于行,既是守法公民,又是信教群众,二者角色叠加并不矛盾,让法律意识普及附近社区每一个信教居民。

社区还配合肃南县委统战部宣传动员组织区内的宗教界人士参加法律法规知识竞赛活动,对表现优秀的宗教人士和宗教场所进行表彰奖励。宣传普及民族宗教法律法规及党的民族政策,引导宗教界人士增强“四个意识”、坚定“四个自信”,在民族法律法规和党的民族政策宣传工作中发挥积极作用,使各宗教活动场所依法开展各项活动成为日常规则。

第四,对专项问题进行有针对性的普法宣传,避免普法宣传“大水漫灌”。

2019年春运拉开帷幕之前，为提高春运期间居民出行安全意识，确保春运期间不发生重大道路交通事故，为居民出行创造良好的交通环境，各社区都联合司法所、综治办、交警中队、安监站等单位联合开展春运道路交通安全宣传活动。活动采用悬挂横幅、设立咨询台、发放宣传资料等形式，分析当前路面结冰的道路交通安全形势，向社区居民重点讲解了酒后驾驶、超载、超速、疲劳驾驶等不良行为的危害，并列举了交通事故案例，强调了遵守交通法律法规的重要性。社区还向居民发送提示短信、推荐微信公众号，使居民在潜移默化中自觉提升交通安全意识，警钟长鸣。同时结合农牧区实际情况，向广大农牧民居民宣传讲解，因乘坐超速、超员、无牌无证车辆及驾驶电动车、摩托车超员、超速不带安全头盔等严重违法行为给个人、他人、家庭带来的危害，提高广大居民的安全意识和自我防范意识。

部分老社区冬季用炉具燃煤采暖，各社区在每年入冬期间都重点进行消防安全、一氧化碳中毒防范、自救能力宣传。社区干部、治安员、网格员、巡逻队长以及安全监理机构的工作人员，挨家挨户上门查看居民的安全用电、土炕取暖安全情况，对炉具、电路、易燃物堆放等可能存在的隐患进行重点排查，向居民宣传“预防用火、用电、一氧化碳事故”安全知识，提醒冬季使用炉具取暖时的注意事项，防止发生煤气中毒事件，并详细教给居民一氧化碳中毒表现及急救方法等。隐患排查，消除了安全隐患，增强了居民的安全意识，提高了居民的自救能力，受到了居民的一致称赞，社会治理效果显著提升。

配合安监部门、消防部门、统战部门的工作，在社区内醒目位置宣传消防知识，排查安全隐患。由相关主管部门主导，社区配合，对宗教场所消防设施、电器线路、燃香防火进行管理，对信徒进香燃香、宗教人员使用火炉、煤烟中毒防范、使用电暖器取暖等安全隐患提出了具体的整改建议，消除安全隐患。引导宗教场所人员加强日常消防安全工作，做好消防设施、器材维护保养等工作，做好重大宗教活动期间安全管理工作。提升宗教场所人员的消防安全责任意识，提高宗教场所的火灾防控能力，为信徒们营造良好的消防安全环境。

（四）大联动机制排查纠纷，积极预防、化解矛盾

创新工作思路，构建大联动格局，发挥人民调解工作化解社会矛盾的积极作用，提升辖区居民安全感、幸福感。红湾寺镇社区积极探索建立镇、社矛盾纠纷排查调解工作体系，实行矛盾排查、信访、司法、计生、民政、群团等部门联合

办公,形成了“层层有事管,事事有人管”的工作格局。同时建立、巩固和发展了“网格化管理、信息化支撑、立体化防控、便民化服务”的工作机制,形成全覆盖、无疏漏的大排查网络,确保矛盾纠纷排查精准不留死角,真正做到把问题解决在当地,把隐患消除在萌芽。红湾寺镇社区始终把制度建设与抓好落实贯穿于矛盾纠纷排查调解工作全过程,本着抓早、抓小、抓苗头的宗旨,建立健全了足以有效控制矛盾纠纷激化的预防、排查、调处、保障、督办“五项机制”,筑起预防矛盾纠纷激化的坚固堤坝。

红湾寺各社区以减少和化解各类矛盾纠纷为目标,创新举措处理矛盾,努力筑牢维护社会幸福稳定的“第一道防线”。社区把着力点放在有效预防、减少和化解各类大小矛盾纠纷上。社区构建了由老党员、退休干部、司法调解员、律师组成的民间调解组织,运用减压疏导、明法析理、背对背、换位思考等一系列常见调解法的同时,还运用“真诚”调解法、“五步”调解法和“疏心”调解法,让法律服务同行,助力矛盾纠纷化解。至目前,红湾寺镇隆畅社区共排查受理各类矛盾纠纷 31 件,调处率和调处成功率均达到 100% ,未发生群体性越级上访和非正常上访事件。

(五)组建志愿者治安巡逻队,自发维护社会治安

肃南县辖区地域面积广阔,社区分布比较分散,单纯依靠派出所警力维持社会治安并不现实。于是,当地社区积极发掘动员民间力量,组建社区巡逻队,自发维护社会治安,这也是居民实现法律意义上的社区自我服务的体现。

红湾社区组织了“红袖章”志愿者治安巡逻队,开展常态化治安巡逻工作,以协助做好当前安全工作,保持辖区安全形势持续稳定,有效预防和遏制各类事故发生。该社区“红袖章”志愿者巡逻队现今共有固定群防群治队员 17 人,每天两组每组 3 人轮流值班,佩戴统一的红色袖章,走访社区的各个角落,深入社区卫生死角、居民楼道,在辖区主干道、居民小区、沿街商铺、大街小巷进行治安巡逻,加大对易燃易爆物品、超市、小区楼院等人员密集场所的安全巡查与监管,及时排查各类安全隐患,建立隐患整改台账,明确整改时限和责任人,限期整改,并抓好存在问题的跟踪督办,力保节日期间不出安全事故。同时,在巡逻中向辖区居民开展安全知识宣传,提醒居民外出时关好门窗、水电和煤气,注意防火、防盗、防诈骗,确保辖区居民的生命财产安全。“红袖章”治安巡逻员为社区平安建设中形成齐抓共管、群防群治的氛围,起到了示范带头作用,受到了

广大居民的欢迎与好评。

(六)以德治作为软法治助手,取得辅助联动效应

当前西部社区还处在现代性转型发展的初级阶段,在肃南县这样一个市场经济欠发达地区,社区承载的主要功能是居住、供给,社区的人际关系主要属于初级群体关系,往往具有较浓的情感因素。如果社区内发生了纠纷,一味依靠白纸黑字的硬法律解决,动辄就鼓励居民"拿起法律勇敢捍卫自己的合法权益",表面上虽然显得时尚现代,但也往往让矛盾进一步激化,赢了官司伤了感情,导致居民间持续不断暗地里较劲儿,产生负面情绪,并不利于社区秩序长期安康稳定。

因此,"德治"在社区治理中就显得尤为重要。使用道德规则教育引导居民,形式简单灵活、通俗易懂,实施方便有效,具有很好的延伸性与辅助性,暗合了社区治理的本土化基本理念,适合解决社区治理难题。德治也是一种规则之治,属于软法之治。它能够与白纸黑字的硬法制在社区治理中相辅相成,形成软硬兼施的联动效应,促进社区治理的规范、高效和有序运行。

德治在肃南县各社区都已经大面积展开,与当地的民族文化相结合,形式生动活泼,树立了良好的民风。在红湾寺镇隆畅社区,曾经有居民王某随地乱扔垃圾被社区工作人员批评。王某不以为然,当场跟社区工作人员大吵大闹。社区工作人员了解到王某家庭经济十分困难,长期在外打工,只有过年过节才回家小住几天,父母均已去世,没有婚姻家庭,家里只有一位高龄老人留守。老人常年生病吃药,生活费来源全靠王某外出务工。于是社区工作者经常登门看望,帮助倾倒垃圾,下雪天早早把王某家里门前雪打扫干净,把积雪杂物彻底清理,确保老人出行路段干净整洁。王某深受感动,主动到社区办公室向工作人员道歉,并且从此以后,一有空暇时间就主动帮助社区保洁人员清扫环境卫生。

搬迁社区致力于构建自治、法治、德治相结合的新社区治理体系,走出了一条让"自治更加有序、法治更加有力、德治更加有效"的基层社会治理新途径。该社区充分挖掘社区居民自我管理、自我服务的潜在积极性,进一步健全规范事务公开、民主决策、议事协商、民主监督等自治机制,因地制宜地制定了《村规民约》《环境卫生公约》等制度,规范约束居民行为。同时更新工作理念,合理配置社会资源,结合"网格化+十户联防"工作,对辖区内常住户按照相邻就近原则,将10户左右的居民划分为一个联防组,利用网格将农牧民居民团结在

一起，开展邻里互助、助耕帮困、特困救助等活动，培树团结互助的良好村风。

搬迁社区还把诚信评价体系建设纳入德治建设内容。依据遵纪守法、诚信行为规范（道德诚信、社会管理、市场金融）加分项三大方面、21 项具体内容，通过“11 个不得、6 个自觉、2 个要”将诚信等级分为 A、B、C、D 四个等级，与各类评先评优、低保评定、慰问救助挂钩，诚信等级低的居民在评先评优、低保评定、政策优惠时将受到限制。同时每年组织开展“五星文明户”、诚信先进个人、最美家庭、道德模范等评选表彰活动，培育良好道德氛围，弘扬正气新风。

各社区还利用冬闲时间，通过“冬训 +”开展形式多、内容丰富、接地气的道德教育活动。例如“冬训 + 家风”宣讲活动，邀请县委党校讲师举办“弘扬传统美德、培育良好家风”的宣讲会，结合古代经典家训家规，从家庭孝道，夫妻、婆媳相处之道，育儿教子等方面，大力弘扬了中国家庭的传统美德，进一步深化居民对家规家风的认识，接受道德教育的深刻引导，继承和发扬优良传统，将好家风、好家训传承下去。再如“冬训 + 志愿服务”活动，组建社区志愿服务队，对社区环境卫生进行集中整治，以“党员固定活动日”“环境清洁日”等活动为契机，组织社区党员定期开展科技引导服务、植树造林志愿服务，对生活困难及年老体弱的居民开展走访慰问等一系列志愿服务行动。

德治作为与法治同行的“伙伴”，其社会治理效果显著。多年来当地民族关系十分和睦，很少发生打架斗殴、酗酒闹事、偷盗抢劫、“黄赌毒”等恶性刑事案件。居民间即使有小矛盾也往往找基层干部、单位领导、司法所进行调解，或者找德高望重的长辈、有威望的中间人出面调停协商解决，并未因鸡毛蒜皮的小事发生过大规模群体事件，更没有发生过反复缠讼、越级上访事件。各民族居民间谦虚礼让、互帮互助蔚然成风。2018 年肃南县被命名为全国民族团结进步创建活动示范单位。

第三节　小结与反思：肃南双引擎主导模式

肃南地区是我国广大西北部经济社会欠发达多民族地区城市社区建设的一个缩影。中国西北部现代城市社区的形成，虽然大多属于历史自然形成，但新中国成立后又经历了各种因素的外力作用进一步扩大了多民族交错杂居的社区构成格局。其中,有的居民是由游牧转定居,有的居民是由商业活动吸引的外地居民迁移而来,还有的居民是因为原居住地扶贫搬迁、生态移民搬迁、小城镇建设等因素而来,社区建立时间不长,人口异质性强,地域分布广散,城乡一体化发展的的色彩十分突出。完成上述巨大现代化的转型主要依赖于政府行政力量自上而下大力推进,社区自身现阶段尚不具备自我成长的内力,属于典型的"党组织＋政府"协调配合的双引擎主导型模式。肃南县社区治理的基本特点如下:

其一,社区治理组织体系是由"党组织＋政府"主导的。党组织、政府与社区法治建设行为紧密结合,在社区内直接派驻各种行政机构,或者委托社区代理行使行政权力,直接指导社区的各项具体治理工作,形成了一整套完整的社区治理组织体系。社区是政府的"腿"和"嘴",实质上行使着基层政府的派出机构职能。依法治理社区主要依靠政府派驻的机构来完成。

其二,社区的依法治理工作宏观层面由政府规划设计、组织协调,党组织负责在社区内引领实施。社区本身尚处于从传统向现代转型阶段,没有能力规划和实施依法治理的形式和内容。

其三,社区治理的费用基本都由政府来承担。当地社区本身经济基础比较薄弱,市场发育程度不高,前期积累匮乏,移民搬迁又耗费了巨大资金投入,几乎没有可供支撑社区自主展开法治建设的经济基础。

其四,政府对社区工作人员有人事决定权,居委会在法律意义上的选举没有能力展开。社区干部与社区居委会采取合署办公方式,工作人员由政府委派,居委会工作人员实质上也是由政府负责招募遴选,在社区居民看来与政府工作人员没有什么区别,都称呼他们为"社区干部"。

其五,社区组织、志愿者协会发育程度较弱。二者基本依赖政府培育扶持,自身没有成长能力,无法真正参与社区治理。关于社区组织权利义务边界,没有白纸黑字的立法。社区组织开展活动,基本是靠"摸着石头过河"式的自我探索。

依法治理,顾名思义,就是要依据法律规定的权利义务来运行治理工作。双引擎主导模式是在政府行政权力主导模式的基础上进一步发展起来的。国内学者对政府行政主导型模式存在的缺点探讨很多,诸如社区自治没有真正实现,居民参与度低,社区居委会角色错位、效率低下等,其中最核心的问题是国家力量介入社区过多而社会力量发育不足。“大政府、小社会”形象地概括了其特点,以徐勇、徐伟东等人的观点最具代表性。“所构造的社会与传统体制具有同构性,即社会仍然为政府所吸纳,社区的主要工作仍然是落实政府的任务,在这一体制下,政府难以超脱各种利益群体,专事履行公共管理的职能”①。政府行政主导型的依法治理社区,法律的色彩不浓,实质上主要还是采取行政命令、行政指挥、行政授权等方式来进行,依据的主要是政府的红头文件。这些特点,基本上也适用于社区治理的双引擎模式。

应当看到,上述负面评价的各种观点是站在全国社区建设的宏观层面、抽象层面,具有一定的合理性。然而,具体到西部的实际情况就未必适用。双引擎主导型模式虽有缺点,但在西部经济社会转型的初级阶段还是比较适合当地目前的发展状况的,尤其是对现代社区建立以及初步发展作用巨大。肃南县本身是国家级贫困县,经济发展十分薄弱,市场经济发展缓慢,单靠其内部积累很难完成自我成长,需要采用外力推进现代化进程。初级阶段最合适的推进者当然是政府,一个强有力的政府同党组织协作采用社会动员式治理,能够在短时间内调动庞大的人力、物力、财力,以政策手段统领全局,宏观规划,集中优势资源攻关,重点突破,有能力承担初级探索阶段的试错成本,把握方向和进度,推进深度,扩大广度。如果不考虑本土的历史与现实情况,一味照抄照搬西方社区治理居民自治模式,从一开始就执意要求社区居民主导,则会增加纳税人负担,拖延时间,贻误良机。

社区的依法治理需要经历一个逐步成长的过程,不可能一蹴而就,需要契合经济社会不同的发展阶段。就当下的情形而言,肃南县本地需要一定的经济基础;需要居民到达一定的文化教育程度,有自我民主管理的能力;需要当地有发达完善的法律信息渠道和获得法律帮助的丰富资源;需要有稳定清晰的社区法律规章制度。如果这些基础条件都不具备,那么社区的依法治理也只能在社区发展到一定阶段,基本具备了一定的条件之后才能够充分展开。所以,双引擎主导模式有其存在的现实合理基础。事实上,全球的社区建设与治理都不可能离开政府主导,政府一定是“总掌舵人”。政府、市场、社会组织是社区建设

---

① 徐勇:《论城市社区建设中的社区居民自治》,载《华中师范大学学报(人文社会科学版)》2001年第3期。

的三种主要力量,从长远来看,三者之间一定需要长期稳定的相互配合。并且,“政府在社区建设中具有重要地位,是因为它所具有的管理职责是法律赋予的”①。必须明确的是,政府管理职能也是法律赋予的,这本身就是依法治理的根源。

值得进一步思考的是,随着西北小城市逐渐加快吸收农业人口推进扩容进程,区域中心城市越来越多,双引擎模式在现代社区依法治理中依旧具有比较优势。其一,网格化精细治理的架构具有明显机动灵活优势,有效弥补了单纯依靠白纸黑字法律条文治理社区的呆板性、迟滞性、耗费司法成本大的缺陷,今后将会在探索中持续改进优化。网格化治理能够发挥社区党组织和政府行政行为的实践优势。其二,多元社会力量参与社区治理的协作共治格局是今后发展的大趋势,社区工作社会化、法治化是必然方向。但在初级发展阶段,社工、志愿者、各类社会组织共同参与社区工作的机制,综合平台主要由政府来主导建构,提供法制保障。以“部门推进”为起点、为杠杆,才能激发撬动多元社会力量进行“社会推进”的潜力。其三,社区自治实践由社区党建负责引领具有诸多优势。现代社区居民构成异质性强,诉求多元多样,单靠社区居民委员会自身的力量很难迅速回应居民的各类要求,群众对此期望值并不高。调研显示,社区党组织发挥深入群众、密切联系群众的传统作风,灵活驻在各社区,贴近基层,能及时体察、回应居民的各种诉求。党组织还具有完备的组织体系,健全的规章制度,清晰的为群众服务、廉洁、公益的角色形象,是社区微观治理得以合目的、合规律地展开的组织保障,对现代社区治理中的矛盾化解,民情民意的收集、引导、回应都有越来越显著的主导性。

当然,并非在当前阶段,西北城市社区就一定要完全依靠政府“包打天下”式的行政治理手段,依法治理社区依然是今后的主流发展趋势。西部边远地区起步晚是公认的事实,但这并不意味着社区法治建设的速度就一定缓慢。只要悉心研究,充分借鉴,稳妥实践,持之以恒,也可以有效避免我国东南部发达地区依法治理社区走的一些弯路,实现“弯道超车”也是具备很大可能性的。

---

① 唐忠新:《社区治理现代化的中国特色》,载《中国民政》2015 年第 3 期。

第四章　政社合作模式在城市所属社区的探索

L州位于甘肃省中部西南面,总人口约215万,居住着回族、汉族、东乡族、保安族、撒拉族、土族、藏族等31个民族,少数民族人口约占总人口的59.2%。伊斯兰教、基督教、藏传佛教、汉传佛教、道教都在当地传播,城市社区基本都是多民族居民混杂居住。

L州自然地理条件差,市场经济发育程度低,贫困人口多,居民整体受教育文化程度偏低,可以视为西部边远地区城市社区的一个缩影。然而,当地社会组织数量多,活动范围广,涉及扶贫、教育、古树保护、环境保护、养老、残疾人扶助、民族文化保护、经济、旅游、民间文艺等近百个领域,尤其是慈善志愿服务组织数量多、活动热情高。截至2016年年底,全州社会组织达1817个。基础型、枢纽型、行业型和专业型组织都有,最近还出现了网络型社会组织,绝大多数由政府给予优惠政策扶持起来。为什么一个经济十分贫困落后的西部偏远地级市,政府却能走在时代前列下大力气培育孵化如此多的社会组织?一是因为它属于东部某发达大城市的对口支援单位;二是它属于国家大规模扶贫向西部倾斜优惠政策的重点督促、观测地区,这也是它被本书选为样本的原因。

第一节　政社合作:社区法治建设的“2 +1”图式

为落实州政府提出的“推进依法治州,建设法治 L”总体规划,L 州政府探索尝试充分发挥本地区社会组织数量多的优势,引导它们加入依法治州的行动中,成为城市多民族社区法治建设的积极参与者,本章概括为“2 +1”依法治理社区图式(见表 4 –1)。

表 4 –1　L 州依法治理社区的“2 +1”图式

两个主导	一个参与	一个扎根	五个活动重点	五个工作任务
党组织	社会组织	居民需求	法治宣传教育	健全社区治理体系
			反恐反毒维稳	提升社区综合治理水平
			化解社会矛盾	创新社区治理机制
政府			社区依法自治	加强社区自身建设
			智慧社区建设	加快社区综合服务设施和人居环境建设

L 州“2 +1”依法治理社区模式的基本含义是,“2”指党组织、政府,“1”是指社会组织。“2 +1”的基本思路就是政府与党组织起宏观主导作用,主动在尽可能广泛的领域内去动员、培育社会组织参与社区法治综合治理工作。从一开始,框架设计上就预留出了社会组织参与社区法治建设的位置。政府注重宏观制度保障,出台了一系列的法规、政策文件来进行总体引导,夯实协作治理的基础。

其一,法律面前区域平等,坚持推进城乡统筹一体化,为城市与农村社会组织发展提供平等机会。

L 州政府充分考虑到本地区的城乡发展差异,清晰地认识到,从长远来看,多民族城市社区治理应顺应城乡一体化潮流。如果仍然按照城市户籍人口与外来人口划分来治理,将会使自身发展陷入僵硬性、单一性、狭隘性、片面性和碎片化的困局。社区的法治化治理不应当再区分城市社区与农村社区,在进行总体规划时要全盘考虑,一视同仁。为此,2018 年 7 月,L 州政府颁布了《L 州加强和完善城乡社区治理的实施方案》明确提出“培育发展社会组织和社会工作人才队伍”，为全州城乡社区治理提供遵循依据。这样一来，L州城乡的各类社会组织不再受到城乡二元制地域因素制约，而是站在同一个起跑线上，同等享有受到州政府的扶持政策和鼓励参与社区治理的机会。

走进L州的各社区，最直观的感受是民风淳朴，人际互动礼仪礼貌周全，邻里关系亲密，各民族友好相处，大事小情互帮互助，亲如一家，慈善、志愿服务蔚然成风。据社区干部讲，形成这种情况的部分原因是城市里的公益社会组织经常到村里开展扶贫、助学、助残、养老、关爱留守儿童等活动，城乡之间频繁互动交流，让原本保守、贫困、落后的小山村有了外来民间社会组织提供的各种资源链接，推动了本地农村社区全面发展的同时，还在社区内培养了一批青年志愿服务积极分子，村干部也逐渐学会了积极引进省内外各种社会组织参与本地农村社区的开发建设。

以L州小关乡为例，它是省列深度贫困乡，地处高寒阴湿地区，自然条件差，发展底子薄、青壮年受教育程度普遍较低，群众主要靠种植庄稼、养牛羊获得微薄收入，生活普遍困难，脱贫任务十分艰巨。乡干部积极与社会组织合作，外引内联，于2019年推动“农村少数民族困难妇女救助及能力提升示范项目”在本乡镇展开。此项目由甘肃省福利彩票公益金支持，甘肃省心理咨询师学会与甘肃兴邦社会工作服务中心合作，按照“党委领导、政府支持、民政牵头、妇联负责、各方参与、社会协同、媒体宣传、志愿服务、民主监督”工作格局开展项目运行，为农村少数民族困难妇女提供生活实用、中医保健、常见病治疗等技术，心理能力提升、人际关系调适、生理体检、物资帮扶等全方位方面的服务。甘肃省心理咨询师学会与甘肃兴邦社会工作服务中心作为外来的社会组织，充分考察调研了当地少数民族农村妇女的健康状况，为困难妇女作了《少数民族地区常见病预防与自我保健》的系列技能培训讲座，带领兰州普惠体检中心医疗专家团队为困难妇女多次开展义诊活动，又争取到一批医疗资源，前后发放了总价值32,000元的血压计量仪和家用医疗箱等用品。切实帮助解决少数民族地区看病就医的实际问题，普及医疗卫生知识，倡导健康的生活方式，提高广大农村妇女自我保健意识，最大限度地避免就医致贫、因病致贫的现象发生。该项目还由专业的社会工作者组织，通过开展多次小组工作，动员挖掘农村社区的潜在优势资源，培养了一批青年妇女作为典型带头人，帮助农村妇女树立自尊自信、理性平和、积极向上的社会心态,确保项目结束后已经取得的成果得到巩固,并继续助推当地社区农村妇女挖掘自身内在动力,获得可持续发展。

其二,理性务实,清晰定位。

社区居民自治,固然是衡量社区治理法治化程度的核心指标之一;但是,甘肃多民族城市社区普遍存在优秀人才匮乏、自治能力弱、贫困面积大等种种限制因素,盲目在社区居民自治上“高歌猛进”毕竟缺乏现实条件。首先,L 州政府清晰地认识到,基层党组织具有成熟的工作规章、完备的组织体系、大批的优秀基层工作人才,以及多年来开展基层群众工作的成熟经验,是各类社会组织学习和借鉴的榜样。州政府理性地将社区治理扎根于基层党组织,要求“强化基层党组织领导核心作用,加强新建住宅社区基层组织建设明确分工”,建立“党组织 +”型社会组织,强化组织保障和制度建设,社会组织接受党组织的领导。其次,扎根居民需求,以民生服务为杠杆,撬动社区法治化治理深入到日常生活。L 州政府坚持以人为本,以服务民生为突破口,调动居民参与社区治理的积极性和主动性。要真正做到走进社区,体验百姓日常生活,急群众所急,关注困难群体,提升社区公共服务质量,健全分配公共服务体系。

在新冠肺炎疫情防控工作中,L 市东区街道 S 社区紧盯社区这一防控核心区和最前沿,充分调研民情民意,发挥社区党员先锋模范带头作用。年过花甲的社区党支部书记周某被社区居民亲切称为“周娘娘”。从 2020 年大年三十起,她就没有休息过一天,一直带领社区干部每天出入大街小巷,对社区开展常态化检查。查看外地返乡人员隔离情况,检查社区居民出行是否戴口罩,对正在忙碌的环卫工人嘘寒问暖,看到他们的口罩沾染污物就及时送上新口罩,叮嘱其注意自身防护安全。她以巾帼不让须眉的勇气一直走在社区防疫的最前沿,带动了一大批社区内的离退休老党员纷纷行动起来,心甘情愿加入到志愿者行列。

针对 L 州社区人口密度高、流动性强、返区外来人口多、防控难度大的现实问题,社区注重发挥党组织作用,把党的政治优势、组织优势、密切联系群众优势转化为疫情防控效能。全力推动各项防控措施落实到户、落实到人,构筑了群防群控的严密防线。L 市红园街道环北社区党支部向辖区在职党员发出疫情防控动员令,张贴《L 州新型冠状病毒感染的肺炎疫情联防联控工作应急指挥部公告》和《倡议书》,成立群防群治委员会,干群一心,抗击疫情,真正筑牢疫情防控的"第一道防线"。永靖县各社区辖区机关单位和党组织全面动员党员干部到临时党小组报到,在社区各疫情防控重点岗位悬挂党旗,动员、组织一线党员干部佩戴党徽,亮明身份,自觉投身于疫情防控行动。同时,以社区党支部书记、临时党小组组长为主建立社区疫情防控临时党小组工作微信群,各居民小区以临时党小组成员、小区居民为主建立小区疫情防控微信群,加强管理沟通,提升应急动员能力。

"党组织+"型社会组织在此次新冠肺炎疫情社区防控战中发挥了明显实效。L市新辉物业管理有限责任公司充分发挥民间社会组织机动灵活、密切贴近居民的特点,在疫情防控中积极响应国家号召,跟随党组织引领,行动迅速,第一时间启动疫情防控应急预案,成立疫情防控应急小组,利用线上线下多种形式,对业主和客户进行疫情相关情况、防护知识、最新进展等内容的宣传,开展全面公共卫生防疫,进行消毒和大检查,对社区人员的进出,着力加强防疫和检测,建立了有效的社区公共安全管控模式。

其三,构造网格化的社区精细治理框架,围绕重点问题,开展专项活动。

网格化包含三层意思:一是设置社区网格员,采取"一长两员"配置,即设置网格长、专职网格员、兼职网格员,分片负责。了解群众基本生活需求,熟悉每个家庭的基本情况,主动排查不安定因素,调解矛盾,帮扶困难群众,协助有关机关管控社区矫正人员、吸毒人员、刑满释放人员等,做好日常维稳工作。二是培育发展专业社会组织和社会工作人才队伍,支持社会力量参与购买社区服务。州政府试点政社分工,鼓励三社联动。此外,还注重公益性社会组织、志愿服务队伍建设,先后成立了L州青年公益联合会、广河在线网志愿者协会、L州义仓、亲情树爱心公益协会、D县撒尔塔青年志愿者协会和政义工等众多公益组织,给予资金、技术和场地支持,扶持公益组织的人才成长,多次资助州内公益类社会组织赴浙江、西安、兰州、白银、厦门等交流学习,培育他们参与社会服务的能力,拓宽社会支持网络,更好地参与幸福社区建设。为此,还制定了奖励细则,构造多类型社会组织参与的社区基层依法治理运行机制。三是注重信息化建设。城乡社区都有发达的无线网络信息设备,做到社区网络全覆盖。社区建立了重点人群、重点区域信息数据库,工作人员随身携带信息设备,发现情况及时上传信息共享平台。围绕着本地重点、难点、多发问题,譬如,社区小额经济纠纷、高价彩礼纠纷、家居装修纠纷、扶贫低保上访、传销诈骗等造成的社会不稳定事件，积极发掘民间志愿服务力量，针对敏感问题“早监测、早教育、早转化”，出台了一系列规章制度，如矛盾隐患排查机制、限时办结制度，建立了较为完整的法治社区考核评估监测机制。对于社区矫正人员，结合“智慧司法”项目建设，积极推进社区矫正信息化建设，已建成州局指挥中心和5个县(市)监管中心、监管平台，实现网上目标跟踪、电话核实，“人防”与“技防”相结合。截至目前，在册管理的社区服刑人员中录入定位管理系统1083人，定位率达到90%，新进人员正在录入定位中，有效地防止了社区服刑人员脱管漏管。

在2020年的新冠肺炎疫情战斗中，L州辖区的G县组织38个县直单位党员干部到县城的66个住宅小区和7个易地搬迁集中安置点开展防控疫情志愿服务工作，在小区门口设立监测点，对外来人员进行登记、检测体温，并注重发挥组织单元长、楼长作用，挨家挨户排查近期外来人员，开展网格化大排查，落实协同配合责任。引导群众广泛参与，相互监督，人人严防，切实做好防输入、防扩散等工作。各社区党组织和临时党小组统筹住户党员干部、社区居民、物业公司人员、志愿者四类人员，以进出口疫情防控站点为战斗岗位，组织人员每天坚持“六班倒”，做到24小时全天候值班值守，积极开展劝返疏导、检查登记、体温检测，严密监控和管控外来人员等工作。事实证明，网格化管理取得了明显实效。

其四，坚持社会组织规范化、项目化运作参与社区治理。

街道联合有关部门和基层党组织，对社区成长起来的组织进行社会组织规范化等级评估，主要考核方面包括组织架构齐全、规章制度清晰、工作人员职责规范明确、培训奖惩考核办法明确、工作流程标准化、财务制度合法依规。对于跨社区开展活动的志愿服务组织要求进行社团法人登记，一切都依据规章制度进行。社会组织参与社区治理采取项目化运作方式，采用政府购买服务，双方签订合同，明确权利义务，商定具体考核指标，采取聘请专家、第三方机构评估、多家部门机构联合验收等多种方式，项目验收遵循法治化、科学化和规范化。

第二节　L州社会组织参与社区法治建设的五个尝试

以“2+1”为基本思路，L州各社区在街道党工委的领导下，尝试拓展多元参与社区治理的机制,有序动员社会力量参与,主动孵化扶持了一批社会组织,这在贫困边远的西北地区探索社会治理多元化参与路径上已经走在前列了。

一、禁毒志愿者协会

L 州是国家级深度贫困地区,也属于毒品违法犯罪重灾区,部分贫困居民贩毒、吸毒已经对当地的社会稳定与发展造成了严重影响。以往每年也由各单位举办禁毒法制宣传教育活动,但传统的发宣传手册、拉标语、出黑板报等形式,忽视了不同人口受众的个体差异,效果欠佳。

L 州 D 县主动孵化、扶持了一大批社会组织参与社区禁毒法律宣传教育工作,鼓励引导社会组织全面参与法治宣传,培养法治理念,塑造法治权威。由六名西部志愿服务计划的大学生发起成立的 D 县禁毒志愿者协会,其口号是"永远不做局外人"。县禁毒办、县政府从人力、物力、财力上鼎力支持,引导其正式注册,规范组织结构,参与人数迅速达到五百多人。该志愿者协会的绝大多数成员都是三十岁以下的当地各族青年。他们热爱家乡,发自内心地担忧本地毒品形势,十分了解本地居民贩毒、吸毒人员的犯罪原因和心理特征,带着满腔热情,主动积极地深入挖掘当地各民族文化中的优秀成分,将其融入各种禁毒守法宣传教育活动中。

该志愿者协会的负责人 W 是甘肃省文化馆非物质文化遗产收集人,创作了《禁毒花儿》,由该协会的副会长演唱并拍摄成视频,通俗易懂,在当地各民族群众中广为传播。该志愿者协会在 D 县 16 个社区 840 户开展了地毯式无缝隙禁毒宣传及确保学龄未成年人完成义务教育,深入贩毒服刑人员家中走访,进行精准扶贫,解决现实困难。他们自己拍摄当地方言的禁毒法治小电影并上传到当地微信公众号,播放量达三万多人次。每年冬季农闲季节,该志愿者协会还会到戒毒所举办文艺晚会,所有节目全部由协会成员自编自导自演,带着真情真爱奉献给观众,往往现场戒毒学员、戒毒所干警和演职人员共同泪洒当场,哭泣声许久不能平息下来。

由于该志愿者协会的成员多数本身就是土生土长的当地人,他们设计的各项法治宣传教育活动能够密切贴近社区居民的心理需求、思维模式和文化习俗,态度热情诚恳,感情真挚,宣讲的内容易于居民理解,举办的活动居民乐于参与,在当地影响面很大。这有利于推进当地各族居民知法、守法,尊重法律权威，推动多民族社区尽快形成以法治为理念的现代社区公共法治精神。

二、幸福苑社区

L 州探索运作“党建 + 民调”的模式，由民间组织与基层党组织联合构建社区稳定的“第一道防线”，调处民间纠纷，化解社区内纠纷，注重发挥民间组织调解矛盾的特殊优势。

L 市东区街道幸福苑社区，是一个城市扩建安置小区，包含经济适用房、廉租房 1500 多套，居住着回族、汉族、东乡族、藏族等多个民族，总计 5781 人，多民族杂居、居民异质性强的特征十分突出。在由农村村民转变为城市居民的初始阶段，流动人口多，社区内产生了五花八门的矛盾。小区里面电动车乱停乱放，乱拉电线，私自搭建简易棚，垃圾随意倾倒，尤其是随意焚烧旧衣物的传统生活习惯常常引发小区内烟尘污染、垃圾遍地、火灾频发，单靠数量有限的社区工作人员整日四处奔走督促劝导根本忙不过来，问题很难得到及时处理，社区居民怨声四起。

为此，社区拓宽思路，由社区牵头组建了幸福社区志愿者服务队，培育社区民间社团组织。此外，还主动邀请联络了“河州义仓”“牵手行”“天健之家”等社区外的民间公益社团组织参与到社区建设中去，开展了一系列诸如“十八岁成人礼”、“高龄老人贺寿星”送蛋糕鲜花寄语送温暖、文明交通劝导等志愿服务活动，拉近了社区与居民之间的距离，提高了居民归属感和幸福感。民间社团组织主动链接到一批旧衣物回收箱，在精心考察了社区居民的分布特点后放置在小区内，既能有效地回收利用旧衣物，也改变了居民在城市社区内焚烧旧衣物的陋习，保护了环境安全。外部民间社团还与社区协作，积极挖掘了一批居民中的文艺活动积极分子，组建了“舞之韵”“天行健合唱团”等群众文艺表演队，连续举办了“庆元旦迎新年”“迎中秋庆国庆”大型文艺演出活动，以及睦邻生活服务圈联欢会、元宵节移风易俗、“‘六一’大手牵小手”等系列活动，很快扭转了小区初期的混乱局面，初步形成了环境整洁、公共设施齐全、生活便利、邻里和睦、民族团结的良好氛围。

社区很有依法治理意识，主动四处联络，牵头成立了启明星法律服务中心。该组织的成员由老党员、群众调解员、人民法院和司法局工作人员、律师、德高望重的退休干部等组成，扮演民事纠纷调解者角色，主要通过做耐心细致的调解工作来消化小区内日常民事纠纷。他们在社区设置了专门办公室，反应灵敏，工作高效，最大的特点是主动上门调解，尽可能现场达成调解协议，把民事矛盾消灭在萌芽状态。启明星法律服务中心还定期在社区内举办法律知识讲座，提供现场法律咨询。社区建立了消防模拟体验中心，每年与启明星法律服务中心合作，组织居民、物业员工开展消防模拟演练和安全知识培训，并在附近幼儿园、相邻小区、商业广场等人员密集区开展消防实景演练，提高辖区居民的防灾减灾意识。

幸福苑社区自2016年建立至今，短短三年多，发生了巨大变化。课题组在该社区做了抽样调查问卷，当询问到"您对社区生活的满意度"时，采用李克特五分量表法计值。如表4-2显示，"非常满意"(13.3%)、"比较满意"(20.0%)、"满意"(36.7%)三项加起来比率达到70%。显然，幸福苑社区有了社会组织参与社区的法治建设，居民的满意度比较高，收获了民心和口碑。

表4-2　幸福社区居民满意度调查

满意度	频率	百分比	有效百分比	累积百分比
非常满意	4	13.3	13.3	13.3
比较满意	6	20.0	20.0	33.3
满意	11	36.7	36.7	70.0
一般	7	23.3	23.3	93.3
很不满意	2	6.7	6.7	100.0
合计	30	100.0	100.0	

L市的其他社区也大多都组建了夕阳红联盟、守望俱乐部、说和团、乡老团等由不同民族居民组成的民间调解组织，主动融入社区居民生活，以法服人，以德化人。他们定期参与社区事务听评会，与社区共驻共建单位、居民、社区工作人员一起共同商议协调解决在党员管理、社区建设、物业管理、公共服务方面的问题，使社区建设逐步从"替民当家"向"让民作主"、从政府"大包大揽"向社会组织和居民"共同参与"转变。社区组织在"党建+民调"的矛盾化解模式中扮演了调解员、监督员、参与者、推动者、倡导者、教育者、协调者等多重角色，灵活应对多民族社区居民的异质性所产生的不同层次的矛盾化解需求，避免群众动不动就"有困难找政府"，把所有问题都试图让政府"背锅"，所积累的经验也

为进一步推动社区居民自我管理、自我服务做出了有益的新尝试。

三、安稳社区行动

通过政府购买、个案定补等方式，当地专业社工机构、安保技术公司、民办技术培训机构、心理咨询协会等社会组织都积极参与社区维稳工作，形成了一个强大的群防群治同盟。由社区牵头，协调各专业组织开展对社区专项排查，重点诊断精神病人、涉毒人员、邪教人员、刑满释放人员的身心状况，作出专业评估，有效弥补了以往平安社区建设领域分割、“各管一摊”的不足。在重点监控场所安装智能监控设备、窗户限位器等安保设备，经费由社会组织无偿捐赠一部分、居民出一部分、政府出一部分。L 州一些多民族社区还组建了 20 人以上的巡逻队，主要由各民族离退休人员、党员、大学生志愿者、外来务工人员组成，重点巡查社区内案件易发区。这些做法各民族居民理解，社会组织乐于参与，防盗、防爆取得了较好效果。一些律师事务所、保险公司、网络机构也主动跟社区联系，派出专业工作人员驻社区开展调解工作，涉及环境整治、物业管理、网络排布、交通损坏赔偿等，形成了社区大调解组织体系和运作机制，各方合力降低民事转刑事案件的发案率，激发民间力量参与社区综治维稳，防控、化解重大群体社会矛盾，预先防控重大群体事件。这就避免了过去社区事务过度行政化管理导致资源来源和调配单一、僵化、低效率的弊端，较好地把政府从社会冲突矛盾的焦点地位中解放出来。

解除矫正人员、刑满释放人员、假释人员等是社区维稳的重点关注对象。他们往往因有过犯罪处罚史容易遭到社会排斥，其中一些人还存在自身文化程度低、缺乏专业职业技能问题，很容易陷入就业难困境。经济窘迫加重了家人负担，引发家庭关系紧张，争吵不断甚至亲情破裂。家属在长期心理疲惫的情况下，也有可能会受非理性情绪支配，把他们赶出家门。缺乏社会和家庭关怀，没有专门人员帮扶，他们可能重新走上违法犯罪的老路，这也一直是社区安全维稳防控的难题。截至 2017 年 6 月底，L 全州累计接收社区矫正对象 3565 人，解除矫正 2458 人，在册管理 1107 人，其中管制 49 人、缓刑 942 人、假释 56 人、暂予监外执行 60 人。值得注意的是，一部分社区矫正人员不但是刑事犯罪者，也是当地吸毒人员，身体健康状况差，无一技之长，家庭拒收，邻里排斥，矫正帮扶工作任务十分繁重。

L 州的社区矫正工作机构学习借鉴了嘉峪关市的经验，积极吸收、接纳专业社会工作者和社会志愿者参加，形成了政府统一领导、司法行政机关牵头组织、公检法多部门密切配合、基层司法所具体实施、全社会共同参与的社区矫正工作格局。尤其针对社区矫正人员就业难题，L 州的社区矫正工作机构主动与职业技能培训机构合作，为生活困难或有就业需要的社区矫正对象提供免费职业技能培训，尽可能一对一为他们精准提供就业信息，拓宽就业安置渠道，借力社会组织提供的专业服务来切实解决他们的实际困难。

四、“1 米法律援助圈”

L 州整体自然条件十分恶劣，山高沟深，水资源极度匮乏，土壤肥力极差，自然灾害频发，人口居住分散。各地基础设施和公共服务多数比较滞后，城乡居民整体文化程度偏低，法律知识不足，信息闭塞落后，贫困面积大，一旦发生涉法纠纷，多数居民难以支付法律服务费。

L 州的律师事务所充分发挥民办社会组织机动灵活的特点，与社区签订长期法律顾问合同，与社区法治专干紧密联系，开展定期服务、预约服务、上门服务，重大事项报告，信访解答。各律师事务所与法院、检察院的驻社区工作人员携手合作，打造出了“1 米法律援助圈”品牌活动，为社区居民提供法律咨询、代写文书、提供法律援助、上门办理公证服务。同时还开设“法治大讲堂”，有针对性地采用案例方式讲授本地区本社区常见的矛盾纠纷及其解决途径。2013 年至 2018 年，L 州连续六年群体纠纷事件保持“零发生”，治安案件数量下降 11.1%，信访总量下降 12%，群众安全感提高了 4.28%。

五、志愿服务睦邻驿站

志愿者队伍庞大，积极参与社区志愿服务，是社区防控维稳的坚实基础。2020 年年初，突如其来的新冠肺炎疫情，给 L 州社区带来了非常繁重的防控维稳压力。腿有痼疾的西关街道办事处乐民社区居民马某第一时间主动请缨，以社区志愿者身份始终坚守在防控第一线。乐民社区内居住人口多，流动人口多，防控任务繁重。马某每天连续工作 10 多个小时，与社区工作人员一起尽自己最大的努力值守好小区卡口，担任劝导员。连续多天的值守让马某的腿酸痛不已，但身为市残联专职委员的她，从未叫过一声累。平时她是社区内 100 多人的广场文艺队的负责人，在社区居民中很有影响力；此时她充分发挥其影响带动作用，很快乐民社区又陆续有十几名文艺队的居民主动参与了社区志愿服务安全防控工作。他们熟悉社区内居民情况，多次上门查看重点人群，落实各项防控措施。社区干部、社区居民、社区志愿者、社会组织自觉合力形成了严密的基层防控网络。居民自觉遵守国家防疫政策法规，对于各项措施都能充分理解支持，社区内秩序井然，人心安定。

L 州少数民族人口多，宗教信仰多元，历史悠久，信教人口基数大，中国五大宗教在当地都有分布。社区内各民族居民的日常诉求多元，目标各异，社区工作人员人手严重不足，工作任务繁重，很难做到面面俱到。L 州社区主动与宗教组织协作，探讨宗教人士如何参与社区志愿服务活动，使宗教场所获得了一个崭新的社会角色——志愿服务睦邻驿站。睦邻驿站积极参与志愿服务活动，举办了“三个离不开”主题演讲比赛，举办文艺节目展演，倡导相互尊重、相互包容、相互依存的幸福社区氛围。红园街道各社区的宗教组织积极开展“关心身边人、关心身边事”活动，常到社区走一走，常到楼道看一看，常进家庭聊一聊，看到陋习说一说，碰到纠纷劝一劝，遇到困难帮一帮。积极参与到环境整治、捐资助学、扶贫帮困、矛盾调解中去，扮演“和事老”角色。他们来自社区，熟悉社区情况，进得了门，说得上话，对于消除隔阂、制止普通民事纠纷起到了积极作用。宗教组织也组织了“321”结对扶贫活动，参与精准扶贫，定期举办捐资助学活动，每年都坚持资助考上大学的优秀贫困生。此外，宗教组织还举办了“幸福寺观堂”主题活动，把弘扬社会主义核心价值观和宗教中的真、善、美道德教化结合起来，激活社区道德建设正能量，增强信教居民的社会责任感，自觉提升道德修养，建立文明、谦虚、谨慎、互帮互助的人际关系，为增强自身的法治自觉打下了良好的道德支撑基础。

第三节　政社合作：一个欠发达地区的社区治理尝试

L 州经验是新时代中国特色“国家与社会”理论关系的西北民族地区实践版，本质是致力于探索“互嵌型”社区治理模式在中国多民族杂居社区治理中的本土化应用路径。它以“国家”与“社会”互嵌混合为理论基础，尽可能在“政府”与“社会组织”之间寻求更多的互融机制。

（一）小结

依法治理社区实质上是勾画出彼此的权利义务边界，各司其职、各尽其责、相互补充、相互支持、相互增能，实现多民族社区幸福、稳定发展。其主要特点概括为：

第一，从角色分工看，区分核心领导与积极引导，重视统一与互补相结合。

吸引更多的参与主体加入依法治理多民族城市社区的力量中，实现社区治理主体的结构性分离和功能性分解，是多民族社区治理模式实现现代转型的必由之路，也是民主法治精神的体现。然而，参与的主体越多，越过分强调事事多元化，往往越容易导致社区治理结构的混乱，对于社区的安定团结并无益处。L州从一开始就明确了整体框架。一是坚持一个核心领导。应当以各级党组织为核心，明确责任分工，不能一哄而上、各行其是，要做到角色定位清晰，边界明确。二是积极引导社会组织独立。L州大体可谓是西北多民族地区同等行政区划里社会组织最为发达、最为活跃的民族自治州，这与政府的积极引导、扶持密切相关。但当地政府又清晰认识到社会组织是独立个体，不能直接指挥干涉，不能职责互相取代，否则就会互相掣肘，无法实现“相互增能”的目标。三是重视优势互补。从一开始就颁布了各种文件和规章制度，明确各自在社区活动的领域、层次和运作机制，互通有无，并肩工作，共担风险，共享成果。

第二，从依法治理社区过程看，强调互动、互嵌，以实现双赢为目标。

L州的社区治理经验里，政府与社会组织彼此都在谨慎探索适宜本土实际情况的二者恰当互动方式。各级政府和党组织虽然是宏观领导核心，但与社会组织并非“一刀切”的笼统行政领导关系。在开展工作时，政府不再单纯依靠行政指挥、行政命令来完成多民族社区治理全过程，而是通过“三化”实现互动和互嵌：通过党建协调会、居民代表大会、人大代表接待日等多种形式来反映民意，实现“协商民主化”；通过引入专业社会工作服务机构、扶持专业志愿服务组织来实现“队伍专业化”；通过政府购买、项目补贴、项目奖励来实现“协作项目化”。社会组织与政府之间是合作式双向互动，主动彼此扶持，互通有无，相互渗透。社会组织在政府项目购买中获得经济利益和政治机会；政府在与社会组织合作互动中了解民意，掌握动态信息，简政放权，有针对性地开展工作，激活民间力量，共担风险，实现共赢。这一点，在西北民族地区缉毒禁毒、反恐防暴、综治维稳等大法治建设方面显得尤为重要。

第三,从资源来源上看,强调内生化、本土化,走深挖内部潜力的路径。

L 州多民族社区是甘肃边远欠发达民族地区建设状况的缩影,社会组织里高精尖人才匮乏是突出问题。在社区治理法治化建设过程中,L 州理性务实,致力于从本土发掘培养人才资源,尤其注重动员少数民族居民参与,主动孵化培育民间社会组织,当地的社会组织中的少数民族成员也以服务家乡、服务本民族长远发展为自豪。在财力资源上,以当地政府投入、加大项目购买力度、提高项目补贴为主,结合本地社会组织的自我运作能力。在政策资源上,充分挖掘使用了《民族区域自治法》赋予的各项权利。在智力资源上,注重持续培训,提高社会组织人员的素质。在工作内容上,以满足多民族社区居民的现实需求为切入点,以解决紧迫现实问题为突破口,禁毒宣传教育、社区戒毒矫正、矛盾调解等都做得很有特色。此外,当地的各类爱国宗教组织也为社区治理法治化做出了重要贡献。

(二)讨论与反思

“互嵌型”社区治理模式是众多社区治理模式中的一种,是基于社区的实际情形而做的初步探索,本书只是把社会组织作为“社会”的一个典型来讨论,不可能论证到“社会”所包含的所有参与主体。该模式在多民族社区实践应当讨论和关注以下问题:

其一,新时代中国特色的“互嵌型”社区治理模式如何做到互嵌。

就当地的实际发展状况而言,L 州的社区治理经验里,“社会力量”这一方仍然处在探索发展阶段,并非已经完全实现了该模式真正意义上的“政社双强”。互嵌在宏观上需要诸多外在条件保障,最根本的技术要点,在于以法律法规明确党委政府与社会组织二者之间的关系。主要包括彼此参与社区治理的条件、参与范围、参与途径、权利、义务等,以法律法规、社区公约、规章制度、岗位职责条例等规范文件来促进制度建设。如果没有白纸黑字的法律文件做基础,政府与社会组织不得不花费很长时间小心翼翼地去探索彼此的职责边界,很容易造成“越位”或者“缺位”,很难做到及时有效的相互协调配合,社区内资源得不到有效整合,遇到困难容易相互推诿责任,消极不作为。长此以往,社区治理很容易向混乱无序、缓慢低效、缺乏活力等负面状态运行,更谈不上可持续发展。

其二，社会组织何以成为该模式中“社会”一方的主要代表。

成熟完善的社会组织进驻社区，以政府购买、社区购买、居民委托等多种方式提供各种公共服务，既具有注册合法性，又具有工作专业性，还具有成员多元性和文化广泛性，能够机动灵活地与社区各族志愿者组织合力，本身就是依法规范有序参与社区治理的典型代表。可以说，没有成熟规范的社会组织参与，依法治理多民族社区就很难形成“互嵌”格局。

L 州经验给西北多民族城市社区依法治理开辟了新的理论思路，在治理方式和治理体制上也有很多创新，取得了一定的效果。从本课题在当地的实地调研来看，党委和政府都在大力扶持社会组织，也期待着它们在社区治理中发挥强大作用。然而，当地社会组织本身却似乎不太自信，制约其发展的历史和现实因素依旧存在，短期内难以消除，所谓“互嵌型”，也只是与西北地区其他社区的社会组织发展现实状况相对而言。甘肃多民族城市社区要实现依法治理，有赖于按照“党委领导、政府主导、社会协同、法制保障”的原则，进一步实现体制创新与法制完善。

其中，“市场参与”是今后社区依法治理的创新突破点。对甘肃多民族城市社区而言，市场经济依旧不够发达，目前只能走“互嵌”模式。待到将来甘肃市场经济高度发达活跃时，社区治理模式应当向“国家—社会—市场”三强混合模式过渡。市场经济是最典型的法治经济，只有“市场”也参与了社区治理，西北城市社区才能真正走上全面依法治理的道路。

第五章 “共享空间”探索社区志愿服务促自治

居民是社区法治的主体，是社区“小社会”的基石。中国城市社区要实现依法治理，不能单靠法学家的自我封闭式建构，必须要挖掘本体资源，结合本地实际情况发展出一整套本土化的法律文化，获得广大居民的认同和积极参与。社区自治既是中国宪法以国家强制力确立及保障实施的法治层面上社区治理的权威制度，高度抽象明确了社区居民意志和利益，也是多年来社会治理研究成果的结晶和实践智慧总结。社区自治是国家民主法治的体现，也勾画了一幅美好的基层社会治理蓝图。但在社区治理实践中，国内城市社区自治普遍存在“名实分离”现象。尤其是居民态度消极，参与度低、难以组织已经成为夯实社区自治的“绊脚石”，推进依法治理社区常常也“卡壳”于此。实践中常常靠社区工作人员个人努力拓宽和深挖社会交往面，去尽可能贴近群众，以个人魅力打感情牌去动员群众；但因工作人员人手少、精力有限、社区内文化多元、居民流动性大等因素陷入困境，且效果因工作人员变动离职而不可持续。“社会治理是一门科学，管得太死，一潭死水不行；管得太松，波涛汹涌也不行。要讲究辩证法，处理好活力和秩序的关系。”①从长远角度看，社区自治是依法治理社区的重要组成部分，既应当坚持法律基本规定以维持社会的基本秩序，更要积极探索创新多种途径灵活管理社会生活多层面。本章以兰州市M社区的“三社联动”为样本，探讨社区自治居民参与意识在实践中激活的途径，以及居民自治在社区治理中发挥的重要作用。

第一节　项目的运行基础

社区自治，意味着从源头治理做起。既要坚持国家法律的底线，维护长期有效的国家基本制度安排；也要针对每个社区的特点，勇于创新，清晰法律的边界，发现法治的弱项；还要激发社区活力，挖掘民间智慧，发挥每个社区自身社会治理的不同资源优势，构建人人有责、人人尽责、人人享有的社区治理共同体。

社区营造的一个重要的内容是激发社区居民的主体意识，深挖社区内部的潜力。社区自治所追求的政府依法行政、社区治理法治化与居民的参与意识差、参与度低形成了社区治理的结构性缺陷。如何调动社区居民的参与积极性，发挥居民的主体优势，实践中是一个十分棘手的长期难题。M社区基于政府推广的“三社联动”政策红利，引进了DH社会工作机构（以下简称DH社工机构），进行了为期一年的社区综合治理，学术上称为社区营造的试点。DH社工机构进驻之前，该社区的状况是：

（一）社区内环境卫生差，主体间矛盾重重

M社区位于兰州市的城乡接合部，是一个历史悠久的老旧小区。其人口构成比较复杂，进城务工的租房户多，大龄失业人员多，农转非人口多，人口异质性较为突出。社区内道路狭窄，路面起伏不平。小区内私搭乱建的临时建筑物多，常有高空抛物、随意乱扔垃圾现象。楼房破旧，楼道堆放杂物，楼梯间窗户玻璃破碎。居民之间关系冷淡，常常为了噪声、垃圾堆放、停车位等问题发生

---

① 杨宏山：《遵循共建共治共享原则，建设社会治理共同体》，载中国共产党新闻网2019年11月4日，http://theory.people.com.cn/n1/2019/1104/c40531-31435695.html。

争吵。社区工作人员由社区工作站和社区居委会组成，但实际上“一肩双挑”、合署办公，社区事务点多面广、烦琐庞杂，工作人员疲于奔命。M社区也曾为了响应市政府创建文明城市总体要求，组织了几次社区内环境清洁活动，然而只有一些退休党员和零星老年人参加。虽然这使社区内卫生情形稍有好转，但没过多久，环境就又回归“脏乱差”。

社区居民大多经济状况欠佳，物业公司只得长期低收费、低成本运营以求生存。垃圾清运长期采用传统的拖斗移动式露天小垃圾池，没有经济能力响应政府购置新式垃圾装载设施的要求。小区内道路狭窄，巷道曲折，大型车辆无法驶入，只能由小型垃圾清运车进入一些主干巷道把满载的小垃圾池运走，垃圾池也就固定放置于此。随着垃圾的日产出量越来越大，这些巷道附近的一些住户抗拒移动式小垃圾池放置于自家楼房附近，为此多次跟物业公司发生争吵，常年拒交物业费。物业公司无奈只得换地方放置，又激起了其他住户的反对，导致居民与物业公司的关系紧张。为了能收到物业费维持基本运转，物业公司不得已只能把移动式小垃圾池放置于社区大门附近，以便小型垃圾清运车运走。然而这样调整的后果更加糟糕，居民丢弃生活垃圾需要走很远的距离，十分不方便；且一路上垃圾有可能发生滴漏，污染环境。随后就出现了居民随地乱扔垃圾的现象并愈演愈烈。尽管物业公司与社区工作站联合在每栋单元楼大门上都张贴了告示，通知居民乱扔垃圾要罚款，但由于缺乏有效监管手段，也只能流于形式。居民则因为生活垃圾丢弃困难引发的社区环境“脏乱差”而对物业公司、社区工作人员的怨气日益累积。仅仅因为生活垃圾问题，居民之间的关系变得更加冷漠，屡屡发生一些居民下楼时随手把袋装垃圾偷偷扔在别的住户门外的现象，甚至发生了极端事件。有一次，某家一楼住户一夜之间门外被楼上住户下楼出门时顺手堆放了十几袋生活垃圾。其不堪忍受，一怒之下跑到本单元楼上，从顶楼挨个踹门骂到一楼，吵闹了一整夜。

（二）居民缺乏社区主体意识，对社区态度冷漠

居民对该社区普遍存在主体意识淡漠、认同度不高的心态。访谈显示很多居民几十年居住于此，对社区熟悉程度很高，原本也有一定感情，邻里之间本应成为守望相助的共同体。但是，实际情形与此相反。居民不断抱怨社区“脏乱差”的现状，尤其是在与其他社区对比之后。部分居民常常以羡慕的口气谈起某人搬去了其他高档住宅区，而自己只能凑合居住于此，言语中对M社区满是

鄙夷和怨气。他们认为社区内环境卫生差的主要症结在于社区干部懒散敷衍，物业公司利欲熏心，政府也对于“老、破、穷”社区不管不问，唯一的出路只有搬离此地。

谈及社区自治，他们显得比较惊讶，觉得社区治理是政府的事，“居民怎么能自己管自己？”“一群人乱哄哄开会就能解决问题？”“难道参加活动居委会就给居民发工资？”之类的问题不绝于耳。谈及社区组织，他们认为组织活动那也是政府的事，居民自己不可能开展活动，只能听政府号令。谈到志愿服务，大部分居民表示愿意参加，但主要意见集中于“没有人组织呀”“不可能白白干活，多少都得给点钱吧，没钱谁去”。社区也有志愿者花名册，但在册人员基本都是大龄下岗失业人员。那是为了解决此类经济困难人群的就业问题，平时他们参加一次志愿服务活动，社区就给他们发一张价值 30 ~ 50 元的超市购物代金券，用以贴补家计，很难说这是居民真正意义上发自内心关心社区的“志愿”服务。社区居民的总体心态很明显，只把社区作为日常栖身之所，除了事关自身利益“有事找政府”，其他一概不理睬。居民“重小家、轻大家”“重个人、轻集体”的特征十分明显，并没有把社区从各个维度整合进自己的日常生活。

（三）缺乏专业的社区组织作为桥梁，社区主体之间条块分割明显

在家家户户“关起门来过日子”的心态下，“门里”“门外”形成了鲜明的差异。绝大多数居民“各人自扫门前雪”，只想“搭便车”成为分享红利的受惠者，不愿意参与和奉献，割裂了个人空间与社会空间，自私自利之风盛行。居民委员会、社区工作站、业主委员会、物业公司之间各行其是，日常工作条块分割，互不理睬。这导致 M 社区缺乏社区组织作为枢纽去实现社区各参与主体有效地连接，缺乏对外链接资源的主体，没有因地制宜优化社区自身资源去开展活动，社区志愿服务名不副实且难以常态化发展。社区内的残疾人、老年人、慢性疾病患者数量较多，需要心理疏导、共情陪伴、低保申请、补助申领等较高专业技能要求的服务，实现社区内部资源整合，以提升弱势群体的自我成长能力。因此，迫切需要对社区内的居民进行宣传动员和相应的技能培训，以及专业服务活动的策划、实施与督导。但居民的日常需求与行政化管理方式存在脱节，开展活动没有社区组织去进行接地气的民间倡导和动员，在目标设置上没有专业社会工作者采用专业工作手法规划居民需求与社区发展的共同合理目标，单靠模仿传统的运动命令式行政治理方式，导致居民持续对社区事务冷漠敷衍、视

而不见。

(四)社区缺乏公共讨论场地

居民消极对待社区会议妨碍了社区自治的进一步深入。造成这种现状的一个十分重要却被忽视的影响因素是缺乏公共活动空间,未能提供居民日常交流的社会物理空间平台。M社区巷道狭窄,地势起伏不平,社区人口增长速度过快导致公共设施建设滞后。社区内私搭乱建的违章建筑物多,可供居民开展公共活动的场地十分匮乏,老年居民想找一块平坦空地跳广场舞都很困难。社区自发形成的两支老年广场舞队常常因争抢场地发生冲突。有时社区为了完成一些行政性事务不得已要召开居民会议,也都是借用社区工作站的会议室举行,场地狭小且在一个老旧的三层楼。老年人因爬楼梯不便放弃参加,年轻人忙于工作无暇参加,即使有时间去会议室,也会因容量有限很快转身离去。“会议”二字的“会”因人员无法汇集到场而很难实现,“议”就更无法真正进行了。即使有居民前来开会,多数也只是带着耳朵来“听”会。会场内秩序混乱,时不时有人进进出出,孩子哭闹,妇女们聊天扯闲篇,会议内容多流于形式。会议结果往往由社区干部和工作人员关起门来自己做决定,再以张贴通知的形式告知居民结果。

第二节 社区“共享空间”促进交流互动

M社区搭乘“三社联动”项目的政策红利快车,参观学习之后尝试引进了DH社工机构。社会工作者(社工)对社区进行了多次入户访问和调查问卷摸底调研之后,制订了一个详细的社区营造计划。经与社区干部多次讨论,决定展开试点。

一、打造口袋花园,开辟居民公共休闲空间

为了让居民熟悉社会工作服务机构,以及建立起良好的协作关系,社工们每周六傍晚利用居民们周末心情比较放松、有闲暇时间的机会在社区内设摊点,发放意见征集调查表,目的是让居民对社工有所了解,彼此互相熟悉,建立起专业关系。社会工作者了解到社区居民最为关心的是社区垃圾池的放置地

点问题，对于目前的状况颇为不满。但根据收集到的意见调查表看，居民的意见又很分散，并没有相对集中的垃圾放置地点。入户访谈中一个很明显的倾向是所谓“邻避”心态，即都要求把垃圾池放到别人家附近。社工曾经也建立了微信群，尝试在群里展开讨论，但效果都很差。社区微信群具有半熟人性质，大家都不敢畅所欲言。

无意中，社工发现在社区西部几栋楼拐角之间有两块空地，地势平坦，面积有四百多平方米。过去曾经有居民在这里开荒种菜，被社区禁止之后就变成常年杂草丛生、人迹罕至的荒地。当年种菜搭建的爬藤竹架已东倒西歪，遍布石子、砖块和居民扔弃的废旧家具。社工在社区微信群里发布了打造口袋花园的计划，动员社区居民积极参与，但没有响应者。社工在日常访谈中得知社区有一位退休的园林工人赵师傅，便亲自上门劝说他带头建造口袋花园。赵师傅觉得这正适合发挥自己的职业特长，欣然同意并携带工具来到现场开始动手清理。社工又积极申请到了街道提供的5000元钱用于购买植物花卉种苗、园艺剪、铲子等物品。每天社工都会到现场拍照，将赵师傅整修口袋花园的进度情况发布到微信群里。慢慢地，开始有居民在微信群里点赞，茶余饭后散步到此，看看现场情况，有时也会随手帮助干些活。到了埋种子、栽种花苗阶段，有些家长还带着孩子来了，让小朋友体验种植的乐趣。

在一切进展顺利，发展势头良好的时候，忽然发生的一件事打破了现场其乐融融的氛围。先前一直堆放在空地的旧家具、旧轮胎、旧竹竿，原本被赵师傅统一归置堆放在空地一个角落里，但随着口袋花园建造进度日益深入，上述废旧物品不得不处理。理论上似乎直接当废品扔掉最为简单省事，但社区工作者经过斟酌，还是在微信群里发布认领通知。那些废旧物品的主人怒气冲冲找来，声称不许扔掉，必须留下来，自己对老物件有感情。这种要求让社区工作者很为难，就在微信群里征求大家意见。部分居民对此感到愤怒，认为物品主人自私自利占用公共场地堆放私人物品，骂出了很多难听的话。但这种广泛讨论也激发出新的思路，事情出现了转机。有居民建议可以废物利用进行艺术设计，并自告奋勇来到现场。一段时间过去，居民们散步偶然到现场，感到眼前一亮——废旧轮胎被巧妙地设计成休憩的座椅，竹竿拼成一排低矮的小篱笆，旧家具经过重新拆装、喷漆、塑形变成了一件件充满现代气质的时尚造型棋桌、棋凳、盆景底座、路灯支架，拆卸下来的边角料被重新拼成一块大木板并改造成涂鸦彩绘墙。石子、砖头也没有浪费，拼出各种图案铺成了石子小路和砖头小路。慢慢地，五颜六色鲜花竞相绽放，绿草如茵，环境优美，吸引了很多老年人白天来此下棋、打牌。年轻的夫妇也喜欢晚饭后带小朋友在此休息玩乐。那些废旧物品得到了很好地利用，重新焕发出生命力，原物主也乐见其效果，赞不绝口。

二、发挥信息墙作用，促进居民探讨社区公共事务

社工有了经验，陆续又征求大家意见，深挖社区潜力，修建了另外两个面积更小的口袋花园。在此过程中，居民们对社区环境问题的关注度和参与度与之前相比有了很大提升。于是移动垃圾池的放置地点问题，再次成为人们茶余饭后谈论的焦点。DH 社工机构与社区党支部、社区居委会联合发布了两次通知，原本设想要趁热打铁开会讨论此事，然而事实并非如所想。虽然参与开会的居民人数有了显著提升，但还是跟以前一样，大家保持沉默，现场很少有人发言，气氛尴尬。社工几次征求意见，起初无人应答，后来引发居民之间的激烈诉苦抱怨。每个人只考虑自己，不顾他人，情绪多但理性思考少。会议只“汇”而不“议”，并没有取得实效。

在封闭的会议室内，每个人自成一个封闭的堡垒状态。只有寻求开放的空间，让每个人都能轻松发言而又不被他人的情绪和现场群体压力的干扰，才能真正契合社区的现实状况。社工们另辟蹊径，尝试依托于口袋花园来实现。实际上，口袋花园扮演了社区公共活动的空间的重要角色。由于它就在住宅楼附近，居民们经常在此地见面，随意闲聊，行动自由方便，彼此互动的机会多，时间灵活。社工在口袋花园设置了公共留言板，每天傍晚给聚在口袋花园休闲的居民发小贴纸，让居民匿名自己把意见写成小贴纸上，抽时间贴在留言板上，会有社区志愿者或社工当晚收回小贴纸。一开始，居民们拿到纸片不知所措，要么笑一笑随手塞给孩子玩折纸，要么什么也不写扔在地上。但经过社工耐心细致地解释说明，慢慢地写意见的人多了起来。写完了就当场粘贴在留言板上，顺便看看别人写的内容。

留言板影响范围越来越大，那些很少去口袋花园散步休闲的居民，也闻声而来。大家在这里评论、微笑、摇头、争论……发表自己的见解，探讨成因，更重要的是寻求决方案。每天晚上社工把收集回来的居民小贴纸的意见进行分类整理，归纳出八个垃圾池投放位置意见比较集中的地点，发布到微信群里让大

家继续讨论,从不同方面引导居民思考每一个放置地点的利弊。此外社区工作者也征集了涉及与垃圾处理相关的其他问题的对策建议。

35号楼背后有空地,距离也远,不会影响我们。垃圾池可以放在那里,垃圾车虽然开不进去,但换成带轮子的垃圾池,可以推着走出来。

应该增加垃圾清运次数,一天一次太少了。每次好不容易提着垃圾走到垃圾池,池内的垃圾都堆得满满的,甚至掉在地上,臭气熏天。

花点钱买新的,大池子换成几个带轮子的小池子。因为街道窄,垃圾车开不进去,更换之后便于推出来倾倒。

有的人不自觉,素质差,应该成立一个纠察队,监督随地乱扔垃圾的人,狠狠罚款!

每个月搞一次社区卫生活动,大家都来动动手,都来爱护自己的家园。到处干干净净,住着也舒心,亲戚朋友来了也有面子。

留言板避免了现场开会带来的群体压力,给个人留出了独自冷静思考的时间,避免情绪冲动,便于匿名交流,效果十分显著。经过不断地沟通交流,反复营造参与公共事务的气氛,社工与党委会、居委会、社区工作站再次及时组织召开了社区居民会议,拟定出了解决方案,提交大会讨论。对于不能及时参会的居民和腿脚不便出门的特殊人群,社工还在微信群里提供了在线直播和互动讨论,最后对于困扰居民多年的垃圾问题定下了解决方案。这个方案的主要内容包括:一是搭乘公益微创投项目的“快车”,全面更换适宜的垃圾桶,将使用多年的老式拖挂垃圾池更换成带滚轮能够灵活推动的小型垃圾桶,以契合本社区路面和街道狭窄的状况。二是与市环卫处联系,增加垃圾清运次数,由每天一次增加为每天两次。三是确定了垃圾桶的投放位置。四是成立社区环境老年志愿者监察队,每天在社区巡回监督检查居民处置垃圾的不文明行为。五是与民办废旧物资循环回收公司合作,居民家里有需要丢弃的老旧家具物品可以电话预约上门回收。六是每月发起一次社区环境清洁活动,报名积极参加的住户,可以获得志愿服务积分,与其他志愿服务项目积分同等核算,达到一定数额,奖励各种面值的超市购物券。特别是居民家里有中小学生积极参加活动的,累计小时数达到20小时,颁发志愿服务证书。

社会工作者采用专业的社区工作的方法,敏锐抓住居民矛盾焦点的垃圾处理问题,并以此为突破点,通过口袋花园小项目为“小切口”,尝试制造居民互动参与社区事务的机会,同时深入挖掘社区潜在资源,不断营造社区事务公共参与的气氛,探索协商参与路径,最终成功地打破了社区各主体之间相互指责的僵局,激发出社区共同体意识,集思广益,妥善地解决了垃圾处理问题。社区旧貌换新颜,不但物理环境得到了显著改善,文明、和谐的人文环境也逐步营造出来。

第三节 居民公约破解堆放废旧物品困局

依法治理社区必须契合社区实际情况进行创新。一个不容回避的根本问题是,依法治理社区的一个前提是先要弄清楚究竟何为“法”。在建设共享共治的时代大主题下,实地调研的资料表明,在社区层面对于“法”适宜采取更宽泛的含义,不仅应包括国家制定的法律、法规,也应当包含法学界所言的“民间法”,即依照“规则”治理,形成民间社会运行的自我管理约束机制。民间规则引导着民间社会形成自我运作的真实秩序,也能起到定分止争调处纠纷的效果。

客观地讲,国内法学界也一直致力于民间“法”研究,产出了丰富的成果,但适用的地域范围大体囿于边远落后的村寨,且仅适用于极为特殊的个别民事案件纠纷领域。国内学界一直对城市社区适用性持怀疑态度,认为中国城市社区的民间自组织力量发育不足,从人员素质、经济状况到自组织能力都难以完成自我治理,需要国家强制力推动。本节以M社区解决消防隐患的案例针对上述质疑展开对话。即使在经济并不发达、居民文化程度整体并不高的西部普通城市社区,如果能不断结合自身状况进行本土化尝试,也能够突破社区自我治理能力不足的困局。

一、捡拾囤积旧物废品引发的社区治理困局

M社区老旧楼房多,每栋单元的楼道里都或多或少堆放着杂物,不仅易滋生细菌污染环境,更成为引发火灾事故的极大隐患。两年前,某个住在一楼的独居老年人把捡拾的废旧物品堆放在楼梯拐角处,私自设置了铁丝围栏并上

锁。上下楼道通行的居民随手丢弃烟头掉进了该杂物堆,引发了火灾事故。当时浓烟滚滚,过火面积因楼道堆放的其他杂物引爆而迅速扩大,消防人员和设备无法正常通行,高温灼热造成楼道墙面大块崩塌掉落,烧毁了楼道近期才安装的有线通信电缆,幸好无人员伤亡。此后,社区曾经发起过两次整治楼道堆放杂物活动,挨家挨户张贴通知,措辞严厉,要求居民限期清理,否则罚款。但居民无动于衷,因为都知道社区并没有罚款权,工作人员只能反复督促劝导而已。还有部分居民为了应付检查避免争吵确实也做了清理,但由于缺乏长期监管机制,风头一过,楼道里又重新堆满了杂物,消防隐患很难根除。

不仅在楼道,DH 社工机构的工作人员在社区内随意走走都能见到露天堆放的废旧物品,还发现了两座私自搭建的、用于囤放从垃圾池里捡来的废旧物品的临时简易棚。两座简易棚分属两位老人,平时经常为了争抢废旧物品发生冲突。简易棚周边蚊虫飞舞、臭气熏天,不仅污染环境,还存在重大消防事故隐患。居民对此意见很大,却又怕招惹是非,不愿意"多管闲事"。街道工作人员曾多次张贴通知责令拆除简易棚,社区工作人员也上门做了多次劝说工作,但老人与社区工作人员大吵大闹,哭诉生活艰辛,后来干脆置之不理。由于两位老人平时独居,子女都在外地,无法照顾老人的日常生活,也存在一定程度的亲子关系矛盾,简易棚囤放弃旧物品的问题一直没有得到解决,社区对此感到十分棘手。更糟糕的是,这种情况还产生了负面示范效应,别的居民见状也纷纷在社区各个角落里或多或少地堆积废旧物品。在社区公共空间堆放废旧物品已经演变成 M 社区的一个社会治理难题。(见图 5－1)

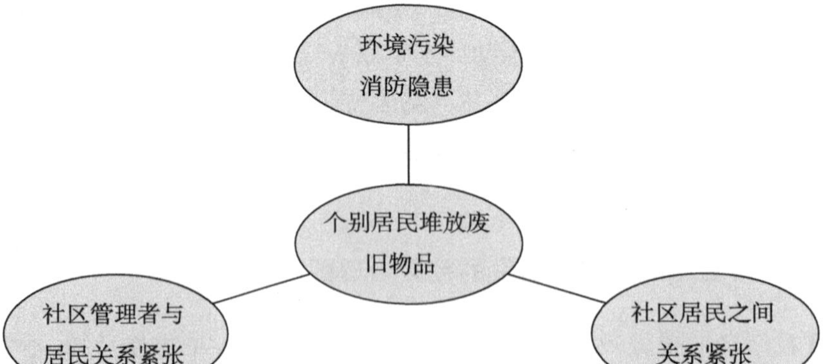

图 5－1　M 社区堆放废旧物品引发的社区治理难题

二、启动“焕新颜”微治理项目

社区内堆放废旧物品越来越成为一个突出的社会问题。然而政府正在进行管理职能转型，抓大放小，并不会将其作为主要工作常抓不懈。社区居民大多对此也是一种事不关己的态度，即使有一部分居民想要制止，也没有依据、途径和平台。社区民间力量作为第三方打破僵局，实际参与社区治理显得尤为迫切和重要。为此，驻在该社区的 DH 社工机构策划了“焕新颜”项目，旨在通过对废旧物品的多元处理提升社区居民的参与意识，对社区的物理空间和精神空间进行治理创新。

（一）进行详细调查了解

DH 社工机构首先进行了调查摸底。第一，采用调查问卷的方式收集居民参与社区废旧物品堆放治理的意愿。77.56% 的被调查者对于占用公共空地堆放废旧物品十分不满，对其危害性有足够清醒的认识，认为应当进行彻底治理。但 78.2% 的被调查者认为这是政府的事，应当由政府管，居民手中没有执法权，无能为力。第二，对堆放废旧物品的居民进行了访谈，详细了解堆放原因，熟悉其家庭关系和经济状况。这些居民对此都表现得情绪激动，十分抗拒。

居民 W：这房子是我儿子的，儿子把我接来养老。他们小两口的工厂倒闭了，工作不好找，带着孩子到浙江打工去了，年年都不回来，我一个人住在这里。我是农村人，离开老家好多年了，老家房子垮了，没什么人了，回不去了。我也没有退休金，只能靠着儿子月月寄钱。我天天伤心睡不着觉啊，儿子在外面不容易，孙子大了要上学，我不想办法挣点钱减轻儿子的压力，咋能行呢？我捡点儿瓶子、纸壳子又没偷没抢！岁数大了背不到楼上，不放到那里放哪里？还让不让人活了？你们养我？

居民 Z：放点儿东西有啥了不起的，又没全挡住楼道，平时不是照样能走人吗？本来就是老楼房了，到处破破烂烂，还穷讲究啥！是不是王 × 又告我的黑状了？她不就是没占上那块地方吗，眼红吧！哪那么容易引起火灾，过去老一辈人不都是这样过吗，也没见出什么事。我家里人多，面积小，老家妹妹、大伯哥家的儿子、小姑子来打工都住在我这里，我又不好让他们走，抹不开面子。公公婆婆一直在，老物件不能丢，人多，说不定用得上。

居民F:我们老了,没有其他挣钱门路,能捡一点儿算一点儿,好歹赚一些钱,万一有个啥事自己预备着。我有退休工资,平时够用了,可是万一有个啥事就不够了。我平时也闷得慌,没事就四处走走捡点儿瓶子换一些钱,心里也舒服点儿。我原来把捡来的瓶子放在家里,后来儿子吵了几次不让捡,把瓶子都给扔出来了,我就堆到那里了。儿子以为我不捡了,没再吵架。要是不把瓶子放在那里,那就没地方放了,只能又放到家里,又得吵架。

——摘自个案访谈14、15、16

通过调查了解,社工们初步摸清了社区居民对废旧物品的心态和目前的状况。绝大部分居民都表示会支持社区清理废旧物品,支持消防安全整治,但又期望由政府牵头,并不明白个人能发挥什么作用,更不清楚通过什么渠道参与其中。社区工作者详细区分了社区公共空间堆放的废旧物品,大致有三类:一是已经完全废弃不再使用,但又舍不得扔,总认为某一天或许还用得着的废旧物品;二是目前还在使用又不愿意放在自己家里的废旧物品,如腌制咸菜的坛子,扫帚、拖把、垃圾铲、儿童车、花盆等;三是从社区垃圾池捡拾来的废弃物品,捡拾者以此谋生。社工们决定针对不同类型的废旧物品,开展有针对性的治理活动。

(二)开设共享集市,发起志愿服务组织

针对第一类和第二类废旧物品,社会工作者联合社区党支部、社区工作站尝试开展共享集市活动,包括线上空间和实体空间。线上的共享集市长期进行,借助社区微信空间,鼓励居民发布自己家里现有或即将废弃物品的照片和基本情况,并表达自己的需求或设想,可置换、可低价卖出、可无偿赠送。但由于社区内老年人口和受教育程度低的人口多,相当一部分居民并不能熟练使用现代电子信息软件,平时不看手机微信,也不看公告栏贴出的纸质版信息。实践中,实体共享集市空间成为主要平台,即固定在每月最后一个双休日的星期六在社区内开展一次共享集市活动。基本做法是提前在微信群里发布活动信息,在社区划定临时举办共享集市的区域里,居民可以把家里的废旧闲置物品拿来,或交换或售卖或赠与。到了开市当日,社区居民都喜欢来逛逛,看看有没有自己用得着的二手物品。最受欢迎的二手物品是儿童读物、儿童玩具、儿童学习工具。

居民 G：我儿子长大了，用不着这些（指儿童自行车、扭扭车），堆在家里没处放，扔了又可惜。这车 300 多元呢，他爸爸舍得花钱买，一直放着也没玩多久，都新着呢。我也不图什么，谁家孩子想要就拿去，好好的车扔了可惜了。

居民 H：我公公婆婆一直就喜欢存这些旧物，说了好多次了也不听，弄得我们关系紧张，堆在楼道里邻居们也不高兴。现在好了，每个月拿来跟人家换换，看有没有用的上的。这里有工作人员宣传讲楼道堆放杂物的危害，能够好好教育他们。我说多了得罪老人，弄得关系紧张，社区干部说说就没事。他们（指老人）也看看别人家都是咋样做的，慢慢就好多了。

——摘自个案访谈 17、18

共享集市的口碑越传越广，吸引了附近社区的居民也来到 M 社区摆摊置换废旧物品，还有一些小商贩认为这是难得的销售良机，开始抢占摊位售卖商品，引发了为争抢摊位争吵现象。社工们经过现场体验，发现了以下问题：一是共享集市设置的时间过长，不宜设置一整天；二是没有制定详细的管理规范；三是没有与废旧物品回收公司联系，仅仅局限于社区内消化解决，社会资源链接不足。

举办了两次共享集市活动后，DH 社工机构协同社区党支部、居委会商讨并及时做了改进。一是与废旧物品公司联系，给予他们在共享集市日进入社区的机会，到场收购废旧物资。并鼓励他们在社区公告栏里留下联系电话，供居民日常有大件废旧物时可以及时联系上门回收。二是将共享集市日的时长由原先的一整天缩短为三小时，这样不会过长占用公共空间通道影响通行以及制造噪声长时间扰民。小商贩在短时间内摆摊也基本无利可图。三是成立了由社区离退休老年人组成的社区志愿者巡查队，专门负责清理外来小商贩占用共享集市的位置摆摊设点。四是与社区志愿服务结伴而行。DH 社工机构动员成立了 M 社区志愿服务队，在每个月的共享集市日开展志愿服务宣传，并且现场进行志愿服务活动。志愿服务贴近社区居民的日常生活，提供力所能及的服务。例如，帮助老年人调整手机设置，反网络诈骗宣传，请来社保局的专业工作人员现场解答居民的医保、养老、失业政策疑问，金融知识宣传，法律咨询，废旧物品免费兑换小型绿植、植物种子、小型花盆、塑料袋等。

张先生牵着已经上小学一年级的儿子刚刚从共享集市出来，把家里满满三

大箱的儿童玩具送给了其他有幼儿园年龄段小孩的家庭,兴冲冲地带着两盆多肉植物往家走。他说:

家里玩具太多了,扔得到处都是。孩子已经上小学了,长大了也不玩这些了,扔了可惜,都挺贵的,也没玩几次。今天收拾了三大纸箱子的玩具送来,谁家孩子要就送给谁,都送完了。他一开始舍不得,哭闹不让送,后来看到别人家的孩子也往外送,就不闹了。这不,还跟人家换了三辆车,五本故事书。这两盆多肉啊,是我让他用积攒的矿泉水瓶子换的,他端着跟宝贝似的,说回家了他负责养。

共享集市在很大程度上解决了城市居民手中的零星小件旧物无处处理的困局,从源头上减少了物品成为废弃物的可能性,延长了物品的使用周期,促进了资源的循环再生利用,从而间接减少了公共空间堆放限闲置旧物的行为,清洁了环境,有效地减少了消防安全隐患,可谓一举多得。

三、召开居民会议,制定居民公约、居民自治章程

口袋花园的成功打造和共享集市活动的顺利开展,使 M 社区的内在活力在一定程度上被激发出来,居民关注社区建设的意识明显提升,社区内部的凝聚力逐渐增加。然而,一个现实的问题是,上述进展很大程度上得益于 DH 社工机构采用专业社区工作方法推进,以及充分利用了政府"三社联动"项目专项资金的支持。但该社工机构在本社区的服务合同期限为一年。如果项目期限届满后,社会服务工作机构撤离,"三社联动"资金撤离,社区很容易又回到以前的状态,白白浪费了前期所做的工作。调动社区居民的积极性,充分发挥社区居委会的民间自我管理、自我服务的作用,主动挖掘社区内部的自身潜力,乃是较为可能的现实路径。

DH 社工机构与社区党组织、居委会联合发出通知,采用居民自愿报名、居民推选和居委会遴选相结合的方式,选出了 25 名会议代表,召开了居民代表大会,孵化出社区内部的民间组织,助推社区内部潜力的自我增长。

M 社区会议室面积狭小,最多只能容纳 15 人。为了体现开放性和参与性,会议挪到了口袋花园公共露天场地进行。会议采用完全开放的形式,不设置主席台,座位也没有辈分、职权、地位的排序,只有一名 DH 社工机构的社工

做会议主持人，以及若干现场辅助工作人员参与。参会人员自带小板凳，居民们可以旁听。参会代表25人根据年龄、性别、职业状况等多种因素被分为5个小组，每个小组选出了一个会议记录人。会议的基本思路是回忆过去——讨论当下——展望未来。

会议首先从回忆过去开始，在主持人的引导下，年长者和老住户们逐渐回忆起M社区过往状况的点点滴滴。设置“回忆过去”环节旨在唤起参会者的情感参与，激发对社区的热爱，迅速联络起不同人之间的感情，进入开会状态，避免做冷漠的旁观者；也能让参会代表理性地看待本社区的基础条件状况，为后面的讨论环节打基础，避免提出不切实际的意见和建议。一开始，大家都沉默不语，主持人从现场的口袋花园建设的由来谈起，很快现场气氛就活跃起来，一位老大爷充满感情地说：

> 我在这里住了三十多年了，这里的楼房应该是兰州最早盖起来的一批，老楼房多，年轻人都不喜欢，嫌它们又老又旧。可对它们我有感情啊。当年我结婚就在这里，三个孩子也是在这里养大的，我把父母接来养老，他们也是在这里走的（指去世）。当年单位分配房子的时候，我激动地一天一夜没睡好觉。当时条件艰苦，盖楼房也没有什么规划，我们工人能有套房子就算不错了。我没啥可抱怨的，现在房子不也好好的吗，质量还是可以的。我儿子几次要接我走，到上海养老去。我哪里都不去。这个小区要好好整治整治，要对那些不自觉的人好好批评教育，只要社区需要，我愿意当志愿者，干啥都行，发挥自己的余热。
>
> ——摘自调查笔记A2

其他人也纷纷谈起自己的感受，表示很关注社区的发展。只要社区组织，都愿意当志愿者，愿意参加社区举办的活动，尽自己的一份力量。

接下来，会议进入了讨论环节，主题是本社区内还存在哪些需要治理的紧迫问题。与会代表们纷纷在纸上写下了自己的看法，写字有困难的，也请了本小组内会议记录人代写。现场还有其他旁听群众提出了诸多问题：楼上邻居噪声扰民；楼上住户把拖把、扫帚伸出阳台，脏水往下滴；邻居家的狗在楼道里随地大小便；某人把楼梯间拐角安上栅栏锁了起来，当成自己堆放杂物的场所；等等。意见纸收上来以后，趁着10分钟的间歇休息时间，社工、现场工作人员、会议记录人整理归纳了大家提出的意见，大致可以总结为十点（见表5-1）。

表5-1 M社区居民代表大会集中反映的社区治理项目

1	环境卫生差	垃圾清运次数少
2	停车混乱	老旧小区当年没有规划停车位,也没有专人管理,乱停乱放
3	设施严重老化	管网、电线、道路都缺乏持续有效维护,"跑冒滴漏"现象时常发生
4	楼房缺乏修缮	楼房严重老化,楼道窗户玻璃破碎,无法起到保温、抵御风沙作用;单元楼门转轴损坏,门关不上,形同虚设
5	居民责任心差	居民随手乱扔垃圾,随意倾倒废弃物,噪声扰民;居民乱采摘、践踏花草树木,随意长期占用公共场地;多数居民不参加社区环境清洁活动,只享受不奉献
6	饲养动物混乱	养宠物不拴绳,不打防疫针,不办理手续,随地大小便
7	安全保卫差	外来车辆随意出入、乱停乱放;没有安装任何监控设备;"牛皮癣"小广告胡乱张贴;各种营销摊点随意进行"大喇叭"宣传,十分扰民
8	物业公司整改	物业服务质量低,物业费高与服务质量不相称;很多居民不交物业费
9	社区风气差	社区内无业人员、退休人员多,无所事事,打麻将"小赌"之风盛行,为此多次发生争吵、打架
10	缺乏社区照顾	高龄老人、困难户、慢性病患者多,社区缺乏对他们的日间照料

会议主持人把上述主要问题总结宣读之后,与会者都觉得切中要点,赞同这些问题是当前最为紧迫的治理重点。最后,会议进入第三个环节,大家讨论的主题是本社区将要达到什么样的建设目标?能够采取哪些可行的办法?代表们对今后社区建设的目标达成了基本一致的意见,即应当向着"环境整洁、安全稳定、文明和谐、睦邻友好"努力。参会者提出了多种多样的治理办法,如处以高额罚款、通知居民的工作单位、张贴公开的点名批评通报等,很多建议比较过激且不符合法律规定。社工给在场的参会者科普了《城市居民委员会组织法》相关条款,建议大家在法治与德治的范畴内考虑方案。经过讨论,参会者认为导致目前社区出现种种问题的主要原因之一,是社区事务繁杂散乱、点多面广,迎接上级检查任务重,忙于应付各项考核指标,仅靠现有的数量很少的社区管理人员根本忙不过来。再者社区管理人员工资低,常年有人辞职,员工流失率较高,对社区事务大多敷衍了事或者无暇顾及。而想参与管理的居民没有参与途径,更没有进行管理的依据。当务之急,是依据宪法赋予社区居委会的法律地位,先制定社区管理的规章制度。随后孵化组建起社区民间自治

组织。

第一次会议之后，社区工作者与社区居委会、社区党组织着手起草了《M社区居民公约》与《M社区居民自治章程》。居民公约涉及“社会治安”“消防安全”“环境卫生”“婚姻家庭”“邻里关系”“文明风俗”等37条，基本覆盖了社区常见的问题。自治章程涉及“居民会议和居民代表大会”“居民委员会”“社区居务监督委员会”“居民小组”“居民”“各级组织关系”的权利义务，规定了居务管理的原则、会议与工作制度、档案管理、财务管理、居务公开制度、社会秩序、精神文明建设、睦邻关系、社会保障等106条。草稿公布在社区微信群及公告栏里供大家讨论并根据居民、物业管理公司、社区工作人员的反馈意见进行了多次修改。每次修改都发布在微信群和公告栏里，尽可能让更多的居民了解社区事务的基本进展情况。然后又召开了一次居民代表大会表决通过。

四、孵化社区民间组织，增强社区自我管理能力

DH社工机构借力于“三社联动”机制以及基于前期的工作进展，整合M社区的现有资源，在共享集市招募的小规模志愿者服务队基础上，进一步招募社区志愿者，由社工机构对其统一培训，一方面开展公益服务，另一方面作为社区民间力量参与社区事务的“蓄水池”，致力于从中孵化出社区民间社会组织。

居民参与志愿服务的积极性较高，陆续有二百多名居民报名。社区工作者根据报名者的特长和服务意愿，首批组织了三支志愿服务队。一是“关爱老年人服务队”，以关爱高龄、独居、多病老年人为主要目的，参与服务者多为低龄老年人。他们身体尚好，已经退休，对于高龄老年人的处境感同身受，有时间、有精力、有动力去做志愿服务。主要内容是定期到老年人家里做卫生清洁、做饭、聊天、生病探望、心理疏导和节假日慰问。二是“关爱未成年人服务队”，以妈妈们为主，主要关爱对象是社区内的困境未成年人。主要内容是在日常生活中对他们进行心理关爱、学习辅导、卫生健康督促，经常送给未成年人自己亲手制作的美食，生病时前去探望、照顾。三是“安全文明促进队”，以环境检查、邻里矛盾调解、消防安全督促、预防“黄赌毒”为主要内容。组成人员多为有一定文化程度、有专业技术特长的居民。

志愿服务队成立后，早期开展了若干次活动，大家参加活动也比较积极，但不久之后就出现了一些问题。原本为了吸引更多的参与者，也为了激发社区居

民参与的热情,志愿服务采用积分制。居民每参加一次志愿服务活动,可以根据服务时长和任务轻重获得不同的积分。积分积累到一定数额,可以兑换实物奖励。这些实物一般都是牙膏、洗洁精、毛巾等小件生活用品,价值不超过10元。出乎意料的是,社区部分居民十分看重这些小小的物质奖励,甚至有些人希望借此补贴家用。随后出现了为争抢服务机会以获得积分而争吵的现象,社区工作者不得不进行调解,花费了很多精力。后来还出现了新情况,志愿者提出实物奖励物品的价值太低,应当提升,导致志愿服务活动的激励动员成本大大增加。

此外,社区内需要关爱的弱势人口数量基本固定,但报名参加志愿服务的居民越来越多,志愿者和社区工作人员频繁地登门开展关爱活动显得过分打扰。过分关注服务对象也在一定程度上产生了强制"贴标签效应",变相提醒其弱势身份,伤害了被关爱者的自尊心,使被关爱对象逐渐产生抵抗情绪,对志愿服务人员的态度敷衍、冷漠甚至躲避,社区志愿服务活动的热情被迎头浇了一盆冷水。关爱活动队的志愿者们逐渐转移到其他志愿活动中去,出现了一些活动没人参加而另一些活动参与人数过多、现场过分拥挤的局面。

再者,社区居民的参与意愿主要还是取决于与自身的直接利益密切相关程度。居民公约和居民自治章程制定后,有了基本的行动规则框架和指导方向,明确了发展目标,也对居民进行了很长时间的直接、间接宣传教育,但并没有出现预想中社区居民对于公共事务参与度有显著提升的局面。一个很明显的特征是,居民对于社区公共事务的决策商讨以及实施各种活动带有很强的目的性,会事先进行遴选,对与自身当前利益密切相关的会议或活动能够积极参加,但对与自己眼前利益关联性不大的,尽管也明白是为了社区的长远发展,但依旧少参加、敷衍了事或者干脆完全不参加。

DH社工机构尝试联合社区工作站、社区党组织对上述情况进行详细分析之后,认为这是社区自我治理能力尚处于起步阶段的表现,对于社区民间社会组织并不应当进行过细的分类。实践中,往往活跃的居民各种社区活动都愿意参加,不愿意参加的则一个活动都不参加,社区社团组织过细的分类只具有指导意义,在实践中则往往人员与活动类型均为混合型。目前需要进一步找准突破点,助推社区民间组织规范化并逐步走向专业化。

DH社工机构进一步着手开展培养社区民间组织精英的活动。DH社工机构从太极拳队、广场舞队、老年模特队、户外骑行队、悦跑队、老年合唱团里遴选出了 15 名带头人，对带头人进行了详细的专业知识培训，内容涉及人际关系沟通、小组活动技巧、基础财务知识、安全防护要点、政策法律培训。最终由他们负责带领队伍开展活动，制定活动规则，策划活动内容，社区拨付一定资金支持。这样可以促使社区内源力量自我成长并实现可持续性发展，即使将来社工机构撤离后也能继续开展各项社区活动，进一步增强自我治理的能力。事实证明，这种思路比较有效。团队带头人积极性很高，跟成员的互动性很强。他们平时在一起开展健身文艺活动，相互指出动作技巧不足，互相学习，培养感情，共同学习技巧，共同成长进步，彼此关怀，形成了良好的伙伴关系。很多团队成员甚至把团队当成重要的精神支柱，遇到困难会在团队群员里面寻求帮助。对于社区事务他们也十分热心，积极建言献策，参加各项公益活动，成为社区自我管理的核心细胞，并产生“滚雪球效应”，逐渐把那些只旁观不参与的居民吸引进来，提升了居民社区事务参与的积极性。

该社区在志愿服务组织的带领下，社区面貌发生了重大变化。由社区志愿者全程设计、建造的口袋花园项目缔造了清新优美的环境。社区宣传队开展的宣传活动收到了实效，文明礼仪之风盛行。健康文明的文化活动取代了赌博、酗酒，高龄独居老人、残障人士受到了周到照顾。社会治安良好。居民积极关心社区事务，踊跃参加社区活动，孵化了更多社区民间组织，累计有近十三个志愿服务团队，深入社区生活的方方面面，大大增强了社区自我管理能力。

第四节 “三治融合”：志愿服务组织激发社区内生秩序成长的逻辑

一、自治还是“三治融合”？

在后单位时代，城市社区迅速演变成传统性与现代性、在场性与脱域性特质并存的复杂地域空间。迫于社区急速转型的现实压力，自 20 世纪 90 年代以来，我国对社区自治进行了再认识与实践新探索。学界聚焦于“去行政化”思路主线，沿着国家与社会二元框架分析了影响社区自治的制约因素，陆续提出了“嵌入性监管”[①]“依附性自主”[②]“多元互动关系”[③]“政社协作”[④]“非协同治理”[⑤]“嵌入性替代”[⑥]等多种类型的国家与社会组织关系，认为只有进行“去行政化”改革，政府“退”而居委会“进”，以居委会能力建设为突破口，着力提升居委会工作人员的文化水平和工作能力，摆脱对政府的惯性依赖，不断历练成长，假以时日才能逐渐实现社区自治。政府也尝试通过简政放权来培育、引导社区开启自治化新进程，先后进行了四轮改革来推进社区自治，但在实践中却陷入“‘社区去行政化—多元化治理改革’→‘居委会边缘化—社区治理碎片化’→‘居委会再度行政化—社区治理一元化的怪圈’”[⑦]。社区治理引进了形形色色号称以专业性见长的外来社会组织，开展了名目繁多的活动，但在“你方唱罢我登场”的热闹背后，社区治理却陷入了权力关系碎片化的混乱局面，居民对于社区事务缺乏参与意愿的状况也并没有得到显著改善。社区“自我管理、自我教育、自我服务”的自治功能并未有效发挥出来，只得再次走向行政依附，社区自治内卷化循环怪圈迟迟难以突破。无论出现了多少社区自治的创新模式，政府公共职能在社区内部依旧有着巨大的现实需求是不争的事实。

居民是社区的主体，社区治理的绩效优劣，终究以满足居民的需求为主要目标。把目光过度聚焦于社区“去行政化”，未必就契合中国社区历史与现实状况；过分强调社区自治的独立性而忽视社区治理的实际效率，未必就能有效实现社区治理目标。居委会自治能力发育不足、工作人员对社区治理的重大变革认识不清或惯性依赖并非“去行政化”就能“毕其功于一役”。

2016 年中共中央办公厅、国务院办公厅印发《关于改革社会组织管理制度

---

① 康晓光、韩恒：《分类控制：当前中国大陆国家与社会关系研究》，载《开放时代》2008 年第 2 期。

② 刘鹏：《从分类控制走向嵌入型监管：地方政府社会组织管理政策创新》，载《中国人民大学学报》2011 年第 5 期。

③ 王诗宗、宋程成：《独立抑或自主：中国社会组织特征问题重思》，载《中国社会科学》2013 年第 5 期。

④ 颜德如、张树吉：《城市社区服务中的政社合作行为策略分析》，载《中共天津市委党校学报》2020 年第 4 期。

⑤ 黄晓春、嵇欣：《非协同治理与策略性应对——社会组织自主性研究的一个理论框架》，载《社会学研究》2014 年第 6 期。

⑥ 杨宝、杨晓云：《从政社合作到“逆向替代”：政社关系的转型及演化机制研究》，载《中国行政管理》2019 年第 6 期。

⑦ 张雪霖：《“找回”城市与“祛魅”的居民自治——中央、地方与民众三层关系视野下的城市社区治理研究》，华中科技大学 2018 年博士学位论文，第 1 页。

促进社会组织健康有序发展的意见》后，各种不同版本的“三驾马车说”随后被提出。起初物业、居委会、社区工作站被认为是“三驾马车”，最后逐渐统一为“自治、法治、德治是社区治理的三驾马车”。“三驾马车说”勾勒出了社区治理的三种主要力量，尤其值得注意的是，社区自治不仅仅是一种基层社会的民主框架形式，更是社区治理的一种驱动力，意味着社区治理不再纠结于“去行政化”的力度，是治理思路的重大转型。但自该意见在各地社区进行实践以来，社区服务仍然继续由政府主导、政府组织、政府督查，社区居民会议虚化，并未发育出具有可操作性的基层民主自治运作机制，社区依法实现自我治理依旧难以真正展开。

事实证明，尽管被宪法赋予了社区自治合法性权威，政府又提供了一定的工作资金保障，但处于国家权力与社会权利交叉地带的社区居委会依旧挣扎在各种夹缝中。居民分散化、诉求多元化、利益市场化的复杂状况，决定了社区大大小小的事务不可能依靠经常召开业主大会来落实，单靠居委会数量有限的工作人员，根本难以完成庞杂的日常“自治”工作。此外，法律并未赋予居委会工作者执法权，“三驾马车”中的“法治”落地化运作缺乏实践载体。没有从培育内生组织入手发展一支稳定的社区工作实践队伍，各种社区活动无法有效开展，大量道德宣传活动没人参加，“德治”就开展不起来。居委会工作人员迫于业绩考核压力还将“三驾马车”中“法治”“德治”割裂开了，各自圈地“搭台唱戏”，社区有限的社会资本利用碎片化。“三驾马车”不但无法齐头并进，实践中还出现了相互抢人、抢场地、抢社会资源的相互掣肘的混乱局面。

社区治理组织架构空心化并非仅仅是社区自治单个领域的问题，在德治、法治领域同样存在。自治、法治、德治三种驱动力其实在社区层面不可能各行其道、截然分开，实践中是混同的，很难划分清楚哪一块是自治的工作内容，哪一块是法治、德治的工作内容，“三治融合”才是工作常态。社区的性质、特点和历史由来决定了主要建构的是内生社会秩序。从公共服务的绩效视角考察，在几乎不可能增加更多社区工作人员的情形下，动员挖掘社区潜在资源，建立起一支可靠、专业的社区志愿者队伍，做深做细社区志愿服务是一条值得探索的路径。依托于社区志愿服务组织，发挥以点带面的作用，构建起立体化的社区社会网络空间治理结构。

二、社区志愿服务组织能够促进社区内生秩序成长的逻辑

从M社区运作成功的实践情形看,如果加以悉心培育和精心组织,社区志愿服务组织能够在一定范围内较好地承担起社区治理主体的重任。因为社区志愿服务组织至少满足了社区的四大基本需求。

(一)在地治理需求

社区是居民日常生活最重要场所,饮食起居、生老病死等一系列繁杂的生命活动基本在这一空间完成,"烟火气"是社区作为基层民间社会的最重要特征。每一个社区又具有各自的地域文化和人文特征,社区治理必须得接地气,走深耕路线,紧紧围绕"实情实践实效"核心开展工作。"在地治理"并非一定要建立形式上精密的社区自治机构,关键因素是"人"。尊重社区居民的主体地位,动员发挥居民的主观能动性,充分挖掘本地的潜在优势资源对社区事务进行自我管理与自我服务,在国家法律框架内民事民议、民事民办、民事民督是在地治理的基本内涵。M社区正是及时调整了建设思路,着重从公共治理的实效角度出发,不再执着于"去行政化"力度,不再纠结于行政化与社区自治实效之间的复杂关系,而是更多地从将社区自治视为一种驱动力,从多种角度灵活地探索社区治理的组织架构形式,引导其转化为内生动力。M社区找准了突破口,以治理废弃物问题作为切入路径,引发居民广泛关注,顺势建立起社区志愿服务组织。社区志愿服务组织属于内生型民间社会组织,由社区内部生发出来,植根于社区,与群众紧密联系,有效地广泛动员了社区内的各种潜在、显在的人力资本,充分激发了社区内在资源优势服务于居民,并着力将这种优势转化成为社区治理的动态驱动力,成效明显。

(二)构建内生秩序的需求

内生秩序根植于当地社群的公共集体意识,通过日常生活互动逐渐累积,外显化为当地居民的社会交往互动模式,精神因素占据了很大比重。社会变迁越剧烈,变迁速度越快,社群个体对形成内生秩序的基本需求越迫切。因为它满足了成员精神层面的认同感、归属感和有序感,确立了对日常生活世界潜在秩序的建构,避免了成员因一直生活在碎片化的不确定状态而陷入持续焦虑迷茫。住房市场化改革后,城市社区迅速演变为陌生人社会,观念碎片化、秩序混乱化、价值观多层次化,导致居民之间时常因生活中琐碎的事情而摩擦交恶,良

性普遍主义价值观“脱嵌”，缺乏一个契合当地实际状况的内生秩序来对各种行为进行规范和引导。目前社区进行全方位社会转型，最迫切的需求是引导其尽快建立内生秩序，结束社区的混乱无序局面。自治、法治、德治由此成为社区治理的核心驱动力。

探索构建内生秩序的历程中应当重视挖掘中国特性，汲取中华传统文化中的内容。礼治是几千年来治理中国基层社会的经验总结。在“皇权不下县”的组织架构下，广大农村社区主要依靠乡绅与士绅等地方精英引导，借助于“礼”去建构地方社会的集体意识，从社区内部去深挖资源，充分调动社区各种内生社会资本去参与乡村社区治理，从而有别于现代社会治理大量依赖于外在力量“法”作为强制力消耗大量人力、物力来维护外生秩序。

社区志愿服务从中华“礼治”历史文化中汲取营养，将传统文化的精髓注入当代中国基层社会的公共精神与治理体系中。法学家认为“仅仅拘泥于法律的文字和正当程序的正规性，但违背社会上广泛持有的基本价值和伦理规则，是建立不起法治的”①。志愿服务就是培育当地广泛认同的核心价值观和伦理规则的过程。社区志愿者经由兴趣小组内部互帮互助，逐渐生发出共同的情感纽带，发展出本群体内部规范，培养出规则意识。然后经过社区居民会议进行理性协商和规范，在多元利益冲突背景下提炼出社区居民面临的共同问题，对不同群体利益进行协调平衡，民主协商社区公共事务，达成共识，建立起社区规范，实现社会合作。社区志愿服务意味着在“摸着石头过河”的社会转型时期，社区各主体不等不靠，积极主动走出混乱，在持续互动中不断探索彼此认同的边界，不断自我反思纠正个体行为边界，建立起互动信任和规范网络。志愿服务行动过程和成效往往也会受到社区相关各方的关注和评判，产生“滚雪球效应”，不断去粗取精、沉淀精华、凝聚共识。一些邻里间产生的小摩擦、小冲突在志愿服务队的调解下，往往能降低冲突的强度和烈度，掐断演变成过激行为大面积扩散的苗头，实现自觉收缩控制，促进社区自身的自发秩序形成，为培育法治社会打下良好根基。

（三）从技术治理到情感治理转型的需求

长期的技术治理模式设定只要居民按照既定的计划和命令从事，一般就能

---

① ［德］柯武刚、史漫飞：《制度经济学》，韩朝华译，商务印书馆 2000 年版，第 203 页。

形成清晰稳定的社区社会秩序，导致社区成员的主体地位和自律精神丧失，过度依赖于他律。一旦国家放松管控，居民们在缺少自主、自律习惯的情况下，往往又会放任自流。“一统就死、一放就乱”的恶性循环迟迟难以破局。

任何制度设计都无法完全悬置人的精神情感因素而将人纯粹化约为技术治理对象。社区是居民日常生活起居的最重要生活空间，与每个人的利益息息相关。绝大多数居民对社区大事小情都十分敏感，不可能完全充耳不闻、无动于衷。社区自治的要点，并非仅仅从组织框架上着重确立了社区成员参与治理的主体地位，更重要的是进一步深入社区成员的内在精神世界，需要动员情感因素，进行情感治理。社区工作凡事“走心”，满足了人的内在需求或主观期待，激发出人的内在热情和主观能动性，才是真正的自治。社区应扎根于当地社区的初级群体伦理文化，在互动交往建构关系时，以情感激发信任，达成价值共识，形成互惠、促进合作，构筑起社区多维立体关系网络，实现社会资本最大程度的发掘和利用。

M社区以志愿服务为切入点，契合了中华传统文化“善有善报”的观念，激发了居民“性本善”的内在美好情感，创生出更多社会资本，建构起社区在地治理的网络框架。它所承载的深远价值绝不仅仅是建立了一种开放、协作、民主参与的基层社会治理运作机制，更是基层社会在新的时代背景下完成自组织方式的全新转型。情感治理贯穿着社区治理各个环节的逻辑主线，快捷地将社区各主体吸引串联起来，在欠发达地区并不具备雄厚经济社会基础条件的情况下，建构出一个互动融合、内在关联的生态系统。各子系统通过社区各类社区志愿服务组织相互渗透和作用，共同推进自主性、回应性的民间秩序形成，积极消解了转型期社区基层社会的震荡，从而构筑了和谐社会秩序的重要民间根基。

(四)民间参与治理的需求

缺乏民众参与的机会和平台一直是社区治理的症结所在。社区其实本身人力和财政资源十分匮乏，无力支付过高的社会治理成本，借用体制内的资源又会受到附行政化的批评。但社区治理是“以空间为载体的社区生活纽带的松散与治理秩序的重构”①，是从一元主体管理到多元主体参与协作治理方式

① 杨发祥、茹婧：《村域空间转型与生活世界的流变——基于川东北X社区的个案研究》，载《新视野》2015年第6期。

的转型，撬动了各种社会资本参与机会。社区志愿服务是一种非政府的组织行为，基本较少占用或不占用体制内的资源去为社区服务。社区内生志愿服务组织不追求物质回报的目标恰好也减轻了社区的治理成本。如果社区志愿服务组织能够抓住难得的生长时机，必能重塑社区治理生态，带来基层民间社会组织发展的新气象。（见图5-2）

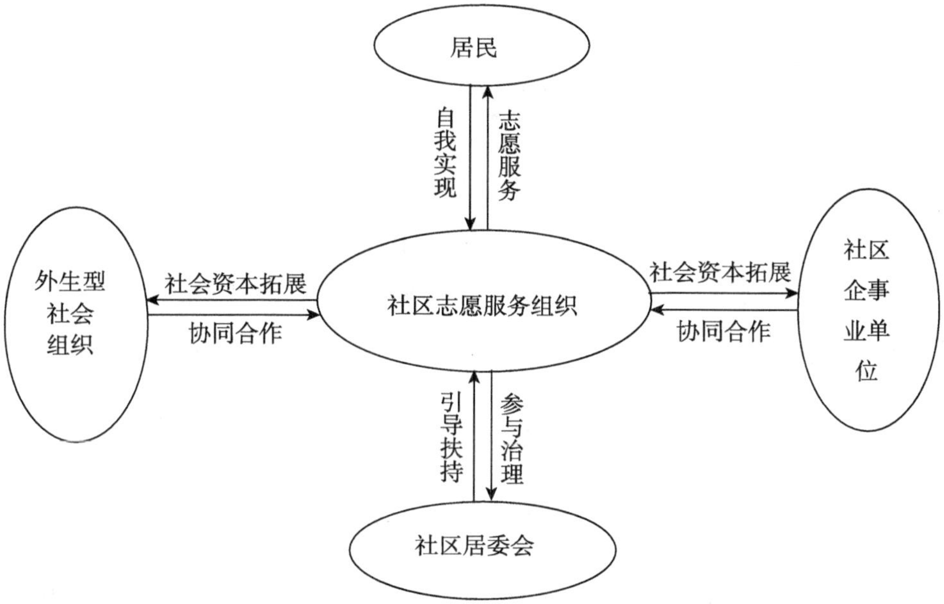

图5-2　M社区志愿服务组织社会网结构

社区志愿服务组织是政治社会化的重要场所。它唤醒了居民的公民身份，使居民认同自身的权利义务，鼓励居民积极承担公共责任，整合了个人、社区组织与国家的目标一致性，让每一位居民都能做一名合格社会公民，满足其自我实现的社会价值需要。居民从参与志愿服务扩展到参与公共事务，从而化解社会冲突，协助国家管理，促进社会自律，居民在静态与动态两个向度上获得了公共政治生活锻炼的平台和参与社区治理的机会。社区志愿服务自始至终都贯穿着平等意识、权利自治、宽容理性、尊重规则，建立了一种畅通、开放的表达机制。有利于塑造民主法治理念，锻炼民主实践技能，增强自律意识意识和公共精神，契合了法治和德治的目标。

第五节 社区志愿服务对社会资本的重构与耦合

社区治理需要解决包罗万象的琐碎日常事务,都需要支付各种开支成本。居委会手中资源极为有限,社区动员平时靠工作人员私人关系网络进行缺乏可持续性。一边是居委会开展自治、法治、德治活动常常面临人力物力财力匮乏的窘境;另一边却是社区群众中潜在的社会资本被忽视长期闲置,社区内在驱动力休眠。本研究案例中,老旧破败的M社区意识到社区内生组织的重要性,深入挖掘社区的潜在社会资本,将社区治理的三种驱动力融合,并以自治为突破口,培育内生的社区志愿服务组织来激发本社区内生秩序成长,成功实现了社会治理现代性转型。社区志愿服务组织参与社区治理或许还存在"内容简单、仪式化与展示化、国家动主义、行政嵌入运作"①等诸多问题,但这也是发展初期必经的探索过程,不可避免地会受到社会转型大环境的影响。当然,M社区案例中还存在值得继续展开更深入探讨的问题。

一、技术理性治理对社区外生社会资本的幻想

"居民参与度"是考量一个社区自治、法治和德治程度高低的重要指标。然而在社区层面,国家与社会界限模糊,权力与权利交叉相互渗透。居民其实难以辨清国家权力与社会权利的边界,不明白哪些事务归政府行政管理,哪些属于社区自治范畴。自治权利该如何行使亦找不到适当的参与途径和活动平台,只得对社区事务保持冷淡观望态度。

一些社区寄希望于通过政府购买社会服务项目引进外生社会组织,来实现对纵向权力资本的"搭便车"利用与对横向社会权利资本的整合。只把目光投向"外"的结果就是预想与现实产生了极大落差。号称以专业性见长的外生型社会组织进驻社区后,为了生存以继续获得项目资金支持,实践工作目标常常偏离了社区的真正需求。为了迎合项目考核评估各项指标要求,外生型社会组织常常更追求形象工程,短期性的业绩表演取代了长期性的细致服务,没有把

---

① 张帆:《社区志愿服务的"麦当劳化"及其走向》,载《兰州学刊》2020年第8期。

精力真正放在贴近群众的需求上,而是聚焦于寻找亮点,刻意制造创新点,拍照片、录视频、制作各种看似高科技的数字报表,把手中的资源投入于拉近与个别重点群众的关系,以打造各种业绩成果典型。在公共事务监督方面,为获取群众好评,外生型社会组织也不敢真正履行督促职能,靠发放小礼品、打温情牌、诉苦水、“和稀泥”来开展工作。原本把外生型社会组织引进社区的初衷是拓展社区的社会资本,让公共服务向专业化方向发展,减轻居委会的工作负担,增强社区的自治能力,然而实践中却是民间组织扮演着延伸政府社会管理职能的助手角色。社区的权力关系格局混乱,社区的秩序结构、秩序性状和治理模式并没有多大改变。技术理性治理追求组织绩效、制度架构和数字精准的统一,过分倚重外在的工具性因素,未考虑社区事务的长期性和人的主观能动性,浪漫主义的幻想和不切实际的模仿成分居多,没有居民参与,自治、法治和德治都无从谈起,陷入单面化和非均衡性的鸿沟中。

二、连带性吸纳与共通性社会资本培育:社区志愿服务组织的资本特征

从社会资本的来源看,目前外生型社会组织的生存资本主要靠政府购买社会服务,社区工作权力来自行政合同中的政府授权,获取群众配合很难说是基于彼此双向信任,更多的是“套牌”政府威权资本,其收益的稳定性和扩散效应尚不明显。一个典型的例证是,一旦政府购买合同期届满,外生型社会组织撤离社区,已经取得的成果往往很快淡化乃至消失殆尽。政府允许多个社会组织竞争项目投标,社会组织一方面要跟政府公办组织竞争,另一方面要跟其他民间社团组织竞争,为了生存下去,最便捷的途径还是高度嵌入地方政府社会治理网格,围绕绩效考核目标开展工作。政府与社会组织的双向嵌入关系实质演变为行政吸纳服务、行政吸纳社会的单向嵌入,想象中的平等协作关系实质上转变为垂直管理关系,社会组织的可持续发展能力最终存疑。

内生的社区志愿服务发生在社区这一生活型特殊场域内,组织的成员来自本社区内部居民。一个人参与社区志愿服务,往往其他家庭成员也会逐渐不同程度地参与进去。尤其是老年人或者孩子的母亲参与社区志愿服务,往往会带动年轻人或者未成年人参与。以往年轻人普遍都不参与社区各项活动,主要活动空间其实都在社区外部,只把社区当作休憩场所。尽管连带性吸纳最容易发生在乡村熟人社会,但中华传统文化中人情、面子的互动规则在陌生人初次发

生互动时依然十分有效。双方往往能够迅速形成互惠关系，你帮我一次，我下次还你人情。特定社会资本的连带性吸纳特征比较突出，熟人关系网络与社区陌生人关系网络呈现巢状嵌入关系。

外生型社会组织要想获得社区居民的支持与信任形成互惠机制，社会资本的培育往往要经历漫长的时间过程和大量成本投入，且利益关系成为居民参与社区合理活动的主要动因。社区志愿服务组织成员参与社区活动的起因或许多样，但精神因素占据较大比重。这主要是因为依靠相对主观的道德规范和价值观念，较易培育形成集体意识，能够便捷地把不同职业、文化程度、经济状况等差异较大的人凝聚在一起，且其具有扩散性特征，较易整合成共通性社会资本或紧密型社会资本，形成帕特南所言的“跨越性社会资本”，在更广泛的范围之内形成互惠互利的交往规范和行动机制，对于社区内在秩序的形成和运作起到基础支撑作用。

三、“三治融合”：志愿服务与社区治理三种权力资本的耦合

社区治理具有很强的弹性，需要根据本社区自身特点探索与治理方式的契合路径。自治、法治、德治共同服务于维持秩序稳定的首要目标。近期社区实务工作人员进一步总结三者之间的关系是以“自治为基础，法治为根本，德治为引领”①，进一步高度抽象概括了社区的三种主要权力结构关系。但实践中三者之间的关系在社区层面很难明确区分各自工作领域的边界，“三治融合”是常态。难点在于如何实现融合，其本质仍然是如何渐进地探索国家权力与社区权利互动的途径和边界。

中国的政治文化传统和现实情况决定了国家在社区治理初期发展阶段空间内的秩序生成中必须承担主导性角色，但这并不意味着社区自治就一定会功能弱化。志愿服务找到了社区自治的一条可行性路径，能够激发社区“自治”能力逐渐成长，就将会在社区基层治理权力格局中处于重要地位。它把感性经验与理性治理融合，将自治从静态的制度建构转变成为动态的社区群众参与的驱动力，确立了国家治理与“民间治理”的互动回应，参与了利益碎片化时代社区多元利益诉求的表达与协商解决，搭建了居民参与社区公共决策的平台并参

① 曾维明、李佳、李晓：《“三治融合”的利川新探索》，载《人民法治》2019 年第 19 期。

与进去，从而使公共政策具有了民意基础。志愿服务激发出社会活力，在自治中消解内部冲突，为社区公共政策的合法性提供了具有正当性的平台，在塑造社会整合方面发挥了积极作用。通过价值观的整合与利益的平衡，培养公民的理性宽容与妥协精神以及社会责任感，并以谈判、协商等方式，理性地参与国家民主政治生活，从而共同推动社区建构公共秩序与自生自发秩序的形成。

从法治视角看，社区志愿服务追求的是自由、平等、民主价值原则上的利益结合，对于社会资本是一种重建作用，更能灵活地吸收每个人的利益愿望，从而吸纳个体走进平等开放的场域，自我协调控制多元冲突，自主平衡社会博弈规则，再生产出具有平等、自由和共通利益属性的社会资本，增强政治社会化和有序化，孕育社区文明进步和法治秩序的成长。社区志愿服务组织必须在遵守国家各项法律规定的前提下进行各种活动。这并非对社区志愿服务组织自由性的束缚，反而成为社区志愿服务组织成长的驱动力。社区志愿服务组织乐于遵循并巧妙地借力“法治”，糅合法治的基本精神来制定各种对内对外行动规则。它们清醒地意识到，社区志愿服务组织虽然以个体性、自主性、自由性为突出特征，不求物质回报，但并不意味着就能以片面追求实现自己的愿望、利益为价值目标。社区志愿服务更多的是一种公共生活方式的选择，它所形成的社会信任、规范和社会网络都基于民主、开放和理性根基，体现了人们力图走出“囚徒困境”、达成互惠机制的意愿。这样就必须消解社区初级群体关系中社会资本在连带性吸纳和集体行动中的种种非理性因素，遵循国家对民间社会组织进行必要的法律规制，避免产生内部权力等级对成员的非理性控制，实现志愿服务组织内部秩序的稳定，进而实现可持续发展。

从德治视角看，法治属于强制性规则，他律如果不建立在社会认同和自觉遵守的基础上，不会得以确立和长久维持。道德宣传教育的目的终究是要使先进的道德理念转化为居民自觉的生活方式和行为选择。中国语境下的社区志愿服务，受到“修身、齐家、治国、平天下”的传统道德观念深刻影响，以追求人的社会价值为起点，通过善恶观、良心观的辨析，强调维护群体利益，承担社会责任，构成了自生自发秩序形成的重要动力。在社区开展活动时，社区志愿服务组织巧妙地契合了政府对于德治的期望，以十分接地气的方式宣传社会主义核心价值观，讲慈善、平等、互助、友爱、自主和自由意识等信念嵌入公共精神的重要领域，实现了自身所期望的双向耦合支撑。也就是说，它在宣传社会主义核心价值观的过程中获得了制度、资金和合法性支持，实现了自身价值观的扩散。“接地气也促进了社区文明，提高了居民综合素质，激发了公众参与和志愿者精神，并且得到了各大媒体的综合报道，提升了社会的凝聚力。”①它整合了多元化、碎片化时代的价值观，将其引导到与社会主义核心价值观一致的德治建设目标上去，不仅促进了合作互动，维护了社会安全，提升了社会效率，也能够在缺乏正式管理控制的情形下规范约束人们的行为，达到相互沟通、理解和协作，并在复杂博弈中形成惯例、规范、关系期待和遵规行动，促进了社会信任的增长，进而形成一种社区的整体性秩序，形成推动当代民主和法治发展的重要社会资本。

社区志愿服务组织作为内生型社会组织，其本身的特点决定了与“三治融合”的契合性，为社区治理增添了生力军，在激发内生秩序建构方面有明显的地缘优势。尽管也存在可持续性的质疑，但这取决于对其引导和支持的力度，以及其能否找准自身角色定位并不断拓展改进其功能。今后还需要对这种内生型社会组织在促进“三治融合”方面的功能继续深入探讨研究。

---

① 纪莺莺：《从“双向嵌入”到“双向赋权”：以 N 市社区社会组织为例——兼论当代中国国家与社会关系的重构》，载《浙江学刊》2017 年第 1 期。

第六章　对社区依法治理的再认识

第一节　法律在三种依法治理社区模式中的角色比较

基于国家—社会二元分析框架模式，学界对于我国城市社区治理的模式基本达成共识，认为大致可以分为行政主导型、政社协作型/官民共治/合作网络式、社区自治型/自治主导型。[①] 上述分类主要关注行政权的在场幅度，背后隐含着社区治理权力结构的纵向动态调整问题。法律的角色在这种分类中日益从"潜在"到"显在"，近年来"三驾马车说"的提出又进一步凸显了其核心地位，推动构建以法治为主导的依法治理型社区似乎是将来的宏观方向。

然而，一个不争的事实是，我国社区数量多范围广，文化类型纷繁复杂，发展程度千差万别，现代性转型适应能力参差不齐。过多地从分权角度聚焦"行政退、社会进"，致力于推进社区自治能力建设，极容易陷入传统性/现代性、集权/分权、官治/民治此消彼长的二元对立逻辑鸿沟中。从公共服务绩效的角度看，社区依法治理的进度极大程度地受到自

---

① 这方面的著作很多，吕元礼等所著的《鱼尾狮智慧：新加坡政治与治理》、单菲菲发表的《西北城市多民族社区管理模式探究——以新疆伊宁市为例》、郎晓波发表的《"进社区"：混合治理空间中的条块关系与行动逻辑——基于浙江H市的基层社会治理改革》等都持该观点。

身所处的资源环境限制。若忽视社区治理空间中的资源依赖问题,就难以深刻理解我国推进依法治理社区的难度。本书基于资源依赖理论,针对当前社区治理三种模式,将依法治理社区的类型分为"管制型""规范型""认知型"三种模式。从所处地域、资源特点、法律的功能、法律的角色等维度对比三种模式之间的差异,着重解析"依法治理"与"资源"的共生关系,以深化三种社区治理模式在向依法治理转型过程中的各自特点,因地制宜、循序渐进地完成本地社区的依法治理路径探索。

一、理论基础与分析框架

资源依赖理论起源于"二战"后,但形成明确理论则由杰弗里·菲佛(Jeffrey Pfeffer)与杰勒尔德·R. 萨兰基克(Gerald R. Salancik)完成。1978年,二人出版了《组织的外部控制:对组织资源依赖的分析》一书,从外部去关注组织,提出了一个核心假设——组织仅仅依靠自我根本无法生存,必须依赖于从环境中获取的资源以维持生存。组织内部发生的一切行为是环境中产生的特定偶然性和约束条件综合作用的结果,组织很难仅仅单凭自身能力自主地作出决定。由于获取环境资源能力不同造成的社会空间中的位置差异以及组织间相互联系方式的区别,每个组织形成了自身独特的个性。资源的重要性、企业的自主性、资源的可替代性是考察一个组织的依赖程度的三个主要指标,而目标、权力和控制过程则是考察组织间关系的三要素。菲佛和萨兰基克区分了竞争性依赖和共生性依赖。依赖关系既可以是一个组织单向度地依赖于另一个组织,也可以相互依赖彼此互惠,可以直接依赖也可以是间接依赖。伯特(1983)从结构洞理论出发,进一步提出了结构性自主模式。如果一个产业高度地依赖另一个高度集中的产业,固然前者因具有较高结构自主性而获得丰厚利润,但较低结构自主性的后者反过来也制约着前者的发展。① 贝克尔(1998)另辟蹊径,通过分析企业与投资银行之间的关系,注意到企业虽然受到投资银行的控制,但企业本身也会采取积极的应对策略。如果企业觉得自身对投资银行有高度依赖,则会主动采取措施保持与投资银行的长期关系,揭示了组织为

① See Ronald S. Burt, *Corporate Profits and Cooptation: Networks of Market Constraints Directorate Ties in the American Economy*, Academic Press, 1983, p. 78.

了生存,可以通过适应或者努力改变环境来应对外部控制。

20 世纪 70 年代后,社会网络理论兴起。受到格兰诺维特嵌入性理论、伯特的结构洞理论影响,资源依赖理论发生了重大转向,越来越与社会网络理论和新制度主义相结合,由研究静态依赖转向研究组织间相互依赖的动态过程。密苏奇(1989)、格拉斯科奇(1991)先后发现,如果两家公司同时对第三家关联公司产生依赖,依赖结构相同的这两家公司更有可能产生相似的行为,揭示了组织行为可以通过社会网络进行扩散。尽管这种行为看上去似乎不是公司主动控制的结果,但从产生依赖关系的过程看,还是反映了公司在努力寻求主导地位来应对现实的外在压力。到 20 世纪 90 年代,资源依赖理论不再追求自身的独立性,常常尝试与其他理论相结合来综合分析现实问题。古德斯坦(1994)将资源依赖理论与新制度主义相结合,研究了妇女在管理层所占的比例,考察家庭作为一个组织卷入另一个组织工作的程度。① 这种研究方式有利于学界从不同的角度去观察组织的行为。

资源依赖理论的主要贡献在于,既认识到外在环境资源能够深刻地影响组织的生存发展,又进一步揭示了组织自身的能动性,能够积极寻求策略来适应、影响甚至改变外在环境。其自产生以来,不断借用其他理论对自身进行丰富壮大,得到迅速发展,并从组织行为学扩展到组织社会学、从商业领域扩展到人文社科领域,形成了十分开阔的研究视角,也形成了从微观到宏观、从中观理论到宏观理论的多层次内容。在使用资源依赖理论分析中国社会问题时,应当注意到它产生于大工业社会时代,主要以工商企业为研究主体去探讨外部环境条件对企业的控制因素,存在一个不言自明的假设,即认为所有组织都是内部、外部的竞争利益市场,为了获取利益不断地发生冲突。虽然该理论对于我国学者研究中国的社区组织富有启发性,但一个重要的前提是,此"社会型组织"非彼"工商业组织"。中国人文社科学者已经洞察上述限制因素,大多从宏观意义上使用该理论,建构起"资源—组织"独立性二元分析框架。例如,薛美琴、马超峰建立了"合法—有效"二元框架来探讨组织独立与资源依赖之间的紧密关

① See Goodstein, Jerry D., *Institution Pressures Strategic Responsiveness Employer Involves in Work-Family Issues*, The Academy of Management Journal, 1994(37).

系。[①] 公共管理学者张康之主张对资源基础理论与资源依赖理论进行整合来开展研究。

尽管存在上述缺点,资源依赖理论依然为人文社科学者勾勒出一个核心的框架分析模式——"资源依赖—权力不平等"[②],这一解释框架能够在更广泛的意义上分析大多数组织发展中的限制因素。通过资源传递和资源扩展,增加中国社会组织的生存能力进而有力量参与社区治理成为解决组织发展的一个重要思路。本书采用这一框架展开探讨,致力于从三种不同的社区发展模式分析探讨依法治理社区与资源环境的互动关系,解释法律在社区层面的多面孔特点,"动态法治"将会成为中国社区依法治理的长期特征。

二、依法治理社区的三种模式及特征比较

基于国内学者普遍认同的社区治理三种方式,本书概括出依法治理社区的三种模式,分为管控型、规范性和认知型(见表6-1)。

表6-1 三种依法治理社区模式的主要特点

依法治理类型	治理方式类型	资源特点	依法治理方式	法律角色
管控型(风险防范者)	政府主导型	资源匮乏	强管理(行政+法律)	队员
规范型(行动连接者)	政社协作型	资源有限	规范(法律+行政+文化+道德)	队长
认知型(技能应用者、内化约束者)	社区自治型	资源丰富	法治主导(法律+党政+文化+道德)	教练

管控型对应的是政府主导型治理方式。政府在社区治理中扮演强主导者角色,将社区变为行政管理体系的末端,在社区资源配置中起决定性作用,多以行政指挥、行政命令、行政动员等方式垂直管理社区事务。全能型政府实施

① 参见薛美琴、马超峰:《社会组织的独立性:合法与有效间的策略选择》,载《学习与实践》2014年第12期。

② 邱泽奇、由人文:《差异化需求、信息传递结构与与资源依赖中的组织间合作》,载《开放时代》2020年第2期。

"家长权威",包揽了行政、民政、社会治安等大大小小的一切事务,形成了完整的社会管理体系,兜底所有公共与私人需求,治理主体单一化,"有困难找政府"就是该模式的精练概括。法律在这种庞大、完整、自成体系的闭环治理空间里并无太多可参与的路径,多数情况下只是国家管理权力运作的被动参与者,为行政部门实施垂直管理提供合法性基础,并以司法机关执法来保障行政权威。法律管辖地域属于通用型,并不区分社区与非社区,多以国家颁布的禁止性规范、义务性规范居多,主要工作范围聚焦于"黄赌毒"刑事案件以及刑满释放人员、社区矫正人员、强制隔离戒毒人员等社区管理、检查、监督类大社会治安综合治理内容,着眼于维护社会秩序基本稳定,预防重大社会安全事件发生。社区内外的社会关系是政府、法律与居民之间的单向度管理关系。

规范型与政社协作型治理方式大体相对应。从政治学、公共行政学视角看,政社协作方式最大的特点在于参与社区治理的主体和权力结构的多元化。行政主导总体性权力结构模式的闭环体系被打破,从条、块上区分垂直的公共管理与平行的公共服务各自的领域。政府不再包揽所有事务,从社区公共服务领域里不同程度退场,引导以社会组织为代表的民间社会力量进场,动员其发挥专业技术优势,承担起社区公共服务职能,为社区提供更加精准高效的公共服务产品。居民委员会在社区事务治理体系中的地位日益提升,成为衔接国家权力与民间社会力量的平台。由于社区内的社会关系变成了多元立体的网状结构,各参与治理主体在资源有限的社区空间内往往会产生博弈竞争关系,法律规范各参与主体行为的作用迅速凸显。法律调整普通社会关系发挥规范作用的方式多以协商契约为主。社区各参与公共服务的主体平等协商,以契约方式事先约定双方的权利义务范围、工作内容和验收标准、价款的支付方式与各自承担的违约责任等,一旦发生纠纷,按照契约内容约定的方式解决。当然,本土传统文化、道德风尚也在一定程度上发挥了对居民的内在自律作用。社区建构出以法律为核心的多元权力结构模型。在这种模型中,法律从幕后走向前台,扮演了队长的角色,为纷繁复杂的社区内外部社会关系提供了稳定清晰的社会互动行动指引,具有一定程度上的柔性治理色彩,可以概括为一核多元、刚柔并济模式。

认知型与社区自治型治理模式相对应。在现代社会,社区自治型治理模式一般需要以经济社会相对较为发达、居民有较高的受教育程度作为基础条件。

国家、社会与市场三方力量发生作用。政府隐居幕后,对社区事务决策主要进行宏观调控,监督社区组织,为社区发展提供制度保障和必要的资金保障。社区治理的主体由社区自治组织承担,负责主持日常工作。社区组织的领导人基于《城市居民委员会组织法》由居民选举产生,对居民会议负责,受到居民会议监督。法律在该种社区治理模式下,深入到社区空间的全场域,不但以依法治理为基本框架,而且深入到居民和社会组织内心深处,知法、守法、用法已经成为社区共识。认知型依法治理社区模式的特点是法律不单是外在的强制约束力,不仅仅是一种技术性治理,而且还作为内化约束者,深入居民日常行为的点点滴滴。法治思维成为主导性思维,依法办事成为衡量社区发展程度的重要指标,法律扮演着教练的角色。尽管文化、道德以及行政也是社区治理的重要间接力量,但法治更像是一种催化剂,以高度凝练的规则帮助各参与治理主体从纷繁的干扰因素中跳出来,洞察自身行为存在的盲点,并从规则技术上给予了清晰回应,以客观理性的身份帮助它们更快、更高效地找准自己的工作目标,引导各参与社区治理的主体准确定位自身的方向,清晰快捷地指明了社区治理的实体路径。法治精神、法治理念也像是一把钥匙,孕育、培养社区治理各参与主体的现代民主价值理念,在制定自治公约、社区自治条例、起草签订服务合同等活动时,以遵守基本的法律规则为前提整合团队的集体力量,挖掘自身的潜在优势制定行动方案。

三、资源依赖视角下三种模式的行动策略对比

中国城市社区是一个特殊的组织。它既具有明确的目标,有宪法、城市居民委员会自治法提供的制度保障,有一定的管理结构和有意识地开展活动,自成社会细胞体系,但又受到外部环境条件的显著制约,呈现出明显的地区差异。环境差异所造成的外部限制条件深刻影响了社区的战略选择和内部动力机制。

采取管控型依法治理社区模式(见图 6 - 1)的社区一般处于环境资源较为匮乏的欠发达地区,以县域社区较为常见。这类社区往往与农村的小城镇化、市民化进程紧密联系。经济发展程度普遍不高,工业化、市场化、信息化推进速度缓慢,社区基础设施和公共服务设备长期欠账。社区居民中的失业、低保、大病、老年、残障等贫困弱势居民多,财政救助负担沉重。社区治理的高精尖人才匮乏,社区干部多来自二次就业人员的政策性安置或者原来的乡村干部,本身

文化程度整体偏低,多数缺乏社区治理知识和法治经验,工作方式陈旧单一。除了社区党组织、居委会之外的社会组织严重匮乏,无能力链接到更广泛的社会资源,严重依赖政府提供全方位扶持帮助,基本没有能力展开依法自治。

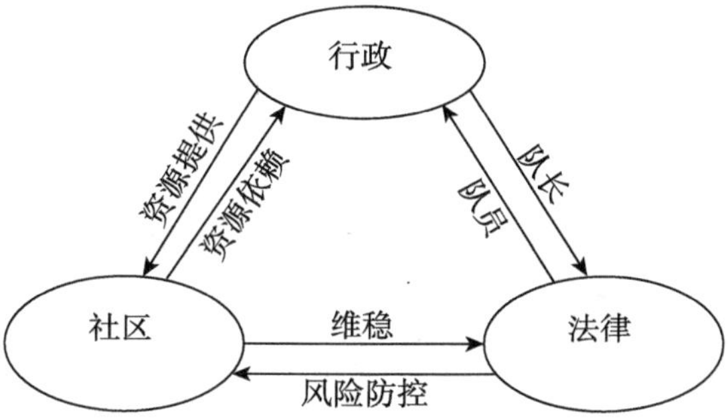

图 6-1 管控型依法治理社区模式

在该组织系统的活动和绩效变化中,资源分配状况与权力强弱紧密相连。行政权力掌握着重要的资源,弱势的社会组织和自治机构往往采取与之“结盟”的方式开展工作,行政吸纳社会的特征比较突出。社区干部靠熟人社会中的人情、面子开展社区日常工作,靠私人能力建立起的熟人文化社会关系网络起到很大的作用。在社区治理行动策略上,习惯性地“跑政府”,寻求政策和财政资源支持。对于依法治理社区概念和范围存在一定的狭隘认识,认为法律在社区层面的功能仅限于打击各种刑事犯罪活动,控制防范重大社会安全事件,看重维稳功能,以刑事发案率、上访率作为衡量社区法治水平高低的主要指标。社会性质的法律服务组织尚未发展起来,律师事务所、商业性调解中心、社会工作服务机构数量少甚至没有。一旦居民之间发生纠纷,主要依赖于基层派出所、司法所、居委会等居中调解,或者寻求法院诉讼解决,对于司法机关具有很强的依赖性。

规范型依法治理社区模式(见图 6-2)常见于经济社会相对较为发达的城市。社区权力初步表现为一核多元结构,行政掌舵、社会组织初步参与和市场初步介入是基本形态。当然,社会组织的成长主要发端于政府孵化培育,依赖于行政的财政资金和政策优惠支持,在发展的初级阶段具有相对较为浓郁的附行政色彩。从资源基础看,社区外部本身由于具有一定的市场经济发展基础,能够吸引一些高素质人才留驻,商业性法律服务市场组织具有存活和发展的空间，具备市场力量介入社区治理的现实基础。

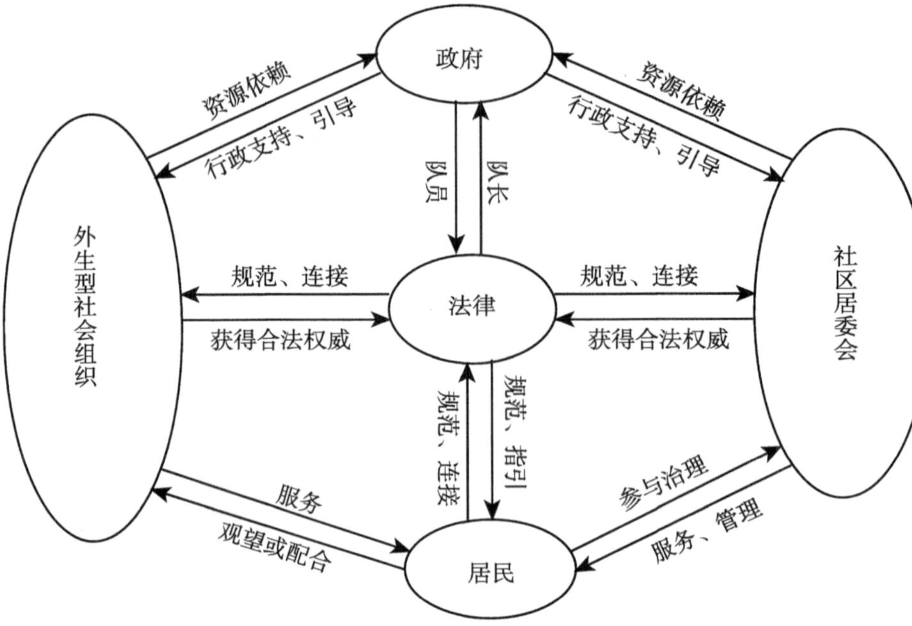

图 6－2　规范型依法治理社区模式

在该模式中，法律发挥着行为指南、提供合法性权威和枢纽连接的作用。重点规范从全能政府向有限政府转型的过程中具体行政行为的边界，为社区自治机构的行为提供规范框架，以及为外生型社会组织介入社区治理提供合法性依据等。除了继续发挥打击刑事犯罪、保持基本社会秩序稳定的传统功能之外，开始探索发挥其枢纽作用，成为连接行政、社区自治机构、社会组织和市场经营者各方参与社区治理权力的平台。在资源相对充裕的城市社区，较为容易形成各方以法律为基本准则的协作共治模式。各参与社区治理的主体法律地位平等，能够民主协商确定各自的权力义务范围。社区内各主体一旦发生矛盾冲突，依据事先签订的契约展开多轮协商谈判，在理性和法律许可的框架内达成解决方案。社区干部对于居民之间的纠纷，也往往基于法律规定的框架范围做劝说调解工作。如果社区内调解无效，则往往指引居民寻求社区外部的多元矛盾调解组织、法律服务组织提供的多元化平台解决问题。

认知型依法治理社区模式（见图 6－3）主要分布在环境资源比较丰富的地区。这类地区往往处于人力、物力资源较为丰富的城市，市场经济较为发达，高素质人才丰富，社会组织数量多，法治氛围浓。居民受教育程度普遍较高，公民知法、守法、用法成为一种日常生活习惯，已经形成与现代城市相适应的公民意识和法治观念。在认知型社区，法律扮演着教练角色，教导居民提升法律认知，培育居民法治素养和训练居民依法办事的能力，引导社区各主体自觉主动地调整自己的日常行为与法律规则保持一致，在发生矛盾纠纷时能够首先尊重法律的权威地位，基于法律客观逻辑去理性地分析问题，民主协商解决问题，实现个人自律与法律监督有机结合。"依法办事"成为一种集体意识，作为一种环境因素去引导人们"在信念上接受这些法律，并且能够在行为上接受这些法律，并且能够在行为上体现这些法律所表达的价值观念"①。这类社区对于行政资源的依赖程度大幅度减小，居委会有能力在法律、法规框架内完成自治功能，其他民间社会组织和居民能够踊跃参与社区治理。对于社区重大事务，居民会议扮演组织协商者、参与讨论者和最终决策者角色。社区治理遵循居民会议制定的《居民自治条例》《居民公约》的基本规定。此外，文化与道德在社区秩序稳定中也发挥了重要作用。

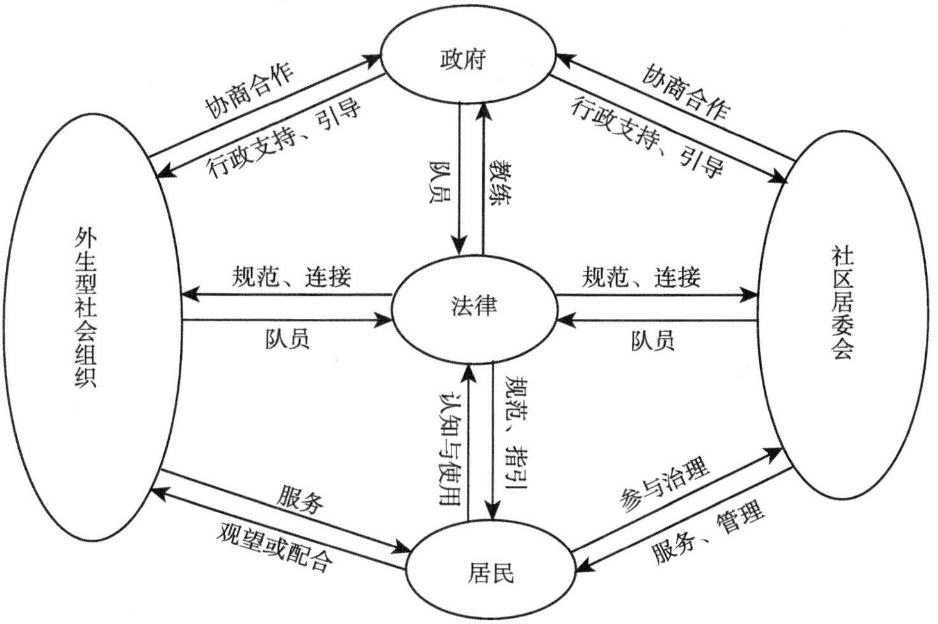

图 6－3　认知型依法治理社区模式

① ［美］R. M. 昂格尔：《现代社会中的法律》，吴玉章、周汉华译，译林出版社 2001 年版，第 29 页。

四、资源依赖视角下三种模式的治理绩效对比

法律在治理社区中的绩效考察，主要是对其功能的发挥效果进行考察。根据一般法理学的基本原理，法的作用分为指引、评价、预测、教育、强制五大基本功能。在强制功能上，三种治理模式并没有多大区别，法律对于打击刑事犯罪、维持基本社会秩序稳定方面的功效都大体相同。当然，这种功能的发挥依赖于国家建立了完善的司法管理系统。当地社区的刑事犯罪发案率、破案率主要取决于司法部门的工作能力和案件本身情形，并不直接取决于当地社区的工作能力。然而应当注意到，如果社区做好了日常监测、摸排工作，熟悉社区居民的基本情况，打牢基层社会的防控基础，出现问题早发现、早报告、早打击，也能在一定程度上有效降低刑事犯罪率，提升当地社区的法治效果。

三种依法治理社区模式法律扮演的角色主要体现在指引、评价、预测、教育方面。管制型依法治理社区模式中强行政的色彩突出，政府采用行政命令、行政指挥等方式直接决策社区大小事务，间接弱化了法律的权威性，在一些物业服务合同、政府购买项目中，契约可以被行政决策随时推翻。既然不能做到依法办事，签约双方无法预测到将来的后果，在实际执行契约时就容易出现推诿、敷衍甚至偷工减料、草草了事的现象。行政力量直接调配资源导致法律无法发挥指引功能。居民的公民意识弱，无法认识到自己应当承担的公民责任，只片面强调享受权利不尽义务。居民法律认知、法律应用能力很差，出了问题一味地找政府，不停上访，把生效法律裁判文书当成“废纸”，拒绝执行。法律对于居民的评价功能无法发挥出来，行为对与错无稳定的标准，导致自私自利风气盛行，对社区事务采取冷漠态度。法律的教育功能更是闲置，“跑政府”拉关系、伸手要资源成为习惯，习惯于“等靠要”，居民自治能力得不到培养锻炼，社区居委会作为自治组织被搁置。社区潜在的优势资源没有被挖掘出来，社会秩序相对较为混乱，间接成为刑事案件滋生的“温床”，往往政府越是直接部署严防严打，社区越是容易出现“黄赌毒”现象。

采取规范型依法治理社区模式的社区在实践中往往本身处于相对较为发达的城市，环境资源条件较好，多元社会力量参与社区治理与服务活动。法律的指引作用凸显，在签订、履行服务契约时各主体能够基本以平等身份参与，能够主动查阅研读相关法律规定，反复讨论协商各自的权利义务边界，在法律的

框架内确定工作内容。在实际执行契约或社区自治条例、居民公约时，法律的预测功能被有效地发挥出来，各主体可以根据法律规定预测到对方可能的行为方向以及双方行为将会遭受的法律惩罚后果。由于市场性的法律服务组织数量较多，城市本身具有较多的法律人才储备，资讯发达，交通便利。加之社区本身也能够链接到较为丰富的法律服务资源，居民能够便捷地获取法律知识，社区内外法治氛围浓厚，居民能够主动或被动地受大环境熏陶，学法、知法、守法，形成一定的法律意识，具备初步的法律知识，法律的教育功能也发挥出作用。居民能够认识到自己是社区治理的主体之一，享有自治权利，开始关心社区事务，在一定程度上参与社区的自治活动，依法行事，社区的自治能力有所提升。在居民之间、居民与物业公司之间常见的矛盾纠纷中，双方往往也能够客观理性地坐下来协商谈判，寻求第三方调解力量或者走司法程序解决，不再"跑政府"、要政策、盲目上访。政府对自身的具体行政行为也本着依法行政的基本原则谨慎出台各项文件，对社区公共服务类事务直接干预的情形大幅度减少。政府与社区、社会组织协作，致力于最大限度拓展社区内外部资源，及时有效地满足居民的一般性福利需求。居民的平等感、获取感提升，在专业社会组织的引导下积极参与社区文化娱乐社团，社区人际的紧张度大大缓解，成员互动多，凝聚力增强，刑事犯罪率下降。

采取认知型依法治理社区模式的社区所处的城市往往资源环境好、经济发达、资讯畅通，政府自身有着清晰的行政行为法律边界意识，依法行政成为日常工作习惯，并以自身的严格遵守法律来宏观影响带动社区的依法自治活动。社区则摆脱了以往行政主导模式下自身受到资源物质现实、社会影响、信息和工作人员认识能力以及个人偏好的影响，法律的指引功能充分发挥出来。各类社会组织和居民能够通过组建联盟、强强合作参与社区公共事务的协商讨论，并影响公共事务的决策进程、结果。居委会能够不断通过改变组织内部的元素和吸纳拓展社区外部资源来提升自治能力，社区环境与组织能在一定程度上相分离，或者留有缓冲改善的余地。即法律本身并没有改变自身的特性，只是因为组织处于具有丰富外部社会资本的环境中，便能节省时间和金钱，进而获取更多资源并提升自身应对外部不确定性风险的能力，准确预测组织活动和组织成果。法律的功能在这种丰富的资源环境中得到充分发挥，最为明显的特征是法律提高了社区治理中各参与主体行动方向和行为结果的可预测性和可控制性，为个人或者组织提供了一种可以识别的具体情感和行动的目标。这种依法治理社区模式强调公民和社会组织的高度参与,容易获取更多的社会支持,通过社会参与者行动来形成具有自身特色的治理共同体,将潜在的社区内、外部资源调动组织起来,保证了民主决策统一性与灵活性的有机结合,“名”与“实”通常能实现动态关联与转换。进一步改善社区所处的资源环境,就有可能最大限度地消除社区发展中的限制性因素。社区活力被激发出来,创新创业能力强,获取资源能力强,经济社会发展程度进一步提升,在法治氛围浓郁的基础上,社区讲文明、守道德蔚然成风,社会综合治安状况良好(见表6-2)。

表6-2　三种依法治理社区模式的治理绩效对比

依法治理类型	资源特点	法律认知能力	法律实践能力	法治环境的形成	法律多功能的发挥
管控型(风险防范者)	资源匮乏	弱	弱	差	基础功能
规范型(行动连接者)	资源有限	较好	较高	改善	社会功能、基础功能
知型(技能应用者内化约束者)	资源丰富	强	强	良好	社会功能、基础功能

五、小结与讨论

依法治理是多中心主义治理模式的一个组成部分。多中心主义治理模式本身就暗含着动态治理之内涵,在这一前提下探讨在不同的环境资源条件下法律在社区治理中扮演不同的角色,其实暗含着法律作为一种社会治理术的深刻转型。社区层面的依法治理面临着从静态抽象法律文本治理向动态实践治理的重大变化,这也就决定了“动态法治”是社区今后相当长时期内的依法治理形态,寻求环境资源与社区依法治理之间互动并获取所需生存资源才是因地制宜之策。值得进一步深思的是以下问题。

(一)资源与组织生存的融合问题

依法治理社区需要具备一定的人力资源、物力成本,与当地社会发展变迁的具体情形有密切关系,社区法治发展程度必然依赖于其所处的资源环境,抛开当地的环境资源而片面强调社区的依法治理程度持续走高并不现实。在依法治国大背景下，既然“自治、法治、德治”被认为是社区治理的“三驾马车”，社区的依法治理当然要在法治的框架进行，资源依赖是也是组织生存的策略。然而，应当看到，中国的社区类型多样，发展程度参差不齐，应当正视这种客观差距，不能把法律当作自动售货机，过度强调法律的技术治理功能。资源环境条件差的社区采取行政主导型模式，契合当地的现实条件，也能收到适宜的治理效果。在不具备实现社区依法自治的初级发展阶段，该模式或许更适合当地的经济社会发展情形，更有利于收获治理效率和社会稳定的双重效果，过多地批评并无益处。

（二）资源与组织的分离问题

基础性资源环境条件差只能说明某些资源环境条件弱势的社区不具有先天优势而已，并不能成为某些社区消极作为的一个万能解释理由。事实上，并没有哪一个组织拥有全部的先天基础性资源优势，基础资源优势也并不能在社区治理中发挥全部功效。环境资源的核心因素是权力结构，这一因素恰恰能够通过人们的积极行动实现组织与环境资源的适度分离而获得生存发展空间。依据资源依赖理论，组织会积极寻求与其他组织互动，灵活采取多维度的行动策略来获取必要的资源，以保持自身的日常运转。一个典型的例子是，身处资源条件差的地区的社区为了获取所必需的生存资源，往往主动寻求与社会组织合作来拓展社会资本支持，寻求改善资源环境条件。权力资源的流动性很强，由于存在一个实施运作的中间过程，其运作路径具有高度的不确定性，运用权力资源必须具备合法性前提。为此，法律提供基本的引导和保障框架十分重要。运用法律作为连接各主体有序参与社区权力结构的再组合几乎是现代社会治理的主流思路。

（三）非对称性依赖中的行动博弈与发展受限

三种依法治理社区模式背后折射出的是社区发展对资源依赖中的不均衡性。主要表现在两方面。

一方面，发展目标的差异性。欠发达小城市社区与发达大城市社区所处的发展阶段有梯度差异，有着各自的现实利益需求和当下发展目标，对于国家提出的宏观发展战略实际执行中各自有所偏重，更多的是理性选择而非价值选择。依法治国观念已经深入人心，普通民众都能理解依法治理的重要意义。所以，今后的工作重心应当逐渐转移到探索具体的依法治理路径上来。

另一方面,一个组织由于缺乏环境资源而对另一个组织深度依赖,其实往往暗含着动态的权力博弈关系。环境资源并不会永久保持静态存在,弱势组织有其自身的策略来推动关键性环境资源由静态变为动态流转起来,通过建构各种社会网络以间接形式重新获得配置。受到国家、社会、市场三方力量适度分离的状况的深刻影响,在市场力量发展整体比较脆弱的西部地区,动态的资源配置速度缓慢,对于社会组织发展的驱动作用效果不明显,导致其发展受到限制。

当然,本书按照社区所拥有资源的级别来选取的社区类型,本身存在一定的限制,缺乏普遍解释力。从全国范围来看,发达城市社区未必就一定拥有很多优质资源,社区治理水平未必就一定比欠发达小城市社区高。上述分类大体只能适用于解释西部地区的状况。况且,西部发达大城市社区的依法治理发展程度也只是个别社区的状况,并非普遍情形,只具有个案意义。本书的研究致力于提出一个解释分析框架,从资源依赖视角看待法律在处于不同资源环境条件下的社区发展进程中的多面性特征,如何探索出切合当地社区环境资源条件的具体治理路径,采取渐进主义的行动策略而不是急功近利搞“一刀切”甚至表演“治理秀”,才是我们需要长期研究的问题。

第二节　时空压缩、扩张背景下依法治理城市社区的困境

中国现代意义上城市社区的建构经历了复杂的历程。值得关注的是,这一历程是在时空压缩的社会转型大背景下完成的。从空间轴看,中国城市社区经历了城乡对立、区域发展失衡到城乡融合、区域发展协同的地理空间变革;从时间轴看,中国城市社区经历了中国整体社会结构从静态到流动、从总体性到多元性的分化变迁。城市社区生活世界的变革不仅是空间变迁的过程与结果,更表现为以空间为载体的社区生活纽带的松散与治理秩序的重构。这种链式反应表明城市社区治理方式尽快进行重构已成为当务之急。此时,法律再一次进入了人们的视野并被寄予厚望,依法治理“社区”似乎自然而然被认为是依法治“国”的微缩版并成为热点议题。然而,经历了时空压缩发展起来的城市社区本身具有多重气质,法律体系也是现实社会结构的写照。倘若只是将处于当下变动状况的城市社区、法律二者对接,不去考虑结合度,把法律视为自动售货

机，从入口塞入纠纷，期待另一端的出口自动出现法治效果，则有可能面临社区法治宏图与法治实践之间的错位局面。

法律文本是高度抽象概括的，从立法之日起就与生活实践之间存在若干差距。但经历了时空压缩的城市社区，日常空间实践是多层次交叉、丰富流变的。在中国情景下，城市社区实质扮演多重角色，兼具政治管理和经济发展功能，并非纯粹的生活空间。依据法律文本治理城市社区，不仅涉及治理主体、治理客体、治理行为、治理规则四个方面，还涉及立法、执法、司法、守法多个环节，需要调用大量社会资源。社区作为宪法意义上的民间社会区域，实际拥有的公共权力资源极为有限，多数时候不得不采用正式文本的“非正式运作”，以“工作机制创新”来应对社区法治实践中大量无法严格依照法律文本执行的琐碎事务，尽可能避开自己作为法治主体身份模糊、能力匮乏的尴尬局面。这种灵活应对实际上已经与依法治理的内涵相去甚远了。本章聚焦于时空与法治两者所处的话语与现实之间的错位，揭示依法治国主导的话语体系下的社区时空与依法治理之间的实然关系与趋势方向，以此开辟研讨城市社区依法治理的新角度和新层次。

一、分析的框架与研究简评

（一）分析的框架

1989 年，美国新马克思主义学者戴维・哈维（David Harvey）继承了马克思、列斐伏尔、福柯、布迪厄等人的社会空间理论，从政治经济学角度提出了一个重要的新概念——“时空压缩”（time-space compression）。时间上的加速突破了空间障碍，“进步必须征服空间，拆毁一切空间障碍”[①]。资本主义生产方式的转变导致了文化上的“时空压缩”，人们体验时间和空间方式也发生了改变。哈维时空压缩理论最显著的两大贡献：一是揭示了当代社会时空压缩引发了加速变迁，导致了今天社会矛盾丛生、碎片化的图景。他不但继承了马克思“用时间消灭空间”[②]的观点，还关注到了空间对时间的反制。二是哈维认为时

---

① ［美］戴维・哈维：《后现代的状况：对文化变迁之缘起的探究》，阎嘉译，商务印书馆 2013 年版，第 27 页。

② 中共中央马克思、恩格斯、列宁、斯大林著作编译局编译：《马克思恩格斯全集》（第 30 卷），人民出版社 1995 年版，第 538 页。

空压缩也是人们的主观感受,揭示了时空压缩的主客观相统一性。哈维本身从地理学角度提出上述概念,用于审视今天的中国城市社区,关注时间、空间因素引发社区地理单位的变迁对依法治理社区实践造成种种影响具有一定的启发性。

(二)文献述评

国内学界从时空视角研究中国社区,呈现先时间、后空间的特点。在改革开放前三十年,学界对于中国社区时间的关注度远远超过了对空间问题的关注,相关研究主要集中在以中国改革开放时间轴为纵向主线,洞察到总体性社会逐渐向结构、权力分化发展演变,社区的时间被赋予了超越空间的优先性。"国家与社会一体化的局面,逐渐让位于国家、市场与社区的三角关系,市场与社区逐渐成为国家的得力助手"①。当时学界有一个不言自明的默契,认为时间是改造世界的引擎,充满了形塑万物的强大能力。空间被当作时间作用的客体,是静态、固定、缺乏能动性的物,社区地理空间只具有人口容器的功能。

空间社会学的兴起打破了这一默契。学界注意到,空间研究视角是分析中国社会结构在社区层面变化的重要路径。"居住空间成为国家机构在场、市场力量卷入、社会力量参与的互动场域"②。"社区内的主体以自身的行动逻辑争抢着空间资源,力求改变社区的空间现状"③。随后一大批社会学者聚焦于"空间—权力"研究范式。④

将时间与空间结合起来,从时空压缩角度研究中国社会,景天魁教授的观点具有突破意义。改革开放的中国"把传统性、现代性、后现代性大汇集,不同时代特征都挤压在一起,使中国的社会建设充满了艰巨性"⑤。刘少杰则认为,

---

① 刘继同:《从依附到相对自主:国家、市场与社区关系模式的战略转变》,载《毛泽东邓小平理论研究》2003 年第 3 期。

② 王艺璇、刘诣:《空间边界的生产——关于 B 市格林苑社区分区的故事》,载《社会学评论》2018 年第 4 期。

③ 陈伟东、舒晓虎:《社区空间再造:政府、市场、社会的三维推力——以武汉市 J 社区和 D 社区的空间再造过程为分析对象》,载《江汉论坛》2010 年第 10 期。

④ 徐丙奎:《权力分化与轶序重构:快速城市化背景下的社区治理研究——以昆山市 S 镇为例》;朱健刚:《城市街区的权力变迁:强国家与强社会模式——对一个街区权力结构的分析》;张虎祥:《社区治理与权力秩序的重构——对上海市 KJ 社区的研究》;李友梅:《基层社区组织的实际生活方式——对上海康健社区实地调查的初步认识》等都是这方面较为典型的研究。

⑤ 景天魁:《时空压缩与中国社会建设》,载《兰州大学学报(社会科学版)》2015 年第 5 期。

20世纪70年代以后,社会在城市化、群体分化、利益分割、社会结构重组等一系列现代性变迁在信息技术影响下发生行为方式的多元化,需要从时间角度,更需要从空间角度加以分析变迁其变迁特性,既要关注时空压缩,又要关注时空扩张。①

现有关于中国社区依法治理的研究中,的确关注到了社区自身在宏观社会治理体系中角色模糊给依法治理社区实践带来的多重困境。过多从行政体制性因素视角出发来看待问题,并寄期待于从体制改革入手来实现社区治理法治化的重大突破,“不断提高立法质量”,“重视与社区治理相关的程序法建设,为社会矛盾和纠纷的解决提供制度性通道”②是很多研究的常见建议。这固然有其建构意义,却也走入了误区。一是只聚焦于行政体制,只关注到了国家层面,忽视了社区还具有社会层面的因素。国家与社会的力量同时作用于社区人文地理空间,如果不从空间视角分析社区法治秩序结构及实践运作的基础,实际就等于把社区看作纯粹地理学上的静态物理空间,与互联网时代社区空间的流动性背道而驰。二是只看到了社区当下的状况,试图以法治“毕其功于一役”,撇开了社区的发展历史,忽略了解剖其时间积淀物。时间与空间,二者之间存在合力与张力,并且还有速度作为隐变量对二者产生作用。中国城市社区一边是时间消灭空间,表现为现代建筑高科技突飞猛进,高层建筑能容纳越来越多数量的人口居住于某一狭小地理空间,节省了社区建筑用地。一边是空间压缩时间,表现为大规模的房地产开发、老城区拆迁改造。时空与法治,是确立依法治理社区的两大核心要素,在进行社区法治实践探索时不能脱离时空视角。

二、时空压缩对中国城市社区依法治理的影响

中国城市社区是中华人民共和国成立七十多年来国家政治、经济、文化时空快速压缩的“沉淀物”,展现出自身独特的风格气质。从社会学的角度把社区看作社会治理的一个系统,分析探讨行动者、社会关系、权力三个要素以及依法治理遭遇的现实困境,能更细致地揭示这种独特性。

---

① 参见刘少杰:《网络社会的时空扩展、时空矛盾与社会治理》,载《社会科学战线》2016年第11期。

② 梁迎修:《我国城市社区治理法治化探析》,载《郑州大学学报(哲学社会科学版)》2014年第2期。

(一)在时空压缩中成长起来的中国城市社区

1. 行动者的多元化

从新中国成立到1958年,中国在城市建立了街居制,人口大规模迁移涌入城市,城镇人口由5765万迅速增加至9949万。① 人口学研究表明,城市人口主要增长原因为农村人口迁入城市。当时城市人口的自然增长率为3%,其中城市人口的56%是从农村迁移而来。② 直至今日,全国各地的城市社区都有当年因各种原因外省迁移来的人口。他们已经步入高龄老人行列,历经岁月沧桑,大多依然保持着较浓的乡土底色。虽然身体健康状况限制了他们的活动空间,一般不参加社区活动,但在重大活动上依然成为社区内最具话语权的群体。

单位制时代形成了相当多的工厂小区,高度集中于城市的某一区域。时至今日,社区内的居民多为原单位的退休职工及家属,大部分属于中、低龄老年人,身体尚好,活跃于社区的广场舞队、模特队、合唱团等,是社区内各项活动的主力。一些工厂小区位于城市老城区,交通便利,但基础设施条件往往较陈旧,物业公司极易与居民之间因物业管理发生纠纷。经济条件较好的退休职工搬离了,留下老屋子出租,因房租低廉、地段出行方便吸引了众多外来流动人口。这一社区的居民常常是经济条件窘迫的老人、外来租户、年轻的首套房购买者,也有不少商业店铺选择进驻该社区。

改革开放以后,大规模商品房新建开发或老城区拆迁改造,新社区纷纷涌现。社区内人口构成十分复杂,有能力购买商品房的新中产者、随迁老人、外来务工者、小商贩、拆迁户、无业者等。职业人群早出晚归,追求个人成长与发展,或者正处于承担家庭压力的时期,并不关心社区事务,也没有时间和精力参加。倘若发生了日常普通纠纷,尽管部分社区内设置有调解室,但大部分人似乎更愿意走出社区空间,直接到社区外寻求多元解决途径。

2. 社会关系的裂变

新中国的成立是一个“分水岭”,以“己为中心”的差序格局社会关系遭到剧烈解构,寻求摆脱落后面貌尽快走上强国之路成为社会普遍共识。全国掀起

---

① 参见钱伯华:《新征程:迈向现代化的中国城镇化》,载《中国经济时报》2019年10月21日,第5版。

② 参见钱伯华:《新征程:迈向现代化的中国城镇化》,载《中国经济时报》2019年10月21日,第5版。

了在城市空间发展工业为主体的全产业体系高潮，城市社区成为政治主导下的集工作、生活于一身的空间。工作与生活之间并没有十分清晰的边界，社区内的人际关系泛政治化。

中国启动经济改革后，市场经济有效地激发起人们的竞争意识，广泛调动了资源配置，重新调整了人与人之间的社会关系。经济快速发展，物质生活得到了显著改善，但只以经济成败论英雄、只以财富多寡论幸福的"经济至上论"风行一时。社区内的人际关系变得功利化，甚至一度扭曲化。他们会谨慎计算利益得失，极力保证自身利益最大化，只与"能人"交往，城市社区呈现碎片化、区隔化、无序化、无根化的突出特点，引发了社区内长时间的人际关系混乱。

3. 权力的碎片化

1949 年之后的中国面临着复杂的国际国内局势，只能走内生型发展道路，集中力量在本土空间内挖掘潜力，压缩时间轴，尽快推进国家发展速度。政府在城市空间行使权威的、强制的行政权力，获得了配置资源的压倒性优势。国家通过"单位"这一中间机构，将自己的权力从宏观层面一直延伸到城市最基层。以"国家—单位—个人"的纵向链条实现了将城市经济权力和文化权力整合进政治权力，建构起一元制的空间治理结构，完成了对城市空间的总体性支配。民间组织被逐步排斥至城市空间政治的边缘并且被彻底改造。城市社区空间慢慢演变成一个纯粹物理意义的地理单元空间，后来又进一步被符号化，只作为国家权力下沉到基层的在场政治象征存在而已。最终，它的社会权力被整合进单位。

市场机制打破了中国总体性社会的高度集中状态，社会结构逐渐分化出了政府、市场和社会三方主要力量。城市社区空间内权力格局发生了分异，过去单纯依赖于压力型行政体制获取社会整合资源的状况从外部被打破。城市大规模的拆迁改造，掀起了一轮又一轮的再造城市空间运动。政府、开发商、物业公司、居民、社区、街道办事处、民间组织，各方的利益关注焦点千差万别，"从自身的行动逻辑出发，极力争夺着社区空间资源，力求改变社区空间现状"①。城市社区成为力量的博弈场所，各方在极力争抢资源的过程中怀着焦虑心态，

① 孟伟：《日常生活的政治逻辑：以 1998—2005 年间城市业主维权行动为例》，中国社会科学出版社 2007 年版，第 39 页。

极易采用各种非理性的短视行为，尽力使自身的利益最大化，社区公共空间内权力斗争无序化甚至异化。由于各方力量进入社区的时间有先后，权力和利益表达的能力不均衡，占有的社区资源差异大，使社区呈现不同的发展样貌。其中，社会组织作为民间力量的代表发展程度最弱。社区居委会本来是群众性的自治组织，但在社区内实际上并没有多少权力，“自组织”没有实现，反倒是在政府和市场力量的夹击下“被组织”了。“社会人”与“单位人”之间在承担社会公共义务方面有着断裂性的区别。“社会人”无单位可依附，只能专注于提升自己的人力资本，努力培养自身竞争力。他们对公共事务越来越功利，选择性参与社会行动，凡是对自身有利的，就拼命争夺；凡是不会伤及自身利益的，就漠不关心。

概而言之，城市社区状况越来越复杂，治理难度越来越大。依法治理被寄予厚望，被假定能界定清楚各主体的权利义务边界，约束社区空间内各主体行为，稳定社区人际关系。然而，社区本身的时空因素扩张打破了这种想象，成为推进社区依法治理进程的潜在干扰变量。

（二）时空压缩限制了城市社区依法治理的进程

2013 年，党的十八届四中全会提出了社会主义法治“新十六字方针”，即“科学立法、严格执法、公正司法、全民守法”，确立了中国新时期依法治国的四大目标。这十六个字放在全国宏观层面起主导作用符合中国的现实情况，但在具体实践应用中，却不能采用科层制逐级对应的方式机械照搬到社区空间。在时空压缩环境下成长起来的城市社区，尽管表面上某些方面的优势比较突出，但其他部分存在明显“短板”，综合基础条件不足。如果不考虑社区的时空因素，依法治理很可能就变成了一种技巧，变成自我指涉的建构。

1. 时间空间化对依法治理社区的消解效应

时空压缩的后果是一切事物发展都变得短暂、易变。时间被压缩导致了“时间空间化”，可称为“存在”，即现存就是全部。社区由形形色色的居民从各个地方短期内搬迁入住，地理空间和社会空间也一再扩展。这种拼贴空间内各主体显著的异质性决定了参与社区事务目标的差异，主体之间又没有经历长期比邻而居形成的本土民俗文化作为连接纽带，缺乏共同的心理认同。在急速时空压缩的诱因下，每个主体都格外聚焦于自己的权利边界，为了争抢拥挤空间内资源进行博弈的心态大大增加，外显行为也会表现出很强的进攻性。

法治的优势在于通过强行推行基本的公共规则，在混乱异质性中尽快谋求同一性，以强硬手段界定个体之间的权利关系，约束各方的行为尺度，快速建构起清晰的秩序格局，貌似适合于治理具有多元异质性结构的城市社区。但法治维权理念中的个体主义原则导向，会促使社区空间内个体主义情绪大面积上升。社区各主体过分维护自身权利而不惜长时间损害公共利益，且法律的理性主义思维运用不当，会导致人们对无法为自己带来收益的社区公共事务抱持不闻不问的冷漠态度，社区各主体彼此之间缺乏关联性，社区内社会整合的难度增大。这其实从侧面揭示了一个更深层次的问题，时间空间化导致各个社会治理参与主体也是多元的，设定的社会治理目标也在短期内一拥而上，各自追求自己的业绩，致力于推动建构自己的权力空间。动态的权力博弈产生了内耗，各方博弈背景下依法治理社区的边界和目标实际上并不容易清晰，社区内的各主体既是被治理对象，也是治理的参与者。这种二元悖论具有很大的挑战性，反而消解了依法治理的实效。

2. 时空压缩下“示范社区”法治经验只具有个案意义

依法治理社区暗含着在统一空间内推行法治来推进社区发展速度，压缩社区的发展时间轴，“通过空间消灭时间”，这种催化可称为“形成”。理论假设是唯有通过空间权力控制和创造新共同体代码，实现社区空间再建构，各社区发展的时间落差才能被征服，进而将社区内一切流变的特质凝固下来，产生永恒之效。

然而，中国城市社区数量庞大，发展程度千差万别。依法治理社区的理念要落地生根，不得不遵守法治本土化的潜规则。需要自己建构本地社区法治语言，创造新代码，转换空间内社会价值判断的基础，把各种纷乱的思潮尽可能导向法律视角的价值判断。这一过程注定了要进行一场创造性破坏的过程，并迫使当地文化进入一场市场形式的竞争。价值衡量取舍的过程充满曲折与争斗。每个社区的历史来源不同，形成过程有别，当下所处的发展阶段差异很大，依法治理推进程度、使用范围、运作机制千差万别。这导致社区内日常矛盾纠纷很大程度上是非系统性、非普遍性的，各社区应对策略表现出来的是对具体问题的柔性法治探究。法律适用的效果是动态的，很可能导致结果不具有同一性。原先沿用法学思维的标准流程的法治实验室条件的设想，不一定在真实的、受到组织和人的因素制约的社区现实中有效。目前，媒体报道的某些社区法治典型,其自身资源条件五花八门,做法各异,取得的效果也并非整齐划一,难以具备在全国树立典型、普遍推广的意义。

3. 社区依法治理的内容有限,途径复杂

到目前为止,社区的依法治理并没有形成其系统自我生成、专门职能、规则化等相结合的法律形式,社区治理的公共性与科层制交迭,行使法治的权力路径不明。这并非能简单地归结于受外因、内因所限,而是社区本身的特点导致不可能根据现行的国内法律编纂出专门针对社区层面的新法典,也不可能制定一个严谨的程序法来框定法治的运作流程。社区时空内能够爆发出来的被称为"案件"的冲突数量其实少之又少,多为琐碎的日常纠纷,多元非诉讼作为解决方式似乎比法律更有针对性和实效性。倘若演化成较为明显的矛盾,依法维权的观念已深入人心,城市空间有便捷的交通条件,有发达完善的法律服务社会组织,有不计其数、触手可及的法律知识获取途径,各方当事人多半会突破城市社区空间,走向国家专业司法机构寻求正式途径解决。

法律在社区时空内扮演的角色大致有三。一是作为一种预防性社会治理措施。主要内容为日常普法宣传教育;对于社区居民行为引导教育;调解日常小纠纷,对与社会治安综合治理有关的"黄赌毒"、"盗抢骗"犯罪防控,刑满释放人员接收,消防安全,社区戒毒,社区矫正等情况向各部门报告、传达、协调配合等工作,重点在于预防,而非执法。二是规范社区居民自治权利的行使。主要集中于社区公共空间的权利义务边界划分,诸如停车位划分、通风采光、宠物饲养、杂物堆放等问题引发居民群体的不满。上述问题的解决往往需要社区居民广泛参与协商讨论,依据相关法律制定共同的文明公约、行为守则。这些白纸黑字的公约守则只具有针对本社区具体情况的集体契约性质,只能对居民的行为进行劝导和规范,并无实质执法之内涵。三是界定社区治理多元参与主体的权利义务边界,主要依据《城市居民委员会组织法》《城市街道办事处组织条例》《社会团体登记管理条例》《物业管理条例》等,对进入社区的物业公司、社会服务工作机构、安保公司、民间文化工作室等各方社会组织进行协调和规范。

上述第二项和第三项内容都与社区的时间空间化有密切关系。每个社区都存在现实的、隐藏的权力领域和空间,是无数差异和他者至关重要的场所。由于它们必须把自身发展目标与社区法治建设目标相协调,现实决定了它们在社会行动中把地理政治学的各种力量组织起来变得至关重要。把时间空间化是很成问题的，快速时空压缩催化出来的法治主体角色含混不清，参与能力有限。它们发布着不同的信息，在不同的维度上运作，设计着不同的目标。国家行政体系把社区空间看作为了各种目的而塑造出来的某种有实体边界的东西，认为社区法治始终从属于一种社会规划建构。而社区的社会组织把空间看作某种独立自主的东西，要根据民情民意来塑造，与官方的社会治理目标脱嵌。这种目标错位注定了它们把时间花费在权力边界博弈上，不是真正的社区治理活动，需要形成一个独特的具有本社区色彩的依法治理合作框架才能暂时稳固。然而，探索该框架的建构途径并非易事。

三、时空扩张使社区的依法治理遭遇新困境

互联网在很大程度上是城市生活的必需品，非常契合城市生活的流动性、快速性、工具理性以及中国大规模城市拆迁改造带来的复杂性，在城市社区必然会落地生根并主导潮流。互联网对各种信息不断复制、传播，不断进行技术升级，深刻影响了网民的社区物理地域空间边界，也彻底改变了社区地理空间的社会功能和政治功能。社区空间不再是固定的，而是流变的、可伸缩的，人们也有了一定选择权，俨然进入了时空扩张时代。网络扩张后的社区复杂性提升，进一步增加了社区依法治理的难度。

（一）网络构造出拼贴空间，形成区隔，单个社区空间并非适用法律解决冲突的主要阵地

互联网将整个社会的人际关系碎片化。部分社会关系被虚拟化、松散化、间接化乃至技术化。“社区”的概念越来越从传统的有型物理空间里脱嵌出来，被网络再建构成语言、游戏、情绪、二次元、后现代再叙事的虚拟空间。每个人依照自己选择的代码偏好自由结合，再次形成了更加原子化的“小社区”，并在其中再建构自己想要的空间场景。人们甚至跨越了等级关系，直接找到远在千里之外的权威人士进行隔空对话，社区空间边界被模糊化、动态化，变成了一个具有时效性的社会空间，随时可以建立与解散。

现实中，社区居民分成相反的两大群体，一个是真实存在的，另一个是虚拟存在的。真实存在的是社区空间内日常活动的积极参与者，大多是离退休人员、家庭妇女、残障人士和无业人员，还有被吸引来的经常参加社区活动的其他跨社区居民。虚拟存在的是上班族，是最主要的互联网活跃用户。这部分人早

出晚归,主要活动空间都在社区之外,几乎很少参与社区内的各项活动,名字的意义只存在于社区人口档案里。

中国城市社区面对着全空间网络扩张化带来的心理上、社会上、技术上、组织上的重重压力,本以为依法治理是对社区组织、经济分层和空间拥挤的深刻危机的有效回应,或许能成为最强有力的社会秩序控制机制,但事实并非如此。依法治理必须基于现实的社会结构,法律规范只有通过直接或间接应用才具有现实价值。时空扩张后的城市社区内人际直接互动减少,人际关系淡化并形成区隔,“人”越来越虚拟化、抽象化。一般情况下,社会关系冲突并不主要发生在社区,社区目前不是各种社会矛盾冲突滋生的主要“温床”。大量的矛盾纠纷其实都发生在社区之外的职业场所和职业群体里,这些人的社会资源网和获取权力的能力远远比社区内人员大得多,他们才是依法进行社会治理的重点。此外,居民跨社区参加活动越来越成为常态,但某一个社区依法治理形成的社区内公约是否能直接适用于这一人群?倘若发生纠纷,将会遭遇社区地理实体边界与人文虚拟边界错位带来的法治实践困境。

(二)社区自我调节体系正在形成,法律的社会调节功能主体地位下降

花园社区—幸福社区—和谐社区的标语变迁,形象地揭示了从社区初建人们关注物理空间,到开始追求个人感受的心理社区空间,再发展到如今注重社区群体关系的社区结构有机整合。这中间一直贯穿着一条强有力的内在联系线索,即社区通过灵活的市场价格、民主协商、经验借鉴、正式权力的柔性非正式运作等多种途径,本身正在形成一个能够自我调节的治理生态系统。社区居民也被并非只能被动接受互联网带来的时空混乱,也能发挥自身主观能动性来努力应对多样性冲击,完成各种心理和行为调试,保证自己能够及时适应大环境变化。

法律是一种制度化的社会控制机器,本身需要不断同其他社会治理方式划清界限,不受外界环境影响,严格遵守基本的法律规则,保持自身与外界的分立性。民间社会要一直容忍、支持这种分立性,从而使法律一直保持其权威地位。然而,民间社会能长期容忍这种分立性、权威性基于一个重要的前置条件,即法律系统与民间社会系统发挥规范社会秩序功能有内在密切联系,目标一致。法律具有很强的规范性、静态性,而民间社会系统则具有灵活性、动态性。互联网不断调动民间活力,民间社会也在不断突破、跨越、挑战法治体系自上而下的理

性结构。现代法治对规范性的追求已经到了极致苛刻乃至僵化的地步，难以适应社区空间的碎片化的“动态法治”需求。如果社区空间内本身就探索出多种方式去解决内部矛盾冲突，自己发育出一套社会系统来应对网络拼贴空间带来的各种风险，实践中各社区已经探索的一些本土治理办法实际上也确实很有效果，那么法律在社区治理中的实际功效就远远达不到人们提出依法治理社区时的高期望值了。

社区时空经由网络扩张后，居民从对社区内制度资源和空间资源的主观依赖中解放出来，获得了更大程度的个人自由和生存空间。然而，一代又一代互联网技术不断诱发新的符号体系、社会规范、经济组织等实践领域中的变革动荡。不均衡的现实、复杂纠缠的利益、多样的价值立场使理性屈从于网络情绪，科学不敌网络谣言。网络谣言成了社会共识，而真正的社会共识却变成了谣言，很难像以往社会那样有明确的价值共识。这种不确定性使评价、理解和解释人的行为变得异常艰难，调解越来越缺乏说服当事人的效力。拼贴社会流动性、模糊性的显著特征，使以往静态、垂直化、科层体系的法治模式，存在很大的适应困难。

法律暗含着一个基本预设，即每个人都有价值而且应当有价值，并以保护公民权利的方式保护这种价值，鼓励人们一旦遭遇侵权，就应当拿起法律武器维护自身的权利。这其中原本存在十分顺畅、严谨的逻辑关系，然而，网络世界里的自我价值定位是动态变化、立体多元的。人们公开宣称每个人可以做自己的绝对主人，自主决定自身价值，并不再努力去追求价值“平等”，甚至可以没有价值地活着。这种宣称实际上已经公开藐视了法律的价值预设，将自身游离于法律规则的世界之外。一些网民致力于证明法律的错误，嘲笑法律的落后与保守，在网上不断炒作一些法治事件，刻意放大法律的缺陷。因迎合了网民的心理宣泄需求而在表面上被视为英雄，网民们则沉醉于集体狂欢。法治的主体、客体、行为、评价标准，网上和网下经常互相矛盾冲突。

网络表面上为城市社区提供了貌似足够丰富的资源，人们不再向周围人求助，一个人可以直接以个人身份在更加宽广的网络空间范围内链接资源、选择资源，剥离了明确的居民身份和彼此之间紧密的社会联系，很大程度上隐去了参与者的社会分层身份，限制了他们在现实生活中的部分特权。然而一个明显的问题出现了，法律的属地管辖、属人管辖如何适用？由于社区事实上没有管辖权,只能将矛盾纠纷移出社区空间之外。这样一来,依法治理功效辐射范围就被大大压缩了,法律在社区空间内的权威地位也大打折扣了。

依法治理一直试图吸收、整理应对城市社区急速变化的各种方法,力图对现实社会表象进行实质上的高度概括,尝试提供应对变化的可行性稳定框架,把居民从偶然性的、无形的虚拟世界里拯救出来,重新回到需要规划、努力克制和理性的现实生活世界。但它又无力放开自身特殊体系吸收社区内地方性知识,也就无法完全实现它所追求的“秩序才能带来自由”。依法治理社区本身也存在不稳定的风险,不可能一个法治框架长期不变,也要进行修改,或者不断签订新的契约达成新规则,不断把刚性运作转换成为柔性运作,所以不得不在一直不确定的状态下运作,表现出对社区社会结构的依附性。依法治理依托于宪法设定的社区居民自治,对个人自决能力的要求很高。然而人们长期游走在虚拟与现实之间,被网络异化,变成了分裂的“我”和高度个人主义的“我”。它蒸发了社区记忆的连续性,激发并培育了很高的个人自决意识,人们越来越厌烦受到束缚,只关注当下,不愿意遵从所有的规则。

四、城市社区依法治理的渐进主义方向

城市社区选择“依法治理”作为应对社会结构转型的重要工具,是中国社会宏观治理方式变革在社区微观应对的反映。尽管城市社区发展经历了时空压缩历程,但在今后依法治理社区的推进速度上,却不能继续牺牲时间和空间的演进规律,以时空急速压缩的方式来进行。

城市社区依法治理推进的速度、广度和深度,取决于国家对城市社区职能的基本定位,受制于国家在依法治国经验方面的制度设计和实践积累。由于对体制的长期惯性依赖,对改革开放“摸着石头过河”思维模式定型化,以及社区自身在现代性转型过程中面临着诸多不确定风险,新旧治理方式交接还存在错位、空缺现象,社区依法治理本身必然经历复杂的探索过程。要实现设想中的目标,依法治理社区治理至少锚定三个支点:

其一,政治稳定背景下渐进式转型。城市社区空间是人口密度极大的拥挤空间,存在形形色色的利益博弈,容易引发冲突。按照科塞的观点,社会冲突乃是人类社会生活的常态。但如果社区常年陷于冲突混乱的旋涡不能自拔,多半是社区对自身的定位认识不清造成的,也是国家宏观层面对于作为基层社会细

胞的社区设计出现了缺陷的微观折射。

在城市社区层面,社区的依法治理不能为了强调基层民主政治而快速强推各种自治建设,需要有一个循序渐进的过程。政府在社区治理中的引领作用不能急速减弱,更不能一味扔给市场去发挥主要调节作用乃至完全撒手不管。2020 年新冠肺炎疫情暴发之初,一些地方城市社区应对十分混乱,暴露出地方政府大幅度从社区空间退出,不顾社区居委会尚未具备自治能力的客观现状,将社区内公共事务完全推给物业公司、房地产开发商负责管理的问题。这些商业企业平时出于经营成本核算考虑,尽可能敷衍地承担公共责任。新冠肺炎疫情暴发以后,他们既没有政治动员能力,也没有政治威信来管控社区,造成了很多问题。

增收致富、发展经济在社区初建阶段的确是首要任务。但当中国社会经济总量已经大大提升,社会物质产品已经比较丰富时,社区的目标定位就要重新调整。亨廷顿认为,经济发展意味着个人、组织和社会能力的增长,引发社会动员,公民将注意力转向政治参与。若国家政治制度化程度不能满足公民政治参与的需求,那么,国家的政局动荡是不可避免的。① 当前城市社区的居民,有相当多的所谓无单位的"社会人"。他们在经济上实现了富足,因而政治参与、服务社会、追求个人价值的愿望越来越强烈,社区便是他们参与公共事务管理生活的近距离起点。满足他们的愿望,通过居民公约、居民会议等形式提供适宜的参与社区事务管理途径,便能尽最大可能把社区内的隐形冲突控制在一定的秩序范围内。国家提供社区依法治理的坚实政治基础,社区治理方式改革需稳妥进行,依法治理社区遵循渐进主义是基本原则。

其二,多元主义参与的权力结构再造。权力结构一般指的是不同权力主体在一定社会空间内的构成状态和彼此互动的模式,它维持着社会结构的基本稳定。权力结构发生变迁,意味着社会也发生变迁。城市社区经历了分—总—分的权力结构变迁,每一种权力都有其自身的历史、自身的轨迹、自身的技巧和策略。多元主义权力结构在中国古代乡土社区一直存在,并非现代社会才出现的新格局。费孝通先生认为传统中国农村社区存在横暴权力、同意权力、教化权

① 参见[美]塞缪尔·P. 亨廷顿:《变化社会中的政治秩序》,王冠华、刘为等译,上海人民出版社 2008 年版,第 23 页。

力和时势权力四种权力,分别由国家、社会、长老和社会精英来掌握,形成了具有典型中华特色的社会治理模式“礼治秩序”,其实也可以看作封建时代的“法治”。中华法系最为突出的特点是“礼法融合”,违反礼制要受到法律惩罚,礼治即法治。多元主义权力模式一直是中国封建时代社区治理的基础。

尽管新中国成立后大规模的新社会建设形成了政府包办的一元主义权力模式,“社会消融在国家里”[①],但大系统饱满后迟早要分化出若干子系统,一元主义权力模式必然随着系统的壮大向多元主义权力模式分化。市场经济持续在中国经济领域渗透发力之后,民间经济力量迅速壮大,大批经济精英脱颖而出。他们不断地以自身雄厚的经济资本兑换布迪厄所言的政治资本和文化资本,由此增强了自身人力资本,自主性与独立性显著提升。正如施坚雅所言,“市场结构必然会形成地方性的社会组织”[②]。经济精英的自我意识越来越强,逐渐以自组织的方式不断整合以提升其社会地位,基于各种利益认同而推动产生新的社会合作体系,获取了参与地方公共事务管理的权力,持续对总体性权力进行不同程度事实上的解构,由此揭开了重塑地方社会权力结构的序幕。显然,渐进主义是中国改革的基本特点,社会权力分化的过程印证了其适宜性。国家要在市场经济环境下获得自身的核心地位,就必须学会面对并处理权力分化的事实,即公共产品不再由政府独家垄断提供,社区不再是政府独享的空间。

中国城市社区的依法治理在权力结构上应当是一核多元、刚柔并济模式。社区内的各权力主体自身拥有的社会资本有很大差异,权力能力事实上不平等,多元利益主体在权力博弈中很难做到公平、客观和理性,需要强有力的公共权力核心主体来平衡协调各种利益关系,避免社区秩序陷入混乱。这需要政府有强大的社会整合能力,应当遵循渐进主义原则。依法治理在社区空间并非法律的刚性使用,反而是社区治理生态的柔韧化。要求政府灵活、务实,积极拓宽社会治理的资源来源渠道,擅长做加法,吸纳有生力量,主动对接社会组织,主动向社会力量适当分权、赋权,增强自身的适应性,借助于各种社会力量共同协作完成社区治理目标。社会力量应当主动增权、行权,社区内各子系统有序互

---

① 梁漱溟:《中国文化要义》,上海人民出版社 2005 年版,第 145 页。

② [美]施坚雅:《中国农村的市场和社会结构》,史建云、徐秀丽译,中国社会科学出版社 1998 年版,第 40 页。

动，有条不紊地合力完成社会治理权力的现代性再造，建构起一个具有现代公共规则的基层社会共同体。

其三，主流意识形态的连续性。法律只能约束人的外在行为，难以惩罚人的内在思想。依法治理只是社区治理的基本路径之一，并非唯一路径。那种盲目坚信“法律万能论”，在推进依法治理社区的道路上“高歌猛进”的想法走向了一个极端，潜意识里将社区当作一个毫无情感的物理空间，把法律当作社会治理技术，追求“技术至上论”。然而居民是有血有肉的人，想要建设邻里守望、和谐相助的美好家园，因此必须要有稳定、统一的内在主流意识引导。中国社区本身就经历了急速时空缩扩，成了五花八门的意识形态汇集之地，各种社会思潮此起彼伏，居民在社区内日常交往交流过程中极易发生思想意识、价值观念、心理意识等精神层面冲突。如果社区内的意识形态频繁发生剧烈变动，会引发社区内道德标准混乱，社区会在形形色色、眼花缭乱的意识形态作用下变成曲径交错、枝蔓丛生的荒野树林，令人迷失方向。

一般认为，“自治、法治、德治”是社区治理的“三驾马车”，三者不可偏废，须齐头并进。但这种分类在实践中也有一定争议。因为社区自治也是依照宪法和相关法律行使居民的民主权利，本质上仍然是依法治理社区的组成部分。居民受限于自身知识、能力、视野不足，很容易因一己之私随意行使自治权，未必能够充分担当起治理社区的重任。德治的本身也是强调要按照一定的道德标准来处理社会关系，仍然属于“规则之治”而非人治，在社区依法治理缺乏罚则的情形下，法治与二者其实有异曲同工之处。意识形态和法律之间的关系，更像是身体与灵魂的关系。意识形态是灵魂，对法律理念、法律思想和法律行为进行灵魂统摄。社区法治应当反映主流意识形态的价值观、道德标准。社区内缺乏统一意识形态引领，即使依法治理社区活动轰轰烈烈，也只是徒有其表的社区戏剧。

城市人口十分密集，空间拥挤，资源有限引起的焦虑和技术变革引发的危机感激起了十分猛烈的利益争夺，极容易发生矛盾冲突，依法处理各种矛盾有着广泛的社会基础和很好的契合性。然而，城市社区空间时而收缩时而扩展，差别性、变化性为特征的多元化与以相似性、一致性为特征的一元化同时并存，各主体追求的目标似乎也是断裂的。

社区试图依靠依法治理应对这些混乱关系，努力尝试指引居民们日常行为的适当表达方式,试图去调和混乱的社区拼贴空间发展速度和规模,起到缓和、沉淀的作用,进而安排和控制社区生活世界最基本秩序。法律最擅长的是用高度抽象的统一性来应对复杂的现实世界,这也是依法治理社区想要充分利用的元素。然而,把简单、精练、清晰的法律条文应用于虚拟、现实共存的复杂城市社区,不可避免地会造成种种对接困难。法治是一个特殊类型的自我生成系统,而城市社区是一个拼贴的社会结构。系统与社会结构之间一直存在无形相对主义,暗含着动态无序化的政治风险。倘若忽略了上述因素,法律有可能迷失自身的角色而成为掩盖这种混乱的工具,即法律成为社会治理的"化妆品"。

对于上述问题,目前不大可能有所谓正确答案。应当看到,社区拼贴空间存在的基础仍然是现实的政治、行政体制,很难完全追求个人主义而舍弃与现实生活世界的联系。单一治理方式存在不可能性,必须通过探索多种治理方式才能应对。互联网时代法律所强调的规范的稳定性、效力的持续性,在社区依法治理中似乎变成了次要问题。社区的依法治理在自我生成过程中能在多大程度上不受社区空间结构的影响,很难通过改变社区空间结构而一劳永逸地解决。这种不确定性会长期持续下去,依法治理社区内部始终存在稳定与不稳定的紧张关系。社区法治必须得把科层政治、现实理性、时尚科技、本土知识优越论与社区空间结合在一起,这就很可能因社区空间结构不同而被改造成不同背景、权力构成以及多元感受的混合物。其中一部分相对稳定,另一部分一直有争议和部分变动调整,或许是今后依法治理社区的最显著特征,也是其与依法治国的最大区别。从长远来看,社区依法治理是凭借法律形成新的驱动力,构造社区共同体。它就像是一面镜子,表面上的反光带来了瞬间的耀目,光彩照人,但镜子中潜藏无数裂缝,边缘上实现融合。法律扮演了这一至关重要的融合角色,将无数碎片粘合起来,完成社会治理。从这个意义上看,依法治理社区注定内容琐碎,实施途径更加多元复杂。

第三节　智慧社区微观法治困境

2020 年临近尾声之际,两则新闻刷屏并引发社会讨论热潮。第一则是湖北一位老人独自冒雨去社区用现金缴纳医疗保险费用却被拒绝，工作人员告知其找亲戚帮忙或自己用手机支付①；第二则是为了激活医保卡，94 岁的老人被抬进距离其家 300 米的银行进行人脸识别。而这两则新闻距离“十四五”期间发展目标之一“国家治理效能得到新提升，社会主义民主法治更加健全，社会公平正义进一步彰显”②的提出仅仅一个月。值得关注的是，新闻不仅表现了工作人员服务态度冰冷背后所折射出的存在已久的老年人面临的“数字鸿沟”之外，还进一步暴露出社区微观法治数字化存在的诸多问题。

与依法治国的宏大架构不同，社区依法治理最为显著的特征在于微观、柔性、动态法治，并非依法治国在社区层面的垂直刚性应用。依法治理社区的现实依托载体从工作人员演变成程序精密、内容烦琐的电子设备，在技术手段越来越丰富的同时，一种试图用数字权威取代法律权威、用技术治理取代多元主体协作治理的心态也正在蔓延，甚至已经在当前我国发达地区的智慧社区治理中日益成为核心问题之一。社会公众对数字治理在社区空间应用的批评逐渐集中到“只见设备不见人”的问题，其表现出的“冷漠”“僵硬”已经与中国本土化意义上的社区建设背道而驰。

一、国内外智慧社区建设简况

智慧社区发端于 1990 年在旧金山召开的国际会议上，IBM（International Business Machines Corporation）公司提出了“智慧社区”概念，随后又于 2009 年提出了“智慧城市”（smart city）概念。其初衷是通过对现代高科技进行有机整合，为城市居民提供更加高效快捷的服务，构造出一个全新的社区形态，提升居民生活质量，增强幸福感。我国的智慧社区建设最早可以追溯到 2009 年国家领导人关于“让科技引领中国可持续发展”的讲话，从国家层面诠释了对智慧地球发展的展望。随后国内发达地区一线城市启动智慧城市建设，主要集中在北京、上海、广州等东部发达城市。

由于我国的智慧社区建设起步较晚，目前也仍然尚处于启动阶段，对于这

---

① 参见《老人独自冒雨交医保却被拒收现金，网友怒了》，载搜狐网 2020 年 11 月 25 日，https://www.sohu.com/a/434150713_99985471。

② 《中国共产党第十九届中央委员会第五次会议公报》，载中国共产党新闻网 2020 年 10 月 29 日，http://cpc.people.com.cn/GB/http://cpc.people.com.cn/n/2020/1029/cble094-31911510.html。

一概念国内各界众说纷纭，并未达成基本共识。本书认为，智慧社区就是“应用物联网、下一代互联网和云计算等新一代信息技术，通过建立起一套符合智慧社区要求的现代化社区公共服务系统，整合社区资源，创新治理模式，实现社区内各参与主体间的充分互动和协商，从而在推动社区发展的过程中，不断提高社区治理效能”①。这一概念突出的特点是揭示了智慧社区从起初以服务为主到逐渐被认为是一种社会治理路径和公共管理新形式的过程。

国外智慧社区建设大体分为三种模式。一是注重信息平台建设，以美国纽约市为代表。强调数据信息为居民日常生活服务，建构丰富、公开、透明的开放信息查询平台。居民无须办理任何手续，“足不出社区”就能方便地查询到除了涉及国家安全、个人隐私的所有数据信息。这类智慧社区建设主要采用社区自治模式。社区不是政府的行政规划基本单元，而是高度自治的民间社会单位。信息平台建设由地方政府、非营利组织和自治委员会多方协作完成规划和施工运作。二是注重智能建设，以日本北九州市为代表。基于北九州市本土能源智能化管理的现实需求，着重规划了资源的智能节能、环保与可持续发展战略，开发了智能设备应用于社区居民的日常社区生活节能实践，尤其是智能化管理在节约居民日常电能消耗中取得了显著成效，并由此推进形成了“北九州市”国家中长期发展战略。日本的智慧社区建设主要采用混合治理模式，政府很少直接干预，主要负责在社区建设规划和资金上予以支持，智能社区的建设主要由社区居民共同参与完成。三是以新加坡为代表的信息国模式。该模式致力于打造一个由政府主导，社会组织、企业和居民共同参与治理的电子政府。其突出特点是注重全民参与，居民可以很方便地通过各种途径直接参与社会治理，能够有效地满足社会各阶层的利益需求，提升治理效果。其智慧社区建设主要采用政府主导模式，由政府负责立法规划、资金投入与实际运作管理。建设理念强调以人为本，认为先进的技术硬件不是首要因素，而是十分注重人文精神的培育，看中人的价值，尊重人的精神需求（见表6－3）。

---

① 徐宏炜：《智慧社区建设背景下的基层社会治理研究——以江苏路街道为例》，上海交通大学2014年硕士学位论文，第35页。

表 6-3　国内外具有代表性的智慧社区

智慧社区	建设主体	建设内容	建设路径	建设目标
北京西城区	政府主导	智慧中心、智慧政务、智慧商务、智慧民生四个模块	智慧社区社会管理平台	居民受益，企业盈利
上海陆家嘴街道	政府主导	社区管理、公共服务、智慧商圈、公共服务四大块	一库、一卡、两平台、多系统	为居民提供服务
广州天河区	政府主导	“一卡一页”系统	社区“一站式”和个性化	以居民为中心满足居民需求
首尔模式	政府与科技公司合作	城市实施管理、城市安全、城市交通、城市环境	通过公共平台以及网络接入	打造生态型、智慧型社区
新加坡模式	市民、企业、政府合作	交通、医疗、教育领域智能系统	市民与企业能随时随地参与的电子政府系统	满足市民需求
纽约模式	政府主导 公民主导	电子健康记录与服务、基础设施服务、政府电子邮件等	“连接的城市”行动	增加民众、企业、政府三者联系

资料来源：参见陆颖：《智慧社区的模式比较及建构路径》，载《管理观察》2015 年第 7 期。

西北地区智慧社区建设相较于东南部发达省份则更晚。例如，青海省西宁市直至 2016 年 5 月，才从关注基本民生入手，以智慧养老为突破口，在城东区启动整合单位资源及社会资源。它将大众社区、青藏花园社区、泰宁社区养老服务整体纳入大众社区“温暖速递”服务范畴，于当年 7 月成立了城东区“幸福驿站”居家养老呼叫服务中心，为 1351 名孤寡老人、特困老人、病残老人、“空巢”老人提供居家养老智慧服务。又如，甘肃省兰州市的情形亦大体如此，智慧社区的建设使用范围一直仅见于社区养老。直至 2020 年部分社区才开始试点采用“in 社区”系统，从智慧养老拓展到社区服务的其他方面。该系统由“街道”“我家”“广场”三大板块组成。“街道”板块实时滚动更新兰州市 54 个街道的最新信息。“我家”是核心板块，包含“定位我家”“报料服务”“社区活动”“便民服务”“点单服务”“用户福利”六大功能模块。在“广场”板块，用户可以就社区邻里话题进行讨论，以 Vlog 形式记录分享社区里发生的感动故事；可以借助“广场地摊”交换各家的二手闲置物品，或者进行亲子分享、宠物心得交流等；还能通过社区留言，对所在社区的治理建言献策。[①] 再如，基于新冠肺炎疫情防控的现实需求，2020 年 4 月起，兰州市七里河街道试点智慧党建引领智慧社区的项目，按照小区体量 10%、居民住户体量 24% 的比例，在辖区铁建丽苑、裕华家园、海德堡、中广西苑华府、宜和馨园、天和苑 6 个小区率先进行智慧小区试点建设工程。主要以“支部 + 网格 + 物业管理”的基本模式，统筹社区安防、物业服务、电商服务、便民服务和物联网服务等资源，建设涵盖智能安防、智能终端、智慧停车、智慧物业等多个平台连接融合的一体化服务管理体系，打造基层网格微治理。[②] 再如，2017 年宁夏回族自治区银川市启动第一批 80 个智慧社区建设项目，配置直饮水、惠民 Wi-Fi、智能快递柜、人脸识别、智能垃圾桶、冷链生鲜配送柜等基础智能设施，尽力为市民营造高效便捷的智慧生活服务，至 2020 年基本建成。第二批 200 个社区的建设计划已经启动，新小区、老旧小区和移民安置区均覆盖到。[③] 智慧社区被认为能够促进政府办事效率提升、缩短工作流程、激发社会活力、实现信息共享等，以其诸多优点受到了居民的好评。

将智慧技术应用于社区治理，各地根据技术的不同层次采用了“互联网 +”、区块链、物联网、人工智能、大数据等方式，形成了各种名目繁多的称谓，本书概而言之统称为智慧社区。原本是为解决工作人手不足、距离偏远、居民高度分散、事务琐碎等社区治理中出现的社会现实情况而引进的辅助技术手段，在社区养老、社区医疗、社区环境卫生、社区交通、社区防火防盗消防安全方面具有巨大潜在优势，深刻体现了现代高科技给人类带来的福利。智慧技术应用于社区治理中，对于及时发现事故隐患、监控危害社会安全行为、提升工作效率、收集反馈民情民意、改善居民生活质量等具有重要意义。

---

① 参见张海龙、高玲：《掌上兰州“in 社区”上线》，载兰州晨报网 2020 年 10 月 29 日，http://www.lzcbnews.com/202010/29/content_14871.html。

② 参见袁莉、高洪涛：《兰州七里河区启动“智慧社区”建设》，载百度网 2020 年 4 月 7 日，https://baijiahao.baidu.com/s?id=1663302795494489393。

③ 参见李奕辰：《银川将再添 200 个智慧社区》，载宁夏文明网 2017 年 8 月 23 日，http://nx.wenming.cn/2015jinx/20170823_4395303.html。

二、智慧技术在社区微观动态依法治理主体关系中的角色变异

智慧治理源于现代信息技术引发的社区各种社会关系多维度转型，其更深远的意义在于引发了一场生活方式、工作方式与思维方式的深刻变革。如图6－4所示，社区治理至少涉及居民、政府、居委会、外生型社会组织四大主体，其中部分主体既是参与治理者又是被治理的客体。在这场由现代智能技术引发的社会关系深刻变迁进而连锁影响社区治理方式的变革中，虽然智慧技术应用于社区治理取得了很多成就，但就目前进展情形而言，也逐渐出现了形形色色的问题，其中最明显的问题就是智慧技术的角色定位不清，功能发挥失序。

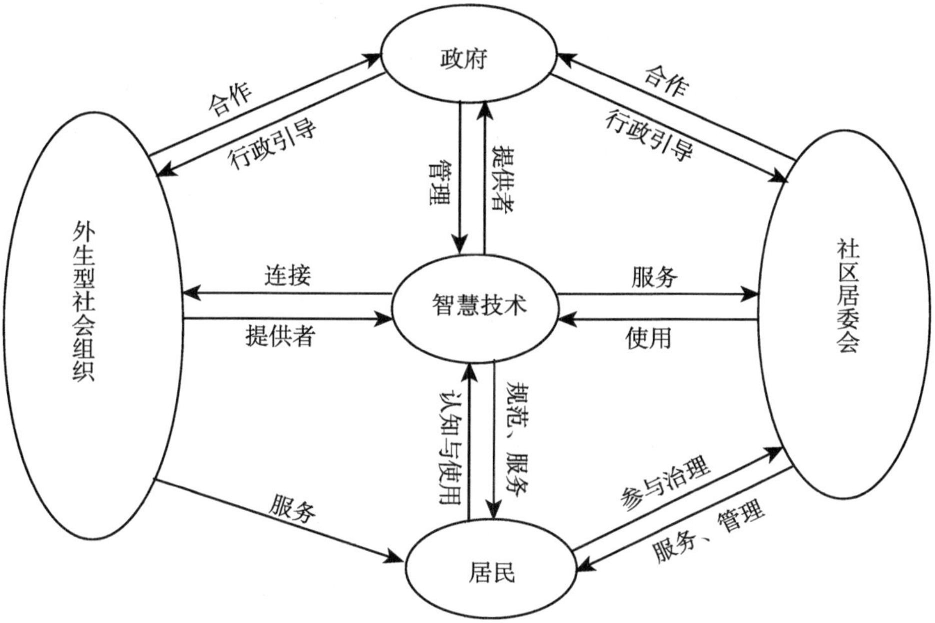

图6－4　智慧社区治理中社区主体关系

（一）智慧技术——居民

从居民的视角看，目前，西北城市已经建成的智慧社区部分项目在实践中对社区部分人群确实发挥了预设中的效果。自现代电子智能设备落户部分西北城市社区后，那些身体行动不便、时间冲突、远在外地的人员无须亲自在各机构之间来回奔走，时间机动灵活，“足不出社区”就能远程完成日常生活中各项事务的申报、填表、反馈、确认、递交等事务。在应对突发公共卫生事件、突发自

然灾害、重大社会安全事件时，智慧技术能够迅速传输信息，让居民在最短时间内了解事件进程，配合做好安全防卫、紧急疏散避险、进出检验等工作，在2020年突发新冠肺炎疫情时的社区应对中已经显示了巨大的优势。智慧技术在服务于老年群体、残障人士时，能够及时发现这些弱势群体遭遇的突发疾病、意外伤害等紧急情形，迅速上门救助，开展慢性病日常服务，或者扮演组织者、搭桥者角色，帮助其拓宽社会关系网络，引导其参与社会互动以保持心理精神健康的需求等。

但是，一个突出而又具有普遍性的现实问题很快浮现出来。一方面是智慧社区建设大刀阔斧推进，如火如荼；另一方面却是智慧技术没有进行"以人为本"的基本角色定位，智慧治理与技术文明缺乏有效衔接，人文关怀缺失，智慧社区仅仅保留了"智慧"的成分，却失去了传统社区守望相助、亲密关怀、睦邻友好的功能。目前数量庞大的社区人口对现代智慧技术十分陌生，更难以熟练使用。在智慧社区里，只有部分高学历居民获得了有限度的"数字自由"，更多人群却沦为数字弱势群体，对此无所适从。智慧技术所构建的是虚拟社区，具有流动性、多元性和不确定性等诸多特征，年老、残障、文盲居民在自己的家园里反而"数字门难进、琐碎事难办"。社区工作人员本身也并不具备虚拟社区建设的相关专业能力，居民无法熟练参与互动交流，活动内容、议程设置往往流于形式，并没有激发出社区内生动力，智慧技术只是布置任务、宣传政策的数字版文本而已，事实上削弱了社区凝聚力。

另一个突出问题是软件设计不注重为民生服务，智慧技术反客为主地控制了社区空间场域，成为新的社会管控工具，反而降低了办事效率，变相增加了公共管理组织架构的层级，距离扁平化目标越来越远。各地都逐渐出现了数据至上趋势，大大小小事务都被肢解成各种量化指标，把智慧技术当作自动柜员机，甚至是"自助式法治机"，在设定了复杂的程序和时效期限后，社区工作人员期望从一端塞进去日常事务，另一端就能出现想要的清晰结果。一些社区不顾人口的现实基础条件，通过算法体系，将一些形形色色原子化的个体以数据的形式包纳进治理技术操纵体系之内，设定了强制使用智慧技术的规定，只认数字不认人。曾经发生过智慧停车场出现系统故障，无法识别居民车牌号码而开出天价停车费的事件，尽管居民拿出各种证件证明自己的身份信息和车辆信息，但管理人员依旧坚持以系统数据为准索要天价停车费，直至闹到法院经历了漫长的诉讼判决才得以解决。智慧技术原本是一项具有填补性质的辅助技术,居民应当成为该技术的被照顾者,但目前智慧技术却在某种程度上变成了充满了规训意味的社会关系裁量技术,24 小时连续数字化规训社区居民的身体和行为。以往由社区工作人员亲自登门访问调查摸底的工作,被推脱给了数字技术,强制居民自主申报填写,规定了具体的时效区间,过期责任自负。传统的"刚性法治"并没有随着社区结构现代性蜕变而向"柔性法治"转变,智慧技术似乎大有取代白纸黑字的静态法律条文的趋势,演变成了新型自成体系的动态执法主体。

(二)智慧技术——社区居委会

在社区层面,居委会是多元社会主体参与社会治理的最重要自治主体,具有贴近群众、扎根基层、最方便于了解民情民意的突出优点。多年来,社区居委会开展社区群众工作积累了丰富的基层经验,能够考虑到当地的历史文化、风俗习惯、人口特点、发展历史等多元场景因素,十分了解社区内的重点人口基本情况,熟练地使用当地通用的方言作为沟通交流工具。随着国家社会治理转型,由国家宪法以根本大法地位予以保障的社区居委会作为基层群众性自治组织的重要性日益凸显。实践中,国家也颁行了很多支持性政策,鼓励社区居委会提升自身能力,尽快完成从习惯性依赖政府到独立承担起社区自治主体的角色转变。在各地居委会探索完成自治职能的进程中,智慧技术迅速被应用于社区居委会工作领域,常用于与社区居民进行在线交流,听取民声民意;对涉及自治的一些公共事务发送调查表;摸底调研;通知召开各类会议的时间地点和主要内容;发布工作进展报告;等等。智慧技术在社区自治方面确实取得了不少成功,最明显的进展之一,在于能够把最年富力强、富有活力、能够熟练使用现代信息技术的年轻人群体吸引到社区事务上来,以往这一群体基本游离于社区事务之外。这较好地壮大了社区居委会多元参与的群众力量,有利于更加深入挖掘居民中的潜在资源优势,促进居委会自身的快速成长,尽快实现从传统治理方式向熟练使用现代科技治理技术转型。既能大大增加自治组织工作的透明度,促进自治事务处理的公开公平公正;也能广泛听取群众各方面意见,吸收民间巧妙智慧,开拓思路,实现跨部门、跨地域资源信息协作,更好地服务于社区。

但是,智慧技术的运用在实践中产生了偏差。原本智慧技术应用于社区居委会的日常工作,被预设能够节约人力,取代部分工作岗位。于是,社区居委会工作人员的核定人数持续减少,很多事务由机器暂时回复,后续跟进缺乏工作人手,反而减弱了居民与居委会之间的联系紧密度。一些社区居委会自从使用了智慧技术之后,就以工作人员人手减少为由,只在线沟通,几乎不去居民家里实地走访调研。居委会的"社会性"被瓦解,居委会的角色虚化,丧失了对居民的凝聚力,社区的功能退化。实践中智慧技术还演变成了居委会"懒政"的借口,对于社区居民提交的各种网页信息,个别居委会工作人员往往以"没收到""没看到""系统坏了"等为借口,拖延推诿,甚至有意无意地长期不进行网页系统升级更新。社区日常事务往往比较琐碎,点多面广,实践性极强。通风、采光、噪声、杂物堆放、饲养宠物等邻里纠纷,或者家庭内部冲突、公共空间环境卫生问题,既需要居委会工作人员亲临现场,勘查实际情况,和当事人进行细致沟通,摸清纠纷的详细起因和冲突发展程度,面对面谈心以安抚其愤怒情绪,弥补破裂的邻里关系;也需要居委会工作人员负责调配资源,协调清理现场,保存证据,全方位多角度调解社区矛盾,指挥分流纠纷处理渠道。但目前一些社区居委会把自己本应承担的工作责任全转移到了智慧系统,要求居民提交各种申请书,将各种信息提交到智慧系统。工作人员在设备远端按照类属进行分门别类处理,当事人只能按照在线系统的指引寻求法院、公安、民政等部门解决。原本应当附随矛盾处理对当事人进行的细节聆听、情绪安抚、心理疏导都被冷冰冰的机器自动回复取代了。这事实上并没有提升化解矛盾的效率,反而助长了工作人员官僚主义惰性。居委会贴近群众、机动灵活的传统优势消失了,其工作人员摇身一变成了高高在上的社区官员。

(三)智慧技术——外生型社会组织

外生型社会组织能够进入社区并参与社区治理,往往是采用政府招标购买公共服务的方式,依据购买契约获准进入。外生型社会组织在社区内通过法律授权方式获得了开展工作的主要依据,其所享有的权利义务也往往在契约中有明确的约定。外生型社会组织本身就是依法治理社区重要法治理念的实践体现,助推政府一元主导治理模式尽快向着多元协作治理模式转型。外生型社会组织最大的优势是将技术创新与社会治理相结合,因此曾被寄予厚望,期待其能为社区依法治理带来活力,但外生型社会组织的进入并未达到预期的效果。

智慧技术最擅长完成量化数据的收集与整理。然而,被外生型社会组织用于开展社区工作时，虽然在某些领域提升了工作效率，并取得了一些社区治理的成就，但远远没有带来人们想象中的社会治理创新和活力，也并非能够如预想中的高效实现与社区各主体的无缝对接。外生型社会组织出于自身项目竞争压力，首要的是考虑完成政府设定的各项考核指标，整个社区工作规划与布局都围绕达到考核指标来进行。大量令人眼花缭乱的智慧技术虽然被引进使用于社区建设和治理，但并非主要围绕着改善居民生活条件或推进社区人文精神的核心需求进行，而是扎堆应用于收集、分析、汇报政府设定考核指标中的数据，对其他领域的数据漠不关心。所谓智慧技术的客观、理性在实践中也几乎丧失殆尽。外生型社会组织要考虑引进智慧技术时的成本收益平衡，在购买该技术时就具有强烈目的性，甚至一些外生型社会组织自身就是某些智慧技术的生产者、销售者，进驻社区的目的是增加居民的技术型消费从而获得高额利润。社区的公共设施建设往往需要巨额的资金投入，并非社区自身财力所能承担。由于政府年度财政预算拨付给社区的资金有限，为了获取技术公司的服务，社区不得不对外生型社会组织的利润算计睁一只眼闭一只眼，居民也不得不被迫适应种种技术霸权，并无太多自由选择。被智慧技术控制的社区可能会削减一些就业机会，不利于低收入人群在社区中找到公益性就业岗位。一些优质的服务还可能会需要另外的技术付费，往往进一步促使社区两极分化，造成高收入人群和低收入人群的社会关系隔阂。强化社区的碎片化，不但不利于培育政府一贯所倡导的“亲密友好”的社群关系，反而进一步事实上将社区建设推向了“只见智慧、不见社区”的尴尬境地。

(四)智慧技术——政府

我国政府一直尝试推进从经营型政府向公共服务型政府转变，强调政府行为的规范性、标准性、程序合法性以及结果的可视化与可测量，致力于打造民主、开放、理性的社会治理结构，总体性支配向技术性治理转化的趋势越来越突出。智慧技术作为技术治理转化的典型代表，在应对社会个体的流动性和数据的可获得性方面具有得天独厚的优势。然而这种优势的充分发挥首先要基于两个前提条件：一是市场经济；二是法治体系支撑。政府要发挥宏观保障作用，提供立法、司法、执法的保护乃是最重要的路径之一，使智慧社区建设目标清晰，各参与主体权利义务边界清晰，行为有章可循，受到损害有可寻求的救济途径。但目前，智慧社区的宏观法治蓝图设计似乎已经十分滞后，远远跟不上智慧技术的迅猛更新速度。

在立法方面,技术治理涉及的参与主体链条很长,设备制造商、软件技术供应商、社区工作人员、数据的分享者、数据的二次加工者、虚拟社区的网上居民或社团等,甚至“长尾效应”关联到的社区不知名的小人物都是潜在的参与主体。以日常维护为例,网站的升级换代按照技术更新要求必须完成,然而社区乃至背后的政府各部门出于条块分割的考虑并不同意技术更新,一旦发生技术故障,出现大面积瘫痪、隐私泄露等问题,谁应当对此承担责任?社区工作人员往往与软件技术供应商相互推诿,彼此之间并没有划出明确的权利义务边界。对于智慧技术所收集的数据所有权归谁,谁能获得以及在多大幅度范围内获得数据的合理使用权,目前并没有相关的立法进行清晰界定。

在执法方面,大数据、云计算、物联网、门禁系统、监控探头技术实现了对社区治安的全天候无缝在场监控,然而也带来了社区治理结构的碎片化问题。智慧治理原本追求扁平化组织结构模式,但在实践中反而多出一道以技术官僚主义为特征的数字治理前置程序,发展出新的治理知识体系和权力秩序。地方政府的各司法部门通过强制手段,设定各种复杂的技术参数,以此来界定什么是“好与坏”“允许与不允许”,试图通过数字技术将社区原本千姿百态的丰富日常生活建模化抽象化,用数字架构再建构出一整套中心化的权力秩序。公安机关、消防、综治办、司法局、禁毒办等多个部门都对智慧社区提出了不同的技术参数要求,建立了不同的台账,并以此作为年终绩效考核的依据。社区工作人员被迫为各种数据的收集汇报奔波忙碌,一遍遍重复上报,有些部门的数据彼此之间相互冲突甚至对立。社区无奈只能根据不同部门的要求做出各种版本的工作计划,要求技术服务商不断去修改参数设置以适应不同部门的数字指标考核要求。

智慧技术原本被认为能够为多元主体参与提供平台渠道,直接向有关部门反映其意见和呼声,但在实践中却变成了技术屏障。如果一般社区主体不使用智慧系统,不先经过智慧系统的初级筛选分流,则几乎很难获得正式参与社区公共事务协商治理的“线上通行证”。此外,以往由“人”执法变成了由机器执法,人在执法过程中犯错会被追究责任,但机器执法犯错则找不到承担责任的主体。为了因一个错误的数字发生系统故障而导致的所谓“违法行为”,居民不得不来回奔波于技术服务商、社区居委会、社区工作站和上级政府部门之间,通过层层申请删除错误的数字记录。智慧技术滋生出数字模式的计算机官僚主义，但问题的源头并不在于技术本身，“真正的挑战不在于建构电子政府的技术能力，而在于克服政府内部根深蒂固的组织性分歧和政治分歧，造成城市经济的两极分化，以及社会、文化和空间壁垒的强化”①。

三、智慧技术治理在社区微观法治中引发的新难题

与传统社区形式相比，现代城市智慧社区居住拥挤，人口流动性强。社区运行的物质基础非常复杂，涉及水、电、暖、光缆、交通、消防安全等一系列环节。“社会事实的多样性、社会过程的复杂性和社会结果的不确定性”②决定了城市社区治理非常依赖数据信息。城市化程度越高，城市社区治理的难度就越大。可以说，没有丰富充分的数据信息，就不可能治理好现代城市社区。各地尝试进行的智慧社区建设，正是对不断提升社会治理能力以适应现代社区飞速发展大趋势的积极应对之策。对各种实时数据进行快速抓取获得，基于信息对各种情况进行及时的分析研判，有助于社区日常生活琐碎繁杂的事务更加清晰化、准确化和传输的高效化。但是从依法治理社区的微观视角来看，这种重大技术变革给社区动态柔性法治带来了新困境，主要体现在以下几个方面。

其一，属地治理的困境。

我国的社区治理基本思路是属地治理原则。一般而言，属于本社区物理空间的人、事由居民户籍所在地社区负责统筹管辖。但网络空间与社区实体空间的一个重要区别是边界含混不清。数字设备的运转需要大量的物质基础设施投入，需要跟外界保持沟通关系，网络空间并不能保持完全封闭，网络空间里线上使用的语言和线下物理空间内使用的语言完全是两个体系，网上社会规则和现实社区生活的规则不同。面对数字空间与物理空间二重分割特征，社区的微观动态法治在治理理念、治理途径、治理效果考核等方面都无法按照既往的思路进行。譬如，社区内发生的光缆信号侵权纠纷、智能远程门禁系统使用纠纷，往往涉及多主体，并非局限于某一社区的物理空间之内，很难用传统的属地归

---

① ［美］简·E. 芳汀：《构建虚拟政府：信息技术与制度创新》，邵国松译，中国人民大学出版社2010年版，第21页。

② 韩志明：《在模糊与清晰之间——国家治理的信息逻辑》，载《中国行政管理》2017年第3期。

属原则来确定矛盾调解的组织机构主体。

此外，相当多的城市社区属于老旧小区，财力有限，现代化的数字设备设施数量稀少。为了避免设备遭受损坏，很多社区并非 24 小时开机服务，而是只在工作日时间段内开机。居民不得不排队等候，时常发生争吵事件。况且由于遵循属地管理原则，相邻社区的数字设备即使闲置，也不会让非本社区的居民使用。这种自成一体、互不往来的人为地域割裂的社区治理思路，恰恰与智慧社区治理快速、高效的目标背道而驰。即使将来打通了网络空间，实现了技术和设备跨属地联通，仍然存在不同社区居民之间发生的侵权纠纷无法确定管辖权的问题。当然，上述问题的产生由智慧技术本身的特点引发而非由社区引发，也并非只发生在智慧社区，而是遍布各个领域。但社区是我国社会治理的现实基础，数量最多，分布范围最广，产生的现实问题影响面可谓最大。如果不对属地管辖问题及时进行研究，合理确定法律上的权利义务边界，只是一味盲目铺开智慧社区建设的范围和速度，则随之而来的将会是治安、社区矫正、社区戒毒等工作陷入因归属地混乱而更加无所适从的局面。

其二，属人治理缺乏现实的社会基础。

智慧治理对被治理对象有一定的选择性，要求使用者必须具备较好的文化基础和健康的身体条件，才能够正常使用各种现代化智能设备。然而，西部地区整体经济社会发展程度偏低，城市社区有相当一部分居民的文化程度较低，以及属于老年人、家庭妇女和残障人士，因而对于使用智能设备十分陌生，常常带有很大的抵触情绪，参与网上社区讨论、信息反馈等活动的积极性不高，仍然习惯于“有困难找政府、找干部”。线上服务基本上把这部分人群排除在外。在进行各种基础数据信息收集时，存在很大程度上的信息偏差。具体到社区的微观法治，目前社区法治宣传教育要求精准投放，针对本社区的现实基础开展灵活多样的宣传活动，基于偏差数据设计的法制宣传教育活动无法做到具有针对性、实效性。

不同的数字服务设计对潜在的使用者有一定的使用偏向预设，来源不同，传输出去的通道也有差异。城市社区的人口流动性很大，其中相当一部分是外来人口进城务工或者是年轻创业人口，租住人员较多。社区采用智慧设备进行有关防火、防盗、防诈骗等综合治安治理管理或服务时，这类人口的信息往往并不符合社区数字设备所要求的预设对象，常常被排除在外，还需要工作人员挨家挨户登门访问。此外,社区网民并非都是本社区的居民,但这些网民常常与本社区有着千丝万缕的联系。属人治理原则倘若与属地治理原则发生冲突,机器很难识别,还需要工作人员加以确认。各地普遍采用的智能设备前置筛选程序在实践中不但增加了社区居民的办事难度,且事实上对于发生的社区矛盾纠纷起不到迅速应对、及时发现和消除社区不稳定因素的作用。

其三,智能技术的单一性与社区事务复杂性之间的冲突。

社区依法治理涉及的范围主要涉及综合治安、日常维稳、居民生活琐事纠纷以及社区依法自治。与工作场所具有的理性、科层化特点不同,社区生活更多带有初级群体色彩,情感性、多样性、立体性特征突出。社区涉法事件的弹性、模糊性和复杂的牵连性决定了部分内容常常不是数字能够标准化和量化的。然而目前智慧社区建设越来越具有科层化特点,强调按照设定的流程分级分层分项目对各项事务进行管理,设置了严密的量化指标、责任主体、处理流程、时效区限和责任后果。对日常生活中纷繁复杂的涉及法律的事务都试图剥离其具体的场景条件,而将其纳入高度抽象的数字体系中去,忽视了历史文化、本土风俗、人口构成、区域经济社会特性的内部差异性。智能技术的刻板性、程序性并不能有效应对社区层面纷繁复杂的社会事实的多样性。

社区事务复杂性导致“快”与“慢”的矛盾尤为凸显。社区智能治理预设社区人际关系模式为微粒状态,基于此特点设计的法律事务高效快捷处理程序主要发生于人机互动关系之间。这一崭新的互动过程中,人的个体化参与实质上天然排斥多人进入人机互动系统。系统是以单个人为运算起点的,内部有自身的人机语言交互模式,有预设的精细运作逻辑,最后都指向快速、精准。而社区人际关系恰恰是一张丰富多元立体的社会互动网,人与人之间的互动天然具有慢节奏、混沌性特征。现代社会高新科技应用最为活跃的空间原本是工商业领域的工作场所,其无论是基础安装条件还是适用人群,都与智慧技术有着高度的契合性。在工作场所推广使用智慧技术会受到广泛欢迎,能满足科层化管理的量化考核要求。但社区的主要功能是为人们提供休憩、居养、抚育等的生活空间,以解决人的初级需求为主,高效、快捷并不是社区生活追求的主要目标。甚至在一些发达城市还出现了“慢生活”口号,提倡人们下班后居家关掉各种智能设备,享受不受信息打扰专注陪伴家人的“慢生活”时光。社区居民往往要求社区工作者、管理者精通各种数字设备的使用,能够为自己提供高效服务,但对于自己掌握并使用高科技智慧技术常常并没有高期望和迫切需求。实践中,居民抱怨自己所在的社区智能化程度不高,往往只是针对社区管理者和社区物质基础条件的抱怨。

其四,价值观两极分化,社区成员隔阂加深。

法治文化的基本起点是公平正义。智慧治理背后是以技术治理思路做主导,社区主要以生活空间为主功能,充满了休闲、养生色彩,天生就是节奏缓慢的、人际关系多元的、社会关系碎片化的。社会规则在社区转化为代码架构的先天缺陷很明显——脱离了具体的场景环境,实践中很容易走向技术主义至上的歧路。在飞速发展的智慧技术面前,每个人似乎都随时有沦为“数字难民”的可能性,让原本就不公平的家庭背景、受教育机会变得更加两极分化。智慧社区的智慧技术要么为了适应大多数居民的低技能状态长期不更新;不升级换代,那样技术会与现实的发展需求相脱节,甚至最终沦为摆设;要么不断与时俱进,加大普及推广力度,实践中这往往促使社区社会两极分化,社群成员之间互相鄙视,抱怨对方拖累了自己,包容心日益脆弱化。虽然可能会有志愿者指点数字弱势群体如何去使用数字设备,但这并不可持续。智慧技术本身有一定的知识技术门槛,升级更新快,讲解难度较大,偶然的帮助只能解决一时之需。当智慧治理日益演变成数字治理进而成为一种常态后,数字弱势群体就成为人们严重的累赘和被嘲笑鄙视的对象,社区关系变得紧张,加剧社会分层。

其五,社区依法治理的“人类中心主义”预设基础受到动摇。

古今中外,法律对于社会的治理作用无不体现在对人的治理。一切法律制度设计都是围绕本地居民的特点而展开,法律从它产生的第一天起本质上就是为人类服务的,“人类中心主义”毋庸置疑是其核心特征。社区法治当然也是对人的社会性治理,让其服从于强制性的法律安排,引导居民一切行为都要在预设的法律框架内进行。当智能设备经过不断修正,尤其与生物技术、神经科学、机电工程相结合后,将日益演化为智能机器人,具有自主意识、自我情感训练能力,能够自我评价、判断和选择,智能机器人与自然人的边界将会相互混淆。一旦智能机器人实施了法律所设定的违法行为之后,能否按照法律上的“人”来对待判决其承担法律责任?智能机器人能否成为社区自治的主体,能否提出政治上的诉求?智能机器人能否与社区居民结婚?能否拥有房屋产权?法治的“人类中心主义”主体架构是否要轰然倒塌,演变为“万物中心主义”?

如果万物都具备法律意义上的“人格”，是否都要维护其尊严，保障其基本生存权、发展权？如果“人”不再是社区的主宰者，法律治理的对象泛化，那么社区的物理空间边界还有意义吗？进一步而言，“社区”的存在还有必要吗？

四、智慧社区的柔性法治如何进行

智慧社区虽然具有“社区”之名，但已经与传统的社区含义相去甚远。从现象学视角看，“只要主体之某一部分经验表现出特定的认知风格，并且就这种风格而言前后一致且彼此相容”，那么它就构成一个“有限意义域”①。智慧社区是“基于交互化技术平台和组织化社会技术聚合而成的社会群落”②，大体可以被称为“域社会”。它所形成的智慧化交互社会关系、社会情境是一种完全崭新的社会群落，将会逐渐形成自身独特的社会系统。

大数据、人工智能等现代科技应用于社区治理，不能被简单视为社会治理方式以现代科技作为工具的借力，而是一场人们面对崭新社会细胞的社会治理方式从认识到行动的全方位深刻变革。以往在社区治理中得来的不可计量、存储、计算和分享的丰富直觉经验都在日趋数据化，“居委会大妈”“小巷”之类的社区工作人员日益被掌握了现代数字技术的年轻大学生取代。具体论及智慧社区微观法治，现阶段智慧社区建设虽然处于刚起步阶段，目前收集、分析的数据还不够精确和完整，但它基于信息数据所形成的证据作出社区安全防卫的相关关系分析并构建预防机制的思维逻辑正在为我们打开一扇崭新的大门。从“经验为本”到“数据为本”的全方位转型意味着今后社区治安、社区矛盾调解、社区消防等工作更加容易依靠智慧设施及时发现社区安全隐患，及时采取更加有效的应对措施。同时，也更深刻地折射出依靠扎根基层、兢兢业业加班加点和努力维系干群情感关系的个人传统工作方式日益淡化，今后将会主要依靠“智慧技术”以社会项目的方式运行，并以此作为驱动“域社会”运转的核心组织方式。当然，社区法治的主要特点为柔性微观治理，从以往几十年丰富基层经验得来的直觉、信念和决策方式在这种崭新的“域社会”面前并不会完全消

① 苏国勋主编：《当代西方著名哲学家评传》（第10卷），山东人民出版社1996年版，第365～366页。

② 何明升：《智慧社会：概念、样貌及理论难点》，载《学术研究》2020年第11期。

失,仍然留有存在空间。现阶段,西北智慧社区法治建设的主要对策为:

(一)以"共治共享"为核心理念法治设计先行

既然共治共享已经成为今后社区治理的基本主线,智慧社区的依法治理自然亦是如此。但从目前的智慧社区建设情形来看,政府尚未认识到事先进行立法顶层设计的重要性,各类基础设施建设一哄而上,技术标准缺乏统一规范,信息壁垒、技术屏障现象比较突出。财政资金投入失衡,有的过分向某些领域倾斜,存在设施重复建设情形,承担项目的社会组织之间存在恶性竞争,居民无所适从,造成资金浪费。有些明明需要财政资金投入的建设盲区却因利润计算、迎接检查等多种因素被冷落,或者虽有建设但后续跟进维护升级差。因此,政府应当统一牵头,承担起立法责任。更应当加强立法设计调查,广泛听取社会各界意见,及时更新立法观念,从全过程全方位监控到重点监控智慧管理器。每个智慧社区都将会有智慧管理器,类似于"智慧大脑",政府今后应当基于智慧技术的合作框架协议统筹该社区的智慧技术建设及运作。以往围绕着调整"人与人"之间社会关系的社区治理思路已经很难适应智慧社区发展可以预见的未来样貌。今后进行立法规划设计应当围绕着以"智慧管理器"为核心的长链条立法,重点把握每一个节点。从宏观上明确智慧社区建设的技术标准,明确各参与建设主体的入场资格,智慧技术的合法接入程序,数据收集应用的权限,隐私保护与数据伦理审查的机制与流程,经费使用等。这样可以从源头上消除智慧社区建设中体制性、人为性因素造成的混乱无序的恶性竞争,防范盲目建设导致平台技术冲突、资源无法有效兼容通用甚至陷入"智慧孤岛"等问题。

(二)代码契约应成为智慧社区法治的核心方式之一

尽管网络不是法外之地,违法行为同样要受到处罚;但持续创新、升级换代、飞速传输、海量信息、跨边界层级乃是网络世界区别于现实生活世界的主要特征,也是其魅力优势所在,智慧社区的全区域安全监控,注定了很难主要依靠人工监控方式实现。代码是社会生活的预设环境,是现代社会生活的架构。代码技术从一开始编写本身就蕴含着价值判断,其变化将会引发准则行为的变化,进而引起法治的路径变化。代码对法律至关重要的原因在于,它具备在一个大标准下识别行为的能力。这种能力在代码作为规制手段时,可以是对行为的限制。但是,它同样可以把行为塑造成法律允许的形式。在社区自治法律框架内采用契约式治理应当成为主流方式之一,但这里的契约已经不完全是传统民法意义上的白纸黑字的合同,而是依托于数据技术,其呈现方式具有崭新的时代新样貌,可简称为代码契约。

代码契约本身就是一种对行为的价值引导。基于智慧社区法治具有微观柔性的特点,代码契约治理大体涉及三个方面。一是国家对于社区的宏观主导作用主要依靠行政合同来实现。国家立法不可能对智慧社区治理的每一个细节都作出详细规定,也不存在直接指挥社区自治的行政隶属关系。以行政合同为媒介,确定国家与社区的权力义务边界,尤其是对智慧管理器的安装、运行、监控的权利归属和作出清晰的技术边界划分,预防智慧管理器变为政府直接插手社区事务的遥控器按钮。二是规范社会组织进入智慧社区开展技术服务的合法范围、数据权利归属和隐私保护。数据信息的权利归属和深度挖掘很难依据民法典具体条文强制规定属于谁,科技公司、居民和社区往往容易为此发生争端。目前频频曝光的个人身份、地址信息泄露侵权问题,尽管被害人可以使用民法典相关法条追究侵权人的民事责任,但海量的网络信息使数字方式的侵权很难被及时发现。即使受害人起诉维权进入诉讼阶段,智慧技术情境下证据的提取和保存也往往对网民不利。科技公司则大呼冤枉,频繁抱怨法律对于智慧技术干预得太多,会限制办公的速度和效率。事先签订代码契约,通过技术嵌入的方式明确社区各主体的权利义务内容,载明违约责任,类似的争端或侵权事件会少得多。三是规范居民行为,助力社区自治。通过电子契约的方式让每个居民签署遵守社区公约承诺书、知情同意授权书,承诺不使用网络暴力、不实施信息侵权、不沾染毒品、不参与非法传销、不乱停乱放车辆杂物、不破坏消防设施等,以培育居民的公民意识、规则意识、理性认知。沉淀出元伦理规则来指导居民的潜在不良行为。代码契约最大的优点在于机动灵活,采用了电子契约的外在形式,可以对社区智慧治理中出现的新问题及时作出调整,及时查缺补漏、细化完善,能动员居民对社区治理的盲区作出补充,对细节问题的违约责任的划分有据可查。代码契约既具有传统民法意义上的特点,也更加契合智慧时代社区柔性法治的特点。当然我们也要注意监控代码契约的强制性霸权,防止契约丧失双方的真实意思表示,变成科技公司单方面施加于居民的胁迫工具。

(三)塑造以人为本的社区法治文化

本节提及的两位老人遭遇"数字鸿沟"的案例,充分显示了技术至上主义已经在社会互动中初露端倪。智慧社区法治建设究竟着眼于"智慧"还是"社区"?如果只见"智慧"不见"社区",使用智慧技术如果最终的目标是消灭传统意义上的社区,那么长期以来不断宣传倡导并花费大量人力物力进行的睦邻友好、温馨家园的社区文化建设还有多大意义?

应当清醒地认识到,社区的各项现代智慧科技势必存在技术功利主义,如不加以防范,"数据霸权"的形式将在所难免,甚至西方一些学者担心代码或架构将会成为数字宪法。数据背后的功利主义价值观与法律的公平、民主、自由、意思自治、安全等的基本法律价值观之间的冲突不仅严重冲击着社会基本伦理,更动摇了基本的社会结构,颠倒了主体与客体的本位。面对智慧技术飞快的更新换代,法律如不进行自主回应,不主动调整扩大开放性和灵活性,那么它很难"把握着为其完整性所必不可少的东西"①。"法律不能把技术的社会意义作为压制和驯化的对象,而是通过回应来安置技术的社会意义和潜在的价值冲突"②。

法律文化是最有效也是最基础的应对手段。它的框架设计始终以"以人为本"为核心来调整人与人之间的社会关系,显示出法律比智慧技术更具有人文关怀。在社区大力宣传普及法律文化,宣扬以人为本的价值理念的同时,应当通过对智慧技术的价值理念重构,指引居民基于人本主义的核心原则去判断智慧技术是不是"为人的"和"人文的",进而行使自己的自由使用权,防止居民的价值观念在"数据霸权"面前全面扭曲异化,演变为技术的臣民。让"以人为本"的法律文化主导社区建设,意味着在智慧社区建设初期就要明确智慧技术的基本价值观应当定位于维护人类利益、不作恶、正义、基本权利、包容性、可责性、安全性、可逆性、个人隐私、利益共享等。智慧技术的设计、安装、运行都要致力于打造适宜有机人类的生存环境,尊重人,宽容地对待人类的部分缺陷和有机体功能的局限,保障人的基本尊严。从法律层面防范"技术逻辑"和"资本

---

① [美]P. 诺内特、P. 塞尔兹尼克:《转变中的法律与社会:迈向回应型法》,张志铭译,中国政法大学出版社2004年版,第185页。

② 郑玉双:《破解技术中立难题——法律与科技之关系的法理学再思》,载《华东政法大学学报》2018年第1期。

逻辑”公开侮辱居民的基本尊严，要求完善智慧技术设计，采取更加包容的技术路线，消除“数字鸿沟”和“社会排斥现象”，对弱势群体进行耐心帮助，健全福利保障体系，确保每个人都能公平地使用智慧技术带来的便利。

综上，智慧社区建设的确为社区管理、社区服务、社区经贸、社区互动带来了极大便利，但也存在过度数字化、数据成为开展工作的唯一基础、智慧机器成为执法主体等诸多问题。如果我们不对上述问题加以重视，不积极寻求社区法治的柔性应对策略，那么势必越来越丧失以人为本的基本法律文化基石，只见冷冰冰的数字，不见守望相助的社区亲密关系，以数字治理取代法律治理，这样的智慧社区已经与法治中国的奋斗目标相去甚远。

第七章　迈向软硬法治嵌合的城市社区共建共治共享

城市社区治理是一个公共部门与私人部门持续多向度立体互动的过程,源于国家与社会关系的深度调整。社区共建共治共享天然与依法治理紧密相连结伴而行。依法治理社区实质是以法治为主线重新归置理顺地方基层社会的权力结构和资源配置方式,建立起契合新型城镇化浪潮背景下社会治理的清晰行动规则框架,去协调各主体的行动边界,以保持社区稳定与有序发展。当然,某种意义上看,这也反过来促进了法治随着社会变化及时作出回应和调整。

第一节　完善社区依法治理应当遵循的基本原则

依法治理是社区治理的方式之一,应当服从国家对基层社会治理的基本布局,自始至终贯穿依法治国基本理念,服务于居民基本需求,为改革、发展、稳定提供保障。鼓励在政府的宏观主导下因地制宜、积极创新,深挖整合社区内外部潜在、显在资源,提升社区自我发展能力,打造"稳定有序、和谐包容、共建共享、绿色文明"的现代化社区。在探索社区软硬法协作治理的过程中,应当大体遵循的基本原则有:

一、坚持党的领导,发挥党组织在社区依法治理中的固本强基作用

为人民服务、群众利益无小事是党一贯以来的执政理念。社区的基本职能之一是为居民服务,与党的为民、亲民、利民的执政理念方向一致。就目前的情形看,即使在最偏远贫困的社区,也都建立有基层党组织,覆盖面广,组织体系健全,群众认可度高,号召动员能力强。发挥党组织的领导作用能够有效发挥引导、带领作用,指引着社区治理依法治理的基本理念始终围绕着为居民办实事的核心理念。同时依法治理社区的过程贯穿着居民的知法用法能力提升,法治观念培育,法律行为自我监督、自我教育。党组织的强有力领导还能够实现广泛的资源调配,为社区依法治理搭建各种平台,使社区依法治理与居民自治有机结合起来。

二、坚持以人为本,服务居民,贯穿以人民为本的基本思想

居民是社区的主体,是社区自治制度中的管理者,具有自我管理、自我教育、自我监督的功能,又是被管理者,数量庞大,需求多样,事无巨细均关系到社区的和谐稳定大局。在 2020 年突发的新冠肺炎疫情抗击行动中,社区成为防控病毒扩散的前线堡垒,党和国家充分做到了服务居民、造福居民,不惜一切成本调动组织了大量生活物资确保社区基本生活。坚持依靠和动员居民,在确保人身安全的前提下依法有序组织居民参与疫情防控,实现人人参与社区疫情治理、人人共享治理成果。软法参与社区治理,在设计制度框架和参与形式时,应当充分考虑居民的文化基础情况,以便民利民服务基本需求为基本出发点,不应当变相增加行政管理科层制的管理层级,加大了居民办事的难度。

三、坚持因地制宜,突出特色,走接地气的务实治理之路

各地社区历史传统、人口构成、自然地理状况、自身具有的资源禀赋千差万别。硬法全国各地通行,适用条件无差异,但软法参与社区治理则应当根据本社区的实际情况做出适宜的定位,内容设计上避免照抄照搬其他社区的成熟经验。应当深入基层走访群众,充分调研,多听取各方意见,综合权衡,找准自身适宜的切入点,量力而行,不搞形式主义,注重接地气,查漏补缺,久久为功,循序渐进展开。

四、坚持城乡统筹,促进协调发展

目前,我国的城市社区发展比较成熟,其居民的法治理念、法律素养、法律救济途径都比农村社区整体上要发达完善,在城市社区推行软法治理具有较好的现实基础条件。但应当注意到,城乡居民对于基本公共服务的均等化要求是一致的,并无上下高低之分。软法治理社区在公共服务方面有着突出优势,也是将来大势所趋。随着小城镇化速度加快,农村社区将来终究要引入软法治理。在进行统筹规划时,不应当完全撇开农村社区的软法治理需求。事实上,一些农村社区充分挖掘村规民约中的历史文化优势,在教育居民勤俭节约、尊老敬老、互帮互助、喜事丧事从简、矛盾调解等方面发挥了很好的引导教育作用。软法在维护农村社区安全、提供公共服务、促进居民自我治理方面已经发挥了实际作用,我们应当关注并进一步培育,将农村社区的法治与城市社区保持基本平衡。

总之,社区的依法治理是硬法与软法相互查缺补漏的过程。软法治理与城市社区的治理转型方式密切相关,在进行探索实践过程中,除了应当遵循国家硬法设定的基本原则之外,软法之治还应当符合国家对于社区治理的宏观规划设计基本要求,将“依法”和“治理”紧密联系起来,不可偏废其中之一。唯其如此,才能进一步促进社区形成更加成熟完善的治理体系,才能使社区的治理更加精准到位,夯实基础,提升效率,保障运行,巩固成果;才能更好地提升国家的整体软实力,提升依法治国的整体水平。

第二节　理念嬗变:软法治应当成为城市社区法治的组成部分

一、现代城市社区依法治理的理论逻辑

依法治理的要点在于依照法律厘清各方的权利义务形成规则来行事,实现整合和协调。法律是所有依法治理活动的基石,但值得注意的是,“强制”不是法的内在核心,只是法的外在支持条件。法的真正核心是“权威”,借助权威衍

生出众人认同的一般社会规则，从而扮演社会互动网络的核心枢纽角色，将现代社会松散的个体有序联结并加以理性引导，实现公共利益最大化。

与宏观层面的依法治国不同，基于社区层面的依法治理具有三个特征：一是治理目标的琐碎性，二是治理主体的多元参与性，三是硬法治适用的有限性与软法治的动态有效性。如果认识不到上述社区法治的新特征，一味地继续以"铁面无私"渲染法治的冷峻，着力于刻画法治的"应然"而非"实然"，实质是无视主体多元化、利益碎片化、场景无边界化的现代城市社区剧烈变迁现实，试图简单地将数量庞大、发展阶段参差不齐的中国城市社区打造成千人一面的法治流水线产品，最终只能导致理想主义的空中楼阁遭遇到现实挫折后迷茫徘徊，无法破局。

表7－1列出了社区治理中大致涉及的硬法，总体上只涉及社区治理中的重大原则事项。事实上，相邻关系纠纷、社区公共绿植维护、饲养宠物纠纷、占用停车位、垃圾堆放、张贴小广告、乱涂乱画、社区低保人员再就业、社区养老、慢性病保健等一系列社区治理问题，都琐碎且绝非孤立偶发，往往与政治、经济、历史传统、道德、民俗文化等互有牵连性，单"就法论法"的"硬法治"很难对此作出及时回应和精准解决。基于现实主义的角度，既然"共建共治共享"取代行政指挥是时代的大趋势，那么"软法治"大部分取代"硬法治"也不失为精准治理的因地制宜之举。

表7－1　社区法治中的硬法

名称	颁布时间/年	颁行机关	调整内容
《宪法》	1982	全国人民代表大会	居委会自治
《民法典》	2020	全国人民代表大会	物权、合同、婚姻家庭、继承、侵权责任
《城市居民委员会组织法》	1989	全国人大常委会	居委会的权利义务、组织运行
《物业管理条例》	2003	国务院	物业管理，改善社区环境
《业主大会和业主委员会指导规则》	2009	住房和城乡建设部	规范业主大会和业主委员会活动

二、硬法治在社区治理部分领域中的"短板"

在任何时代，任何国家在宏观层面都需要硬法治来确保社会正常秩序运转，配备军队、警察、监狱机构来确保白纸黑字的法律条文得到执行。硬法治是社会基石，是框架基线，其重要作用不言而喻。但是，当城市社区自身特性发生了剧烈转型后，国家管理模式正在向公共治理模式转型，社会组织和居民能够以平等主体的身份参与社区治理，法的价值在具有二重性的中国社区特殊空间不得不重新进行排序，效率、公平、自由、秩序孰先孰后？就社区层面，法治权力的运作未必都以强制手段进行，且法治权力也未必都由司法机构来行使。换句话说，硬法治在城市社区治理中存在一些明显“短板”。

第一，硬法治长于回应国家意志对于稳定秩序的利益诉求，难以有效回应社会其他群体对于法治的效率、动态性方面的诉求。硬法治强调法律的强制性，从另一个角度看也可以认为是僵硬性和保守性。它往往对纷繁的社区内外部环境失去了敏感性，不具有开放性和弹性，更难以应对新的突发事件，对于很多所谓达不到法律处理最低限的小事无法进行约束，一步步变相助长了社区工作人员的官僚主义心态蔓延。看似是法律神圣不可侵犯，有法必依，执法必严，实质上是自我隔离，狭窄地界定了自己的责任，陷入了一种盲目的形式主义。在社区物理空间内，对于家长里短的琐事冲突既无法可依，更难以执行法律的惩罚措施，社区陷入法治真空。

第二，硬法治长于设定法律主体的权利、义务，以告知主体行为的合法边界；短于赋予主体权力，不具有促进行为主体成长的能动性。为了适用于每一个调整对象，硬法刻意高度抽象化，忽略了具体的场景和行为主体的差异，以强制性为主要特征。因为它由国家专门的立法机关制定颁行，天生具有上位法的优越地位，不言自明地为民众设置了一条必须走的轨道，不遵循则必受制裁，可以追求法律的普适性则必然丧失了法治效果的精准性。如果社区治理只是依赖于硬法治，民众缺乏选择性适用法律的机会途径，更不可能根据本社区的具体场景条件缔造出更适宜的本社区规则，只能在设定好的轨道内行走，自身只有权利而没有权力，会难以积极参与社区共建共治共享。

第三，硬法治依靠国家专门执法机构的强制力获得实施，外部力量驱动产生的威慑作用在社区空间效果有限，也难以真正培养起居民对法律的真正认同。法律得到有效遵守的基础是反映民意，民意的比例有很大程度上取决于民主协商的广度和深度，只有反映民意的法律才能获得居民发自内心的真正认同，进而将法律规则内化为内心的精神规则。“法律规范的实施需要人们对法律的内化……如果仅仅依赖于国家强制力来实施，经常会招致反感，甚至会暴力抗法”①。硬法治的逻辑起点是自认为已经最大限度地将人的个性背景因素高度抽象化，并以此提炼概括出人的最普遍共性利益需求，基于该最大共性特征进行立法、执法就是最大限度地反映了民意。但此民意只是最低限度的公民共通型需求，并且立法机构在制定法律时要权衡国家宏观政治、经济发展状况，用公共权力有意无意地弱化了部分需求。其高高在上、置身事外的特点与丰富多彩的日常社区生活实践存在落差。

第四，硬法治与社区自治之间存在一定张力，无法体现社区公共治理中各方主体的共生性价值。城市社区并非一级政府机构，宪法设定一个组织——居民自治委员会来承担社区公共事务管理、公共服务两大核心职能。硬法治所预设调整的社会关系适用于政府管理模式下的层级、垄断型纵向关系，难以较好适用于以网状或平等关系为特征的平面治理结构。以社会治理理论为理论基础的社区自治强调权力的多元性，保持社区空间内各主体的共生性，尽可能强化社区各主体的自主成长能力。社区自治权的运作要尽力做到结构平衡，反映民意。社区自治主导下的社区法治应当是柔性、多维度、开放性、民主协商，未必一定要像硬法治那样具有强制性和普适性。

三、软法治的优点

社区存在多重社会关系和利益需求，需要居民遵守一定的公共规则才能维持正常运转。社区各主体的行为大体可划分为三个领域：高强制领域（服从于法律）、低强制领域（服从于非强制力量）、自由选择领域（服从于自由意志）。硬法的适用范围和效果有限，低强制加适度的自由选择是社区完成公共治理的适宜路径。《宪法》从最高法律效力层面为立法留出了社区适用软法的空间。其第 111 条第 2 款规定：“居民委员会、村民委员会设人民调解、治安保卫、公共卫生等委员会，办理本居住地区的公共事务和公益事业，调解民间纠纷，协助维护社会治安，并且向人民政府反映群众的意见、要求和提出建议。”因此，软法适用于城市社区治理，是一个十分值得谈论的主题。从目前的实践探索情形

---

① 程迈：《软法概念的构造与功能》，载罗豪才主编：《软法的理论与实践》，北京大学出版社 2010 年版。

看,软法适用于社区治理的优势表现在三个方面。

其一,低成本与高效率。

社区治理涉及的公共建筑物使用、环境冲突、停车规划、饲养动物等问题大部分是日常琐碎之事,都可以引入多元社区关系主体,通过社区各方讨论协商加以解决,做到及时进行精确、高效回应。其非严格程序性还能产生连带效应,进行情绪安抚或邻里情感关系修复。注重结果导向和市场导向的思维模式能够有效避免硬法治体系庞大、层级复杂的科层制运作产生的低效率、高成本和缺乏人文温度。这也契合了新公共管理模式下建立更有效的制度化激励和约束措施的时代需求。社区的发展历史越漫长,社区主体身份越多元复杂,在日常公共事务治理方面对低成本与高效率的需求就越多,心情也越迫切。

其二,应对多样性与高灵活性。

随着中国更广泛地参与到全球化进程中,传统与现代、开放与保守、飞跃与停滞在城市社区飞快向现代化与全球化转型的过程中并存,新问题、新情况层出不穷。社区治理往往需要迅速对既有规则做出改变,以更加务实和富有弹性的新规则来包容、协调各方利益以实现最优目标。以国家管理为中心的传统硬法治理遭遇到新情况新问题时,只能不断进行试验、探索,反复论证,静待时日。它从法律条文确立到实际运作执行,更关注其影响的地域性和时效性以维持社会秩序的基本稳定,不可能在短时间内做出及时改变。这样很容易导致出现法律难以管辖的真空地带,“无法可依”对社会秩序的稳定必然是有消极影响的。软法能在一定范围内弥补硬法的空缺,能扮演探索者、实验者的角色,积累经验,为将来硬法出台正式的条文打基础,体现了法治的渐进性。

其三,具有较好的参与性,平衡各方关系,推动社区自治能力不断提升。

硬法往往外在作用于社区各主体,如果不将其内化,将来执行会很麻烦。我国多年来持续投入巨大人力物力进行法制宣传教育,宣传教育的法均为国家制定法即硬法,宣传方式均为单向度,强调被教育对象行为的外在服从性,表现为不断重复法律的威严性,让人们务必遵照执行,否则就要承担法律责任。虽然在普及基本法律常识方面也取得了一些效果,但不容忽视的现象是知法犯法的人越来越多,并非法律知识匮乏所致。显然,法律的社会性因素不应继续被忽视。

社区软法主要以倡导、指引、解说、契约、团体章程、惯例等来呈现规则内容,激发居民内在的认同意识来调整自己的外在行为,依靠居民的群体压力来维持运行,不遵守软法者等于挑战集体意识,就只能出局。当然,软法也塑造了社区文化,它通过社区自治鼓励、引导各主体参与协商讨论,倾听各方意见,反复斟酌,大家相互配合,兼顾公共利益与私人利益、公平与效率,制定出接地气的社区规则。这一过程促使居民思考和定位国家、社会与个人的关系,是居民自我法律意识、法律素养的培养内化过程。既能有效地提升社区自治能力,更能推进社区的依法治理深度。

四、社区软法治理的主要方式

软法究竟包括哪些形式,目前仍然众说纷纭,尚未有清晰界定。从目前相关理论研究和社区治理的实践来看,大致可以包括以下方式,如表7－2所示:

表7－2　社区治理中的相关软法

名称	制定者	调整内容
社区自治章程	社区居委会	社区居民自治
居民公约	社区居委会 居民会议	规范社区民主选举、民主决策、民主监督
居民会议、 业主大会议事规则	居民会议	业委会职责、议事方式
居民(代表会议)决议	居民会议	建筑物、公共空间的使用
社区调解办法	社区居委会	调解的基本流程
小区停车场管理办法	业主大会、物业公司	规范小区停车秩序
风俗、惯例、伦理道德	历史文化	社区居民关系

(一)社区自治章程

宪法、城市居民委员会组织法等硬法赋予了社区居委会自治的权利,但居民以及社区自治组织如何具体行使自己的权利参与社区自治,自治框架如何建立和运作还需要更细节的内容。社区自治章程可以被视为某一个社区治理的“小宪法”,为本社区依法开展各项自治活动提供纲领性指导。社区自治章程在遵守国家大法的前提下,往往能够根据本社区的具体情况,灵活地设置自治机构和自治形式,规范自治内容。譬如,有些人口数量庞大或者人口居住十分分散的社区将“居民代表会议”界定为社区自治组织,人口数量较小的社区则将“居民会议”界定为社区自治组织；有的社区设置有居民小组，有的则没有；有的将驻社区单位纳入，有的则排除在外。有的社区自治章程将社会团体管理、社会保障、社区干部管理纳入条文，有的只涉及居委会、居民、社区党组织。对于居民的权利义务规定，各地的自治章程更是千差万别。总体来看，中国各地社区的发展阶段参差不齐，因地制宜设定本社区自治章程的基本内容，避免了全国范围内“一刀切”的弊端。

（二）居民公约

属于契约型治理方式，内容聚焦于与社区的日常生活紧密联系的公共生活问题，牵扯到多方利益关系和公共秩序，将伦理道德与法律原则有机结合起来，制定过程经由充分协商讨论，达成了共识，提供了评判居民行为的基本标准。一方面，在伦理道德方面，常见的规定有：邻里之间要互助互爱；居民个人要做到文明有礼，喜事新办，提倡节俭，爱护绿地，摒弃陋习，垃圾分类，文明装修，男女平等，尊老爱幼，慈善助人，等等。其遵循以人本主义为基本原则，顺应人的基本心理规律，关注人的价值理念，在充分达成共识的基础上塑造精神文化氛围，打造精神共同体，彰显社区的基本精神价值追求。在实践运作上采用非强制化的柔性方式，如倡导、劝告、指南等，引导居民约束自己的外在行为。以情动人，以理服人，以礼立人。充分调动居民的主观能动性，真正服膺社区规则，遵守自己的承诺，具有浓郁的情感治理特点。另一方面，它也十分重视与国家硬法的衔接，处处融入法治理念和法治精神，如反对“黄赌毒”、反对封建迷信、反对重男轻女、禁止非法传销活动、饲养宠物造成他人损害时应当承担法律责任等。明确了违约责任和相应的惩罚后果，采用谴责、批评、督促改正等软方式落实了约束作用。

（三）业主（居民）大会决议

常见于对社区内公共场地、建筑物的所有权、使用权、收益权的划分运营收益分配，对监督物业共用部位、共用设施设备专项维修资金的管理和使用，等等。根据《物业管理条例》第11条的规定，业主大会作出的决议内容包括：制定和修改业主大会议事规则；制定和修改管理规约；选举业主委员会或者更换业主委员会成员；选聘和解聘物业服务企业；筹集和使用专项维修资金；改建、重建建筑物及其附属设施；有关共有和共同管理权利的其他重大事项。业主大会的决议，对于全体业主具有法律效力。值得注意的是，业主大会的决议，虽然来自全体业主的共同意思表示,体现了社区大多数居民集体意志,但必须符合国家硬法的相关规定,体现基本的法律原则,遵循基本的法律框架。业主大会作出的决议对全体业主(居民)和相关社会组织具有很强的法律约束力,必须得到执行。

(四)社区调解办法、小区停车场管理办法等

这类规则、办法、细则属于社区公共治理中针对某类事项的具体工作方式,往往针对性比较强。其内容通常具有实体性和程序性兼具的特点,主要作用是确保相关的规则能够得到落实执行。一般认为,软法的明显缺陷在于缺乏惩罚性、执行缺乏保障性、责任承担机制不足、社区组织能力有限。上述具体的实施规则能够在一定程度上克服软法治社区的部分缺点,起到一定的保障作用。也能够对社区自治中出现的权力腐败、权力垄断起到制衡作用,控制自治成本支出,实现社区自治的综合效益最大化。

(五)风俗、惯例、道德

尽管城市社区人口异质性强,流动速度快,费孝通先生在《乡土中国》一书中所言的传统社会结构似乎在现代化转型中弱化,但当地的历史文化所沉淀下来的民俗、伦理道德并不会随着物质生活的全面转型而迅速消失殆尽。它是人们适应当地自然环境和社会组织结构以维持自身群体社会成员资格的理性选择,先天具有很强的地域性、原生性,存在不言自明的默契,贯穿于社区居民思维认知和日常生活实践中,以简洁、灵活的方式指导着居民的日常互动,扮演"活法""行走的法"的角色去实施有效的社会控制。社区居民之间产生的日常纠纷,多数情形下在矛盾初期及时进行耐心调解,往往能够得到解决,并不会闹到法院进入诉讼程序。调解过程中,巧妙地利用当地传统风俗习惯、伦理道德进行解劝,往往能够满足一般民众对于"正当性"的追求,能够关照到精神情绪疏解,修补社会关系。所达成的调解协议也往往因当事人顾忌周围群众的道德舆论压力而得到有效执行,不会像硬法实施执行时往往会遭到当事人本能的抵制。

五、软硬法嵌合的治理之策

软法常为传统法学家们诟病。首先是缺乏明确的责任承担机制,不具备强制性,违反规则难以受到清晰制裁。其次是位阶不明确。如果内容彼此之间发

生冲突，此规则与彼规则之间法律价值观相去甚远，优先适用哪一个呢？再次是效力低，在司法机关处理诉讼中常常不被认可。最后是缺乏监督执行。即使有些规则能够明晰当事人的违规责任，但惩戒措施由谁来监督执行常常落空。尤其当前我国城市社区居委会普遍自治能力弱的前提下，软法之治势必要经历十分艰难的拓荒过程，眼下不可有脱离中国城市社区现实状况的不切实际的幻想。

当前，探讨软法参与社区治理需要更多地关注其出现并参与治理的创新意义。软法是一种达成集体共识的过程，关注多元利益诉求，依靠协商讨论来达成一致认同。它将分散多元的社区主体进行整合，是创新城市社区治理方式、达成集体目标、实现集体利益的有效途径。它从治理框架平面结构上扩大了社会权力，不但为公共治理提供了法律基础，而且为规范和保障社区自治制度开辟了实践平台，对基层社会民主政治加以规范和引导，整合多元行动结构向着社区自治制度方向发展。

软法使我们认识到，原来“依法治理”四个字的真正含义，不仅仅是只看前两个字“依法”，还需要考虑后两个字“治理”。前者是我们多年来一直宣传教育的重点，凡事“有法可依”“有法必依”固然重要，但治理也是一门高深的学问，在依法的前提下也同时需要更多地考虑“治理”的复杂性。作为社会治理的方式之一，依法治理无可避免地要考虑“依法”的成本和效率问题。遵循边际效用递减规律，依法治国一层层经由科层制下沉到社区，如果再一味机械地照搬硬法条文，完全不考虑法治的成本，反而会陷入有名无实的法律虚无主义，使条文成为摆设。

“人人守法”固然是我们多年来法治教育的最期望达成的目标，但守法行为归根结底由社区居民具体作出。如果片面地以硬法作为威慑惩罚工具，迫使人人做出表面服从的外在行为，而没有人们主动寻规则、立规则，主动服膺规则的内心认同过程，那么其长久性将存疑。具体到社区法治，只有实行民主协商，让居民亲自参与软法的制定与监督执行过程，居民才能对基本法治精神，如自由与限制、公平与效率、公共利益与私人利益之间的平衡关系有感性的体验；才能激发起公众的理性思考，在将来自己维权时客观看待法律的功能，克制自己的行为，避免不切实际的幻想；才能有效调动居民的法治热情，主动挖掘更加多样化的潜在资源维护社区的法治成果。从长远来看，有了软法加入，社区的依法治理能够集中更多民智,拓宽法治深度和广度。

应该认识到,社会治理十分复杂,需要平衡多种力量,有其自身的逻辑,并非单靠硬法划线能解决。硬法更多适用于公共管理,软法主要适用于公共治理,二者各自有适用的范围,各自有评判标准。在功能上"软""硬"优势互补,结伴同行,宏观上都服务于法治建设总目标。我们应当立足于当前中国城市社区自治发展现状,综合考虑社会资本的不同所有者的利益需求,按照边际效益递减规律确立处于不同发展阶段的社区依法治理中软法、硬法的适用范围,力求扬长避短,软硬有度,最大限度地发挥各自的功能,建立起理性的本土化法律治理框架体系,实现社区治理的法治目标。

第三节 制度支撑:建构软硬法治嵌合的社区法治体系

一、完善社区治理法律制度规范

依法治理社区归根结底是为了建设法治社会,以立法、执法、司法和守法诸环节有法可依、有法必依来避免社区基本秩序失范。立法以及修订原有法律都是社区法治建设的基本前提,留存空白、含混不清、衔接疏漏自然谈不上立法完善,目前我国的社区立法尚未得到应有重视。

截至2020年年底,关于社区的基本立法只有《宪法》《城市居民委员会组织法》《物业管理条例》,并未制定一部"社区法"。关于社区立法的硬法数量过少,内容过于简陋,已经跟不上社区由管理向治理转型的大趋势,共治共建共享的色彩凸显远远不够,管理而非治理的旧立法思路尚未得到质的飞跃。宪法只是在基本层面确立城市居民委员会是社区的民间自治机构,只具有纲领导向性质。《城市居民委员会组织法》于1990年1月1日起实施,虽然于2018年进行了修订,但也只是做了简单的修修补补,围绕"组织法"这个关键词,主要调整的是居民委员会与政府间以及居委会内部的关系,涉及居民的权利义务以及参与自治的相关条文十分简略。关于社会组织的权利义务、居民会议的性质、居委会人员的选举办法与议事规则、权利受到侵害的救济途径等都没有涉及或一带而过。《物业管理条例》则规范的是业主和物业服务企业之间的服务合同关系,属于平等民事主体的民事法规范畴,几乎很少涉及社区自治的内容。《业主大会和业主委员会指导规则》详细规定了业主大会、业主委员会的职责,大体围绕物业服务企业的选聘与合同签订、缴纳物业费、专项维修资金的筹集与使用三大事项,并不涉及社区治理中其他自治权的内容。以一部《城市居民委员会组织法》试图囊括社区所有治理问题显然不够,后两部法律文件偏重于物业管理问题。物业问题并非社区治理的全貌,出台一部更为详细的"社区法"应当尽早纳入立法规划。

软法与硬法之间的衔接问题应当得到重视,目前以关于社区治理的三大法律文件《城市居民委员会组织法》《物业管理条例》《业主大会和业主委员会指导规则》作为目前维护社区运行的基本硬法,三者之间存在部分重复内容。尤其是后两者没有预留足够的软法空间,但社区治理包含的矛盾调解、环境清洁与保护、社区慈善活动等其他大量事务都需要依靠软法来进行自我治理。目前,社区治理的三大硬法对于政府支持鼓励社区进行软法的制定、监督执行少有提及,软法运行中的人员保障、经费保障、组织保障尚属空白。应当加快立法,建立起软法治理的激发机制,引导社区各方主体参与软法的制定与监督执行,尤其注意与婚姻家庭法、慈善法、行政处罚法、物权法、侵权行为法、社会保障法、信息安全法律法规等大法的衔接理顺工作,明确软法与硬法各自的适用条件和违法责任。唯其如此,才能尽快构建起完善的社区法治体系,为依法治理社区提供法律文本基石。

二、建立社区工作依法准入制度

城市管理重心下沉到基层之后,城市社区居委会承担了大量自治职能之外的事务,变成了各政府职能部门向基层延伸的"神经末梢"。居委会的时间和精力被大量占用,角色错位,一直饱受行政化的诟病,社区服务职能被边缘化,行政负担沉重。党的十九大以后,社区共建共治共享的理念深入人心,各职能部门纷纷在社区开展试点创新。由于一批批项目开始在社区展开运作,难免存在此项目与彼项目之间目标重复、场地人员冲突、运作规则交叉、绩效考核标准混乱等现象,社区的行政负担更加沉重,对政府依法行政、推进社区减负增效的呼声越来越高。尽管自 2000 年起,从中央到地方也陆续颁行了一系列通知、指导意见、实施办法等来解决该问题,就目前的情形看,效果都没有明显变化,基本流于形式。由于社区对于政府各职能部门存在资源依赖，一些领导通过打电话、口头指示、现场指示等简便方式直接给社区下达工作任务，缺乏必要的规章制度明确减负的程序和保障措施，社区的行政负担并未得到实质减轻，推行社区工作准入制度已迫在眉睫。社区工作准入制度的基本内容至少应当包括三方面：

一是依法准入、规范准入。除了国家法律法规明确规定由社区应当承担的工作职责，或者涉及群众重大生命财产安全、公共安全、突发紧急事务外，政府其他行政职能部门（包括街道工委、办事处）不得设立对应的工作机构或直接下达工作任务。如果属于常规项目，由民政部门联合其他机关组成审核小组，在每一年的年初进行申报登记审核，列入台账，签订行政合同，写明工作期限、工作内容、工作流程、考核指标、经费使用等。双方依照约定的合同内容办事，不得随意添加、删减或停止合同内容。准入事项一般要求必须与社区事务有紧密关联且必须由社区协作才能完成的公共服务、社会管理事项。申请者向审核小组提出准入申请时应当出示相关法律法规或者党委、政府的文件。未能获得审核小组批准的，社区居委会有权拒绝申请者进入社区工作的要求。

二是“权随责走、费随事转”。应当明确社区承担的项目责任与权力范围成正比。如果项目委托方需要派出工作人员或者建立机构驻社区开展工作，应当将工作人员、工作机构的办公经费划转到社区，由社区安排使用。经费应当按照项目进度及时划拨到位，不应拖欠、克扣。未经审核小组同意，委托方不能在社区建立垂直对应的分支机构；确需设立的，工作机构应当登记为民间社会组织。应当编制社区工作准入项目目录并公示，包括长期项目目录和年度准入项目目录。不应当要求社区党组织负责人、居委会负责人担任项目的兼职组织负责人员。未经审核小组同意，不应当到社区进行现场考察、检查评比等活动。社区居委会有权拒绝各职能部门提出的开具证明、提供材料、挂牌匾要求。

三是统一承办，严格监督。社区服务窗口是办理准入手续的唯一渠道，凡是已获得审批能够进入社区的项目，都应当通过社区服务窗口办理对接手续，不应当存在其他对接口径，防止各职能部门违法指派、社区违法承接项目。对于已经进入社区的工作项目，各职能部门作为委托方应当接受社区评议。社区评议应当由社区居民代表、社区社会组织代表、社区党员代表、社区工作人员代表组成，主要评议项目的实施效果、经费收支和群众满意度。未能通过评议的，应当责令限期整改。整改后仍未通过评议的,应当结束项目,退出社区。

社区工作准入制度实质上是从规则上明晰了政府与社区权利义务的边界,督促政府尽可能避免使用行政指挥、行政命令方式直接插手社区事务,更多地采用行政合同的软治理方式来搭建政社合作的协同治理机制。行政合同清晰界定了双方的权利义务、考核指标及奖惩措施,社区能够根据自身的情况与政府职能部门充分沟通协商,考虑是否承接工作任务。尽管目前社区工作准入制度在一些地区的试点探索出现了准入口径过宽、审批程序流于形式、审批过程缺乏必要的调查研究、审批结果缺乏监督机制等问题,效果不尽如人意;但不可否认,该制度确实在一定程度上增强了政府依法行政意识,在一定范围内规范了行政行为与社区自治之间的关系,任意向社区指派工作任务、随意挂牌、随意考核评比等现象有所减少。社区居委会的行政负担较以前相比已经有不同程度的减轻,能够腾出部分精力提升自身的自治能力,更好地服务于社区居民。建立社区工作准入制度,实质上就是规则之治,依法办事,探索尽可能在最大程度上保障社区居委会的自治权利,培育民主、法治的社区工作氛围。

三、构建城市社区依法治理的软硬法治协同机制

软法是社会治理实践中探索出来的一种兼具自律与他律的规范方式,后来得到了渐进主义理论的确认。它认为在各主体间存在较大利益冲突时,不强制性裁决孰对孰错,务实地采取双边协约的方式达成一些共识,尽可能保持各主体间的互动关系不至于完全断裂更为有利。毋庸置疑,其前法律功能(对新事物及时规范,为立法积累经验)、与法律并行功能(查漏补缺,弥补法律空隙)注定了在社会治理实践中必须与硬法协作,才能充分发挥出各自的优势,以实现社区治理效益的最优化。软硬法治嵌合的过程,也是一个彼此之间竞争、妥协与合作的动态边界移动调整过程。社区内部各子系统在动态调整下呈现不同的发展特点。

(一)软法治与硬法治嵌合的可能性分析

其一,社区治理系统的开放性。社区不再是一个封闭的地理单元,其治理方式由政府全能垂直指挥管理演变为多元主体协商参与实现共治转型,催生了对软法治的需求。社区治理参与主体越来越多元,治理方式越来越强调各主体合作,充分发挥市场的主体调配作用,灵活地应对社区不断增强的流动性。传

统硬法治自成一个独立封闭的系统，治理主体单一，治理方式主要靠硬法强制手段，难以弹性应对社区事务的琐碎，不能充分满足社区多元主体平等协商的参与需求，制度供给的能效有限。软法治就在社区治理方式日益开放而硬法治无法充分满足治理需求的大背景下应运而生。

其二，社区治理过程的动态性。社区治理原本就是一种各参与主体的双向实践行为，既涉及公共部门，又涉及私人领域，彼此之间发生持续互动，引导规范各主体的行为，维持正常的社区秩序稳定。传统硬法治依靠强制手段阻止人们实施危害他人的行为，只能维持暂时静态的均衡。随着社区内部、外部诸多因素的变化，社区各主体之间的力量均衡势必经常被打破，动态调整乃是常态。在硬法治提供大保障的前提下建设软法治体系，能够很好地及时回应动态调整需求，为实践双方的互动提供可行性规则，使各主体合作既稳中有序，又弹性包容，更好地推展实现新一轮的法治均衡。

其三，社区治理结果的微观性。社区主要扮演着生活空间的角色，日常事务庞杂，密切关联基本民生。对社区各主体之间的互动行为进行治理，必须注重效果具有可体验、可观察、可测量的微观性，不能像国家治理那样宏观抽象、具有普适性。因为硬法治的高度抽象性产生的普遍性结果，一方面抹杀了不同社区主体之间的差异性，另一方面也难以激发出对这种动态差异的创新效应。软法治则较为适合将多元主体之间产生的吸引、竞争、合作、对抗行为引导转化为自律与他律结合的协作行为，产生社区内部微观有序结构。软法治与硬法治相互嵌合能够更好地凸显软法治的微观优势。

（二）软法治与硬法治嵌合的要素

其一，功能衔接。软法与硬法各自有其治理空间、适用方式和治理优缺点。需要关注的是二者功能上的衔接问题，避免相互冲突，争夺适用对象，抢占空间，引发混乱。现行有关社区的硬法为软法的创制及其运作提供了一定的开放空间，使软法的合法性地位得到了确立，软法作为一种规则之治才能顺利展开。软法治的前法律功能可以在社区治理中发挥创新作用，对于目前不具备成熟条件、尚待转型变迁的事务，可以先用软法治方式进行规制，待将来条件成熟后再写入硬法，正式成为社会普遍规则。对于已经在硬法中进行了立法又需要进一步更加细化的事项，可以采用软法进行弥补。从总体上看，二者都是发挥法的基本规制功能，将社区事务纳入法治轨道，其中硬法发挥禁止功能，软法发挥激励功能，软硬法并行乃是社区治理的现实之道。要确保二者实现功能上的衔接，而不是自说自话、各管一摊。

其二，主体嵌合。硬法的执法主体主要是司法机关及其工作人员，是为了确保国家基本秩序的稳定而专门设立的，有专门的场所、人员和经费保障。社区层面的软法的执法主体主要为社区的各参与治理主体，居民、社会组织、社区居委会、社区党组织等都可以纳入社区治理主体。从表面上看，硬法与软法的执法主体似乎相去甚远，但实际上二者共同服务于依法治理社会的“大目标”，对法的权威地位认同达成了共识。软法的执行主体必须首先要遵守硬法，接受司法机关的法律监督，违反了基于硬法制定的软法则必须承担法律责任。从长远看，社区工作人员、社区居民骨干、社会组织等在适用软法时都应当首先具备基本的硬法常识，具有基本法律素养。对硬法缺乏基本认知必然也不可能很好地适用软法参与社区治理。

其三，组织协调。社区场域中硬法与软法的衔接目前还很薄弱，探索做好组织协调工作乃是软法治推广的必由之路。应当针对本社区的治理目标设计出运作的基本框架，对各种资源进行合理调配。需要克服保守心态和惯性依赖，积极营造创新的环境，以包容的态度对待软硬法协调磨合的过程。实践中，会议协调法是常用的有效方法之一，即定期召开社区各治理主体和有关职能部门参加的联席会议，保持信息畅通，对于焦点问题充分交谈沟通，达成基本共识。如果不具备开会协调的条件，日常还可以采取书面协调方式，以报告、信函、备忘录、情况介绍等多种书面方式处理各级管理部门对软法不适当的干预，研判软法在实践中自身存在的问题，向各界解释说明社区法治存在的现实困难，或者自己需要得到的帮助等。

（三）软法治与硬法治嵌合的实践逻辑

社区治理涉及多元主体的利益，各主体之间存在力量不对称性，本质是一个经历权力的动态博弈直至达成集体利益共识的选择过程。软法的效力能否得到发挥并不完全取决于其强制性的力度，很大程度上取决于主体对于软法规则的信任程度和接受程度。单靠进行法制教育、平等协商都难以真正落实，最有效的实践路径之一在于建立起主体之间的合作互惠关系。

首先，软硬法同时发力，确立社区公众参与社区法治的共同价值。每一个成员都会存在自我价值的追求，自始至终也最关心自我价值目标的实现是否遭受阻碍。无论是硬法治还是软法治，首先应当引导社区成员主动自觉地保持自身目标与社区法治的目标方向一致。一个具有活力、具有可持续发展能力的社群首先应当确立使命感和价值感，使“我们要做什么”“我们能成为什么”成为社区各主体的共同信念，才能达成内在心灵世界的默契。如果社区群众各自怀着看客心理，认为社区法治就是打击违法犯罪行为，属于国家司法机关的职责，自己“有困难找警察”即可，体验不到社区法治的公共参与中自我的价值感，也就不会产生交往互动的兴趣，更不会以包容开阔的理性思维去接受各主体的利益冲突。软法应当围绕着社区的法治目标，依托于国家硬法赋予的社区自治权建立技术型激励机制，提供开放的技术平台，动员各主体积极进行信息沟通和互动交往，在工具型互动中达成理解、自律，自我建构和自我管理。软法治的实践运作基础正是基于上述组织成员内部的结构性约束达成的对组织的忠诚感，这也是软法治获得实践运作内生资源的最有效途径。

其次，软法明确公开划清社区各主体在各时段、各领域共同的法治任务进度。时至今日，西北城市社区的管理色彩依然比较浓厚，所谓的共建共治共享还只停留起步阶段。社区法治任务的总体目标、分阶段具体目标、工作要求大都处于秘而不宣状态。即使有所谓以红头文件形式公布的政务公开，也都语焉不详、笼统抽象，容易被误认为仅仅是社区工作人员应当完成的工作职责。于是，一边是社区干部大包大揽忙碌劳累，另一边是社区群众和社会组织袖手旁观，消极等待。这表明社区法治尚未真正将社区成员纳入共同任务体系框架，彼此之间不存在为了共同的法治利益而合作的社会连带关系。

社区的依法治理涉及资源分配，必然会触及每个主体的现实利益。各主体动态博弈中存在不言自明的潜规则，即每个人都试图最大限度地削减他人利益来获取自身利益，彼此推卸责任，形成小群体利益区隔。社区共同体分工合作的意向在这种分割中逐渐淡化消解。“一旦共同的利益不再紧迫或显而易见，所追求的目标就黯淡不清了。一旦到这些目标的手段不透明，以公共利益实施的强制性措施就失去了正当性，每个人都将设法予以摆脱”①。硬法应当正视居民的逐利性，消除提防、管控心态，不断强化主体的利益相关性和彼此依赖

---

①　[法]皮埃尔·卡蓝默：《破碎的民主——试论治理的革命》，高凌瀚译，生活·读书·新知三联书店 2005 年版，第 91 页。

性，让渡治理空间，以软法打造“共同家园、人人有责”的社会责任感，开放参与渠道，建立利益群体的诉求表达机制，引导居民服从软法治规范，避免社区依法治理走向贵族化、边缘化、形式化。

再次，硬法优先，软法补充，培育各主体的社会资本，尤其注重以硬法夯实财政保障机制。无论是社区居委会还是社会组织，目前自身都存在较为普遍的社会治理资本匮乏问题。人手不足，经费来源基本依靠政府财政拨款；权威性差，召开联席会议往往需要政府出面牵线搭桥，各主体才愿意参加；一旦发生了争议，往往寻求政府部门的裁决而非继续平等协商。硬法应当先行，从立法上确立培育社区参与主体的社会资本的方向，明确加大对人才培养的支持力度，加大对社会组织的培育孵化广度和深度，不断增加政府购买服务的资金投入。软法则查缺补漏，权衡社会资本进入社区的门槛，采用更为灵活的方式吸引更多的社会组织参与社区治理。

硬法优先原则尤其适用于社区资金投入来提升社区主体的参与治理能力问题。本课题在调研中发现，尽管理论上确认了公众参与城市社区治理制度，一些发达地区的城市社区也努力拓展公众参与渠道，当地公众参与意识及能力已经具备；但实践中很多社区群众明确表示，参与社区自治活动会占用自己的时间，影响经济收入，如果没有经济补贴不会参与，这类说法的比例高达八成。因社区资金问题极为敏感，又牵扯到复杂的会计、税收、信贷、财政规划等规章制度，目前软法尚未有能力对社区工作资金作出特别强有力的规定。目前硬法唯一对于社区自治工作经费来源有明确规定的是《城市居民委员会组织法》。该法第 17 条规定，“居民委员会的工作经费和来源，居民委员会成员的生活补贴费的范围、标准和来源，由不设区的市、市辖区的人民政府或者上级人民政府规定并拨付；经居民会议同意，可以从居民委员会的经济收入中给予适当补助”，但对筹资、补贴、奖励尚未有进一步明确的立法规定。每年获得的政府财政拨款基本都参照上一年度的额度，没有遵循“费随事转”原则，社区一直处于社会治理的范围不断扩大而资金短缺日益严重的双重压力之下。应当进一步加快硬法立法进程，明确社区自筹经费和接受社会赞助的权利义务边界，规范资金的筹集、分配和使用方式。社区则以软法确立配套激励机制，为依法履行自治职能提供资金保障，激活社区不同主体的参与意识，提供相对公平的协商对话博弈环境。

最后，软法应受必要的监督，建立对软法实施的监督机制。软法治理社区，与硬法治的一个显著区别之一，是其很大程度上依靠自律。自律对于被治理对象的个体能力素养要求较高，具有很大的个体差异，实践中主要依靠宣传教育、奖励机制来实现。软法治理虽然以其诸多优点吸引了社会各界积极尝试探索，但也存在很多缺点，离不开他律。需要对软法的制定、运作执行进行适当的事前监督、事中监督和事后监督。居民委员会、业主大会都对其享有一定范围内的监督权。社区依法自治中应当重视使用法律所赋予的监督权，对公约、合同、章程等相对正式的法律文本按照法定程序进行必要的审查，留存备案，规范软法的实际运作程序。尤其应当对项目制运作的社区工作实行必要的阶段性监督审查，及时发现问题，及时干预，避免后续运行产生更大争议。此外，也应当根据具体情形建立责任追究倒查机制。共建共治共享的难点在于其参与主体多元，责任容易分散，存在很多不可预料的风险，因而有必要进行适度的责任追究，以增强参与主体的责任意识，实现社区公共治理规范化和效益最大化。

第四节　实践路径：夯实社区依法治理的基石

一、塑造社区法治文化惯习

多年来，我国社区工作存在一个奇怪的现象，理论上均认同塑造社区法治文化的重要意义，但实践操作却存在各种各样错误的认知和实践行为，似乎法治文化的含义往往被简单地误读为对群众进行普法宣传教育。于是，社区年年大张旗鼓地采用贴标语、挂漫画、送简明读本、演戏剧、做剪纸、打造法制文化长廊等等五花八门的手段去进行基本民事、刑事法律知识的宣讲，期望群众对常见法律知识有所了解。法治宣教潜在的基本逻辑预设是“知法才能守法”，一个对法律知识完全一无所知的法盲可能会无意中触犯法律而沦为阶下囚。

然而，上述预设存在明显的逻辑谬误。“知法”与“守法”之间并不存在前因后果的逻辑推理关系。一个显而易见的例子，“道理都懂，可我就是做不到”，一些沦为阶下囚的罪犯反而是明知故犯，甚至其本身就是法律工作人员而知法犯法，以自身实例诠释了“知法不等于就必然会守法”的社会事实。绝大多数社区群众既无时间精力也没有能力去学习晦涩艰深的法律知识，他们“守法”不见得是源于具备了多么丰富的法律知识，甚至本身经过多轮日常普法教育之后依旧是法盲，只是在日常生活中遵守了对人的社会行为要求更高的伦理道德，时时刻刻进行自律，用伦理道德来指导日常生活。一个谦虚有礼、尊老爱幼、诚实守信的居民，也必然轻松成为守法良民。塑造社区法治文化的关键不在于增多群众的法律知识储备，而是从“文化”二字的特性入手，将依法治理的观念树立起来，尊重法律的权威地位，将信法守法内化为群众的一种常态化共同生活“惯习”。这种惯习的形成恰恰是需要重点解析并付诸日常工作实践的关键点。

（一）社区法治场域中的权力实践

惯习是“一个开放的性情倾向系统，不断地随经验而变，从而在这些经验的影响下不断得到强化，或是调整自己的结构。它是稳定持久的，但不是永久不变的”①。简言之，惯习就是一种外在性的内在化。个体行动者只有通过惯习的作用，才能产生各种合乎理性的常态型行为。显然，外在施加于居民的法制宣传只是塑造社区法治文化的第一步，法律知识如果没有经过居民的内化用以指导自己的日常行为，就起不到应有效果。打造依法治理的惯习比法治宣教具有更深远的现实意义。

布迪厄主张，惯习的生成必须考虑其所存在的场域。一个社区的法治场域可以看作各主体所处位置之间存在一个客观的网络，场域中各种位置的占据者利用各种策略来保证或改善他们的位置，不断在场域中进行或明或暗的博弈。一个社区的依法治理场域就是一个法治权力的运作空间，行动者斗争的策略取决于他们拥有的资本、对位置的认识以及从不同位置出发所采取的不同视角，最终形成其身体上、心灵上的认同与遵从。

在社区中，既有来自国家的维稳防控法治绩效考核压力，又有来自群众依法开展基层自治权利实现的民间社会压力；既有社会组织以第三方身份参与社区契约式治理的自身利益最大化需求，又有群众日常生活琐事矛盾冲突需要依法调解的现实需求。政府、社会组织、居民三方各自拥有的社会资本差异很大，

---

① ［法］皮埃尔·布迪厄、［美］华康德：《实践与反思——反思社会学导引》，李猛、李康译，中央编译出版社2004年版，第178页。

现实目标分异,在社区资本有限的情况下很容易产生孰先孰后的冲突问题。国家处于社会治理的金字塔顶端,不断行使国家立法权和社会资本调配权,向社会基层传达法治理念、法治标准,是社区法治场域中的主导者。社区会把主要精力投入到法治宣传和维稳防控上去,法治宣传带有明显自上而下俯视角度的教化特点,带有"形式化""部门化"特征。这就不难理解为什么社区法治文化塑造被预设为等同于法治宣教。

部分实力较为强大的社会组织往往拥有自己独特的技术、专业特长,具有自身的资金筹集渠道和专业人力资源,在政府购买服务的招标中比较容易受到青睐,在实践执行项目过程中容易打开工作局面。而自身缺乏社会资本筹集渠道,主要依赖政府财政资金全额支持的弱小社会组织,不但在招投标中处于弱势地位,即使拿到项目也往往在社区工作实践中面临着诸多困境。项目运作策略和工作效果一旦与政府、社区和居委会期望不一致就极容易陷入被迫离场的尴尬境地。

居民是社区的主体,彼此之间为生活琐事发生的矛盾纠纷,除了个别社区有外来专业调解机构进驻,在绝大部分社区往往不受太多重视。社区虽然也按照工作职责流程做一些矛盾调解工作,但更常见的做法是指引当事人去寻求社区外的司法机关处理。即使涉及人数众多、金额标的大的群体事件,且引起社区的重视,但社区本身的资本十分有限,依靠软法治途径解决有心无力,最终纠纷事件往往还是走向司法诉讼程序。总之,治理是一个动态博弈过程,社区法治场域存在着一些不言自明的隐形力量,各方参与者往往根据自身所拥有的社会资本情况选择对法治的认知和使用,理性算计利益得失。其实这与法律知识储备丰富程度的关联性并不如预设中的那么强。

(二)社区场域中的法治文化再生产

惯习是外在社会结构的内化,也是各种社会关系的集合体。随着个体不断接触诸多社会状况,个体也就逐渐被灌输了一整套相应的性情倾向。这种持久的性情倾向内化了现存的社会环境,把经过调整且定型了的"惯性"及外在"现实"约束的烙印打在心智里。[①] 惯习有助于把场域塑造成一个被赋予了价值感

---

① 参见纪晓飞:《实践理论视角下的农村生男偏好研究》,载《郑州航空工业管理学院学报(社会科学版)》2010 年第 5 期。

并值得社会行动者去尽力投入的世界。

场域塑造了惯习,社区中的法治文化究竟具有何种品格特征,既取决于社区场域的社会结构,更取决于社区场域中各行动主体的博弈策略和博弈结果,会导致文化的再生产。我国东南部一些经济发达地区,政府锐意改革,加快角色转型,倡导发挥社区自治功能,鼓励多元社会主体参与社区治理。这种行动会在日常生活实践中不断地由外在行为内化为内在认知,会潜移默化地引导着该社区的法治文化氛围日益走向开放、包容、创新,社区依法治理中软法的成分会比较多,法治理念会逐渐被沉淀下来型塑成该社区的精神气质。积极参与、民主协商、平等对话、政务公开等内化为社区各主体自然而言的性格倾向,呈现与西部经济相对欠发达地区的城市社区依法治理迥然不同的精神气质。

文化的再生产必然要经历一个依法治理不断被外在场域内化后逐渐成为社区群体共同的主观认识的过程,主导这一过程的行动者对社区法治有着自己的判断和利益选择。起初,社区群众最关心的往往是依法治理是否能保障群众的生命财产安全,保障知情权、参与权,保障个人自由与尊严。后来则会关心本社区究竟需要什么样的法治治理结构;哪些事情需要软法自律,每一主体自律的权力强度和边界范围多大。但这些问题最终都会以能给社区共同体带来多少福祉作为权衡的依据,都会逐渐形成不言自明的判断标准和实践行动规则,并逐渐统一到本社区需要什么样的法治文化的抽象反思。行动者会思索在哪些方面需要加强,哪些方面需要锐意创新,哪些方面不得不暂时维持基本到位。每个人对社区法治文化都有五花八门的理解并选择性展开实践工作,各地社区呈现千姿百态的社区法治样貌。有的社区十分注重硬法打击刑事犯罪功能,还有的社区则更加注重软法多元创新功能。在各种日常互动、法治规则建构中,经过不断筛选、审查、确定,法治文化最终以制度的形式保存下来,成为指引社区各主体的行动规则,这种法治文化的实践再生产,已经与国家宣传的理论上的法治文化有了一定要素构成比例差别。但这也恰恰是社区的个性特征,各地社区正是基于本地特点展开丰富多彩的塑造法治文化活动。

(三)塑造法治惯习的实践

社区依法治理文化惯习的形成,与个人的特性和历史有紧密关联。从行动者作为主体参与社区治理的视角看,各方应当都做出努力,形成互动网状立体结构,才会产生联动效果。

其一，调研法治的基本需求。依法治理的最终目标，是提升人民生活幸福感，古罗马法谚“人民的福祉是最高的法律”即包含此含义。“依法治国”往往是站在执政者的角度考量政治利益，而社区主要是一个生活空间，依法治理社区更多地是为了服务于具体的社区生活。对于本社区法治究竟该着重点眼于哪些方面，应当更多地从居民的角度来考量，而非站在金字塔顶端俯视。应勤于实地走访，多倾听群众意见，关注意见集中的热点问题，而非一味机械执行上级的指示。对于群众提出的各种需求要进行详细梳理，分清层次。此外，也应当考察社区的发展历史，敏锐地把握社区传统历史文化与社区软法治之间契合关系，将其作为软法治的推进力量之一。社区工作人员一轮又一轮的反复实地调研过程，就是一种无声的传达法治精神的过程，在面对面的访谈中表达思想情感，形成润物细无声的效果。

其二，转变视角，优化场域环境，打造轻松的社区法治文化氛围。在西部一些较为偏远落后的地区，社区法治宣传教育往往演变成法制宣传教育，虽然二者之间仅有一字之差，但含义完全不同。法制宣传教育在实践中呈现一个共性特征，即宣传者板起面孔，使用各种媒介以严肃、恫吓的语气反复强调法律的庄严性，执法必严，违法必究。高音大喇叭 24 小时反复播放，大标语挂满街，四处散发传单，密集群发法治短信等都是常见方式。法治惯习的塑造需要时间沉淀，更需要针对每一个体的性格倾向对主观心智世界进行潜移默化地改造。威胁恫吓式的法制宣教只考虑外在形式，强迫被教育者按照指示去做，不关心被教育者的内心世界，无法收到长远效果。应当将法治文化建设看作一种塑造社区日常生活方式的常态之举，采取幽默轻松、简便易行、内容精练、短时间的方式进行，如同散步、下棋、喝茶、跳广场舞般普通，让群众领略到日常的自由、安宁、和谐、整洁就是法治。正如黑格尔精辟地概括出现代法律的核心主旨是“成为一个人，并尊敬他人为人”，文明的言行就是遵守法律。

其三，改变惯习，加强互动，将群众吸引至社区法治场域之内，成为主动参与者。长期以来社区法治活动采用的一元主义绝对权力结构模式已经形成惯习。群众普遍认为，社区依法治理是干部的工作职责，群众听从指挥即可；如果自己有涉法事务，就找干部、找警察、找政府，缺乏主动参与的理念。就连部分社区干部都认为，依法治理社区的主要治理对象是群众，他们是治理的客体而不是主体。群众长期缺席导致社区开展法治活动时参加者寥寥无几，普法宣传没有帮手,群防群治流于形式。应当积极探索采取多样化的形式,创设合作法治情景,偶尔进行角色互换,让干部和居民彼此体验社区法治的他者理解思路。群众要经常“在场”,即使一开始仅仅身体在场,但假以时日,会逐渐形成身体惯习,改变其心智,最终理所当然地把社区法治看作自身密不可分的自我世界组成部分。唯其如此,才能改变社区法治场域的权力结构,逐渐打破社区法治的一元主义思维惯性。

塑造社区法治惯习的过程,实质就是改变社区法治实践的时间性,沿着过去—现在—未来的主轴重新进行社区法治文化的再生产。考察社区的久远历史,从传统文化中分析社区居民的文化偏好和性格气质,围绕着政府在宏观层面塑造的统一法治基本标准进行社区法治各主体资本的微观分配均衡,不能过分集中,以满足社区各主体的法治需求,打造对于社区未来的共同预期。最终,每个社区主体在轻松愉快的法治场域氛围中,都会为自己的法治需求寻找到一条新的心智解释之路,拉近个体法治需求与社区共同体法治目标的距离。社区法治场域最终的建设目标,是在润物细无声的氛围里实现身体与心智的双重现实存在。这既体现于行动者的外在,表现为社区各主体行为上的守法;又体现于行动者的内在,表现为自我的世界即是社区的世界,自己和社区连为一体,形成“社区是我家”的观念,与社区精神相连、休戚与共。

二、引入司法社会工作参与社区人民调解

在从社会管理到社会治理转型的大背景下,曾经边缘化的社区人民调解重新受到中央政府的重视,被认为是国家现代化治理体系的重要组成部分。近年来各地也积极探索新时代之社区人民调解新思路,致力于构建“大调解”格局,倡导社会组织、其他民间力量参与社区人民调解工作,为社会工作参与该领域提供了良好的发展契机。《人民调解法》强调了社区人民调解的民间性、自治性特点,为社会组织参与社区人民调解工作留出了制度空间。在此背景下,专业的司法社会工作积极参与社区人民调解,既响应了国家多元力量参与社会治理的动员,开辟新的实践应用领域,也是该学科嵌入社会治理领域探索学科本土化理论的尝试。

当然,鉴于中西方历史文化传统与现实社会发展状况不同,以及中国本土正在构建“大调解”“大司法”的现实情境下,本书所言“司法社会工作”与“社

区人民调解”采取宽泛的含义。只要能有利于化解矛盾、息讼止纷，维护社区社会秩序稳定，促进社区和谐，都可以被纳入司法社会工作和社区人民调解的范畴。

（一）司法社会工作参与社区人民调解的社会土壤

当下中国社会深刻转型，科塞所言的“潜在矛盾”似乎大量急速表现为“显在矛盾”。从纠纷性质、规模、主体构成、表现形式、发生地点和持续时间等多个角度都具有频发、多样、复合的转型期特征。各级政府预防、排查、调处和化解社会矛盾纠纷面临着更大的压力和挑战，民众对社会矛盾纠纷的化解也有了更多元的需求和更高期望。传统的调解方式已经逐渐难以适应当代社会的需求，呼唤着专业调解力量介入社区矛盾调解，从而使司法社会工作有了成长的社会土壤。

第一，社会转型纠纷的新特点呼唤专业人员介入。现代中国从乡土熟人社会迅速转型为陌生人社会。高流动型的城市生活导致居民之间日常缺乏基本的社会交往，情感淡漠，“邻居十年老死不相往来，独居者突发疾病死在屋里两个月才被发现”①的现象并非新闻媒体的个案报道。一旦居民之间发生水电、通风、采光等公共设施物业纠纷，既没有传统熟人社会的人情、面子、关系等因素的约束，又缺乏足够的能力去理解现代高科技快速升级换代带来的技术难题，双方协商自行解决的难度越来越大，调解人员以第三方角色介入以及调解专业化日益成为大势所趋。而农村对传统调解方式的需求也逐渐减少。城镇化速度加快导致村庄空心化现象日益严重，留在农村的绝大多数为老人、妇女和儿童，过去因农业生产、宅基地、土地、林地、池塘使用权发生纠纷的可能性变小。倘若偶有纠纷需要进城务工青年回家乡参与调处，他们速战速决的心态也十分明显，往往以理性态度追求尽快结案，并不愿意接受长时间的教谕式传统调解。

第二，司法社会工作具有独特的视角和工作思路。我国以往参与社区调解工作的主体，主要由社区干部、司法所进行。近年来律师事务所、检察院和一些商业性质的矛盾调解机构也纷纷在社区设立了矛盾调解工作室。但这些主体

① 《北京一空巢老人去世两个月因尸体腐烂才被发现》，载网易新闻 2004 年 11 月 5 日，http://news.163.com/41105/1/14E17I2J0001122B.html。

无一例外都是从法学视角出发,对待纠纷双方所诉争的利益冲突都遵守着不言自明的单一静态利益观,工作重心也着眼于化解当事人双方诉争之内的利益冲突。这种利益是单一且既定的,以解决所诉争的当前利益冲突为工作目标。尽管也采用了做大"蛋糕"挖掘双方利益共同点的工作思路,但主要以纠纷双方签订调解协议书或尽快履行协议内容为工作目标,追求案结事了,其他潜在风险则很难继续深入化解。对社区人民调解员通常也是按照结案数量考核其工作绩效,类似于消防员事后救火。

司法社会工作对待所诉争的利益,采用多元动态视角和综合性思维。其将若干个与纠纷相关联的社会关系而非仅仅法律关系合并,从"人在情境中"的视角出发建构成立体网状结构并加以思考,设计解决方案。不仅着眼于纠纷双方所争斗的物质利益,还着眼于非物质利益;既关注诉争内利益,又关注与诉争相关的纠纷外利益;既关注当事人的当前利益,又关注长远利益,尤其还关注可能发生的潜在风险并提前加以防范。它并不是对纠纷产生的历史事实进行回溯,也不是着眼于作出双方"非黑即白""非对即错"的二分法裁决,而是把化解纠纷的过程看成治病救人的过程,着眼于全局和未来,是一个标本兼治型的"全方位诊治过程"。

第三,司法机关积极提供必要的支持。当前全国各地都在探索创新社会治理方式,尤其在"枫桥经验"作为样本在全国各类司法机关宣传推广之后,各地纷纷效仿和学习。江苏、上海、山东、四川率先探索建构大调解机制,涌现出一批调解品牌机构。这一过程自然也会为社会力量参与社区人民调解争取到人员、经费和平台等多种资源支持。譬如,上海市浦东新区人民法院与东方调解中心合作,对于贸易商事案件,在当事人诉至法院前,先进行必要调解,大大降低了法院商事案件的审理数量。在不少地区,司法机关还纷纷借助大调解联动机制向社区人民调解转介纠纷,尤其是传统上最为适合社区人民调解的婚姻家庭类纠纷,直接导致社区人民调解案件数的激增。社会工作者应当敏感意识到当前社会治理的广泛需求,从多角度尝试介入社区人民调解工作。

第四,调解程序与社会工作伦理完全契合。从参与者的主体地位看,社区人民调解与社会工作二者都遵循自愿原则,人的尊严受到充分尊重,关注当事人双方的心理状况,照顾当事人的福祉。从调解程序看,当事人主体地位平等,司法社工保持中立,调解协议保密。从参与者的心理看,治疗性调解、交涉性调解、判断性调解、教化性调解都是弱势当事人所不能充分抗衡的，合意的达成实际会出现“贫困化”。司法社会工作者通过运用同理心、共情、接纳等多方面技巧，平复当事人情绪，建立信任，主导议题，能够克服弱势当事人“合意贫困化”现象出现。

（二）司法社会工作参与社区人民调解的三大难点

尽管司法社会工作参与社区人民调解有着很好的契合性，各地在实践中也做了很多探索，但依然遭遇了诸多难题。目前在初期阶段主要的难点有三：

一是社工没有决定权，群众对社工参与社区人民调解缺乏尊重。司法社会工作者属于新兴职业，群众对此缺乏基本了解。此外，法律相关规定也不明确。《人民调解法》第34条规定，“乡镇、街道以及社会团体或者其他组织根据需要可以参照本法有关规定设立人民调解委员会”。这里只是预设了司法社会工作者以工作人员的身份参与到社区人民调解委员会中去，成为其中一分子。立法者似乎并没有预见到社会工作机构单独承接社区人民调解工作这一新情况，在立法上并没有明确展现。

但上述因素并未触及司法社会工作难以介入社区人民调解的最关键因素。如果把和司法社工的工作内容与接近或者关联性较密切的法律类职业人群进行比较，就会发现司法社会工作者虽然距离法律职业人群很近，却与警察、检察官、法官等的工作完全没有可比性。司法社工没有任何决定权，全凭个人素养、个人魅力与个人工作技巧，不但要促使矛盾对立双方握手言和，“相逢一笑泯恩仇”；还要做调解员、律师不做之事，如帮助困境当事人链接资源、防范可能的风险、情绪疏导、修复破裂的社会关系支持网络等。调解工作本身涉及复杂的利益冲突，矛盾双方都希望获取自身最大利益，往往情绪格外冲动，手段无所不用其极。司法社工以第三方身份居中调解，属于没有政治权威身份、没有长老权威身份、没有技术权威身份的“三无”人员。在传统“清官”文化心理影响下，群众潜意识里将司法社工扮演的矛盾调解者角色看作“清官”，希望通过借助其权威实现自身的利益，这就使司法社工很难行使话语权。

二是当前的社区人民调解绩效考核具有较浓的行政色彩，与社工的专业知识和工作目标一定程度上相脱节。表面上看，新时代社区人民调解工作朝民间社会组织积极参与的职业化、专业化趋势发展，目前各地司法行政机构都在积极推动社会力量建立专业型调解委员会。理论上讲，司法社工应当能够大显身手。然而在实践中,受限于社会发育程度和我国综合社会治理水平,作为第三方的社会机构起步晚、成长慢,当前十分依赖政府的保障与支持。原本很多属于当事人地位平等的普通民间纠纷,如劳动者权益纠纷、医疗纠纷等,由于社会第三方力量背后有行政力量的考核监督机制,使调解工作从一开始就容易使政府作为一方当事人卷入其中。当事人"有困难找政府"的心态以及政府自身社会治理角色定位不清,导致政府事实上要么过度参与,承担过多的责任,难以平衡双方的利益;要么调解工作不足,在矛盾化解领域混淆自身与社会的界限,致使很多普通的社会问题矛头直指政府,影响政府的公信力。司法社工参与社区人民调解有自己的专业工作方法和绩效评判标准,并不能完全适用案结事了、以数量论成败的考核机制。政府购买项目的绩效考核方式要准确定位项目完成质量的评判标准。否则,过于浓厚的行政色彩导向,容易使当事人对社工的中立性提出质疑,也使社工的专业工作方法难以有效展开实施。此外,司法社工以第三方身份参与社区人民调解,还存在培育扶持机制、保障机制、引导机制、介入机制和管理机制等各方面的障碍。

三是社工进入社区人民调解领域还存在体制樊篱。经过国家多年来不断建设,我国已经建成从上到下、从中央到地方的完整司法行政调解机构。以基层司法所为主要力量,妇联、消费者委员会等"准官方机构"承担着大量普通民事纠纷的调解任务,且调解不收费,工作人员办案计件付酬,有补贴收入。虽然社区人民调解启动了社会化试点,初衷是尝试建立一种在政府引导下,社工或社工机构自发参与、自主成长、与其他社会力量交融的格局,共同完成社会协同治理的社会管理创新尝试;但在实践中,司法社工以社会力量身份进入社区矛盾调解领域,面临着身份、体制的尴尬境地。政府部门在制度设计上似乎更希望社工在社区人民调解中扮演志愿服务的角色,更多的是强调社工的奉献行为,很难激励有专长的高级社工人才进入社区人民调解工作领域。

(三)司法社会工作参与社区人民调解的路径

司法社会工作参与社区人民调解,是在社区人民调解向社会化转型大背景下尝试将社会工作本土化的行动。其最大特点是参与主体的广泛性和多元性,工作方法的延伸性和覆盖性。这些特点要实现,依赖于社区人民调解工作理念的转变。新时代社区人民调解实质上是政府逐渐从"包打天下"的全能地位淡化出来,加快激发培育民间力量进入的一个动态平衡过程。这一过程虽然给司法社会工作者提供了难得的参与机会，然而目前现实且紧迫的问题是司法社会工作如何参与？如何选择适宜的参与路径？这一复杂漫长的探索过程既需要司法社会工作者积极参与、勇于创新，也需要政府科学设计，加大政策、资源的支持力度。只有政府与民间双方共同协作，积极作为，相互支持，才能找出一条适合中国特色的社区人民调解本土化路径。

其一，从宏观层面看，政府应理清思路，引导分类发展，重点做好规范与扶持工作。司法社会工作参与社区人民调解实质上是政府的治理方式从刚性治理向柔性治理全面转型的表现，对于政府和社会工作职业群体本身都属于"摸着石头过河"的新领域。在这一复杂的实践探索过程中，首先需要政府理清思路，清晰定位社会工作机构以及社会工作者在社区人民调解中的角色。在此基础上，政府重点做好规范和引导工作。目前司法社会工作参与社区人民调解，在调解程序、调解方法、调解效果和机构内部运作、经费管理等方面，还存在诸多混沌。既没有行业标准，也没有政府制定的官方标准。社工能参与调解案件的范围、权利义务边界、工作时限、与其他调解组织和司法机关的衔接关系等，都需要政府制定或引导行业协会制定规范的操作标准。

从目前《人民调解法》立法来看，其初衷似乎是预设把社工机构放置于以社会第三方力量身份加入公益性质调解的位置，一些司法行政部门的文件中似乎也是这样进行设计的。当然，这大体符合社会工作目前在我国的发展状况。但如果完全按照只进行公益调解的思路走下去，就限制了司法社会工作参与的空间，也限制了社工机构作为民间社会组织的工作范围。社区人民调解应当按照分类发展的思路，明确区分公益调解和商业调解。二者发展方向不同，司法社会工作参与社区人民调解的要点也不同。

对于公益调解，政府可以通过购买服务项目的机制建设，孵化培育一批驻社区的调解类社工机构或公益性社工岗位，逐步将一部分原本由司法所、工青妇等单位由于"人少案多"而没有精力承担的普通民事纠纷调整到社工机构去，或者积极利用已有的调解网络，在工青妇、消费者协会等社会组织中设置公益性社工调解岗位，扩大调解的社会基础。同时，地方政府应当根据当地情况，在公共资源、经费的调度上，向参与调解工作的公益性社工机构倾斜。例如，及时出台手续简化、税收减免等优惠扶持政策，制定工作规则和评价标准；通过购买服务鼓励社工机构参与纠纷解决；经费的投入要保证稳定性和持续增长性，与矛盾纠纷的总数和化解成效相适应。

在保持社会工作主要以公益性属性参与社区人民调解的同时,政府应当支持和鼓励社工机构的商业性调解市场化运作,做好规范和引导工作。目前绝大多数社工机构生存大都依赖由政府购买服务,资助金额有限,致使其运作的独立性和自主性受到限制,可持续发展能力很弱。事实上,社工机构作为民间社会组织,本身有着很强的资源链接能力,尤其在重大疑难矛盾化解、重大工程建设或突发性事件的处置方面,社工介入能够有效地链接多方资源、做劝说安抚工作,能灵活地媒体打交道,能更娴熟地处理与社区居民关系。在司法社工实务中,上海、深圳法院的家事法庭已经尝试与社工机构合作,在法院内部设置调解室或在其他场所设置独立的办公地点。在案件起诉到法院正式立案前、审判中、执行中,司法社工都可以进行专门调解。如果调解成功,纠纷双方向社工机构、社工支付适当的费用,既符合当前市场经济运作规律,激发了社工的工作热情,提升了纠纷的调解效率,能维持社会工作机构的可持续发展;也有利于减轻政府的财政负担,取得更长久的社会治理效果。

其二,从中观层面看,司法社会工作应走嵌入式参与道路,发挥专业社会工作的专业特长。众所周知,社会工作在中国起步晚,发展基础薄弱,社会认知度不高。就现阶段而言,司法社会工作机构以第三方身份自收自支、自负盈亏独立承办社区人民调解案件,尚不太具备推广的成熟条件。当下的起步工作是适度定位自身角色,走弹性嵌入式发展道路。

目前国内司法社会工作嵌入式发展有两种形式。一种是提倡将司法社会工作的理念与技巧融入专业社区人民调解员实务工作中。如冯山在《如何在人民调解工作中植入社会工作元素》认为,社区人民调解员应当吸收借鉴社会工作的尊重与接纳、同理心、价值中立不批判、个别化等伦理,借用社会工作的思维理念和工作模式,运用社工情怀和专业手法柔性处理社会纠纷。[①] 在社区人民调解实务中,上海市人民调解协会明确要求调解员必须参加社会工作方面的相关职业技能培训,从职业准入口径拓宽社区人民调解员的专业技能与工作理念。

另一种嵌入是社工机构、专业社工与其他社区人民调解机构合作,形成团

① 参见冯山:《如何在人民调解工作中植入社会工作元素》,载《中国社会工作》2017 年第 24 期。

队办案,划分工作领域,各负其责。嵌入的起点是与当地社区人民调解机构建立信任合作关系,评估社区人民调解工作人员对专业社会工作的需求和认知,评估业务的关联程度,协商双方在纠纷调节过程中各自的角色定位,开展具体的嵌入实务。譬如,在社区设置由社工担任调解员的岗位,参与矛盾的调解与指引诉讼路径工作,对案件负责,接受考核与监督。在团队合力工作中,社会工作者要注重发挥本专业的预防性特长、治疗性特长和发展性特长的突出优势,通过各种活动及时评估案主的社会关系,在社会调查、入户工作中从源头发现问题,排查纠纷,预防矛盾。在社会工作实务中,"参与式治理""任务中心模式""危机干预模式"等都是社会工作发展性特长优势。工作者如何帮助服务对象快速有效地摆脱困扰或冲突,社会工作领域已经发展出了"能力建设""心理调适""社会支持"三大策略①,致力于从治疗性角度帮助纠纷双方长远彻底解决问题。

其三,从微观层面看,司法社会工作参与社区人民调解工作应深耕社区,形成自己独特的服务领域和服务模式。社会工作者参与社区人民调解,与其他社会力量参与相比,一个显著的区别是服务人群主要面向社区居民。社会工作应当立足于社区,深耕社区资源,深挖社区潜力。社会工作者最擅长的领域之一就是做社区工作,与社区居民打交道,利用手中丰富的社区资源,排查隐患,及早化解小矛盾。同时,在社区工作中不断促进社区居民之间、社区企业、事业单位等参与主体之间的日常密切交流互动,增进情感交流,创造和谐友善的社区环境,营造社区安全系统网络,实现社区治理日常化。

在服务模式和工作方法上,不应盲目照抄照搬司法所、律师事务所、交警队等专业司法机构的工作方法与工作流程,应紧紧围绕自身的专业工作手法深挖潜力,积极创新。司法社工调解纠纷的服务要点在于采用深度工作法,在矛盾爆发前及时排查隐患,在矛盾爆发后关注人在情境中细节,重点关注调解过程,着重以案主的心理感受为中心,注重调解过程的良好体验性,而不是一味追求达成调解协议的事实结果。与其他调解机构相比,从源头上尤其是从纠纷双方情绪感受上化解矛盾,是司法社会工作参与社区人民调解的最大特征。其在充

---

① 参见李晓凤:《专业社会工作实务方法在人民调解中的运用》,载《社会工作下半月(理论)》2009年第10期。

分考察纠纷双方的利益诉求的前提下，细致调查案主背景信息与以往生活习惯。从性别、性格特征、社会地位、文化背景、身份职业、文化习俗、社会关系网络等准确把握其心理特征，全方位评估案主的心理期待和主观感受，预先评估案主可能遇到的风险与困难，设计好沟通交流策略，结合其自身特点细致评估案主的期望值。每次交流后及时收集分析案主的反馈，设计开放性问题来征询其真实意见，重视服务体验，发挥社会工作优势视角理论之所长，充分调动矛盾双方的潜在能力，促使达成合乎法规与准则要求的协议结果，让案主充分体验到尊重、平等与自主，全程做好细致入微的情绪安抚、沟通交流、资源链接、结案后的定期回访等工作。这也是司法社会工作优于其他调解力量的突出特征。

在工作流程方面，大体包括以下内容：一旦接手纠纷案件，充分发挥其专业优势，尽快建立专业连接关系，全面进行社会调查收集资料，设计调解的目标与具体步骤；运用专业的调解手法展开调解工作，促使纠纷各方展开充分的讨论协商，尽可能促使纠纷双方和解达成调解协议，并对协议的效果进行评估，督促各方切实尽快履行调解协议，履行完毕后进行回访和后续跟踪服务。

司法社会工作参与社区人民调解，是在政府职能发生结构性转变的历史背景下，尝试将西方引进的社会工作理念、工作手法与中国本土情景相结合的实践性探索。在这一过程中，国家从立法上已经为司法社会工作机构、司法社会工作者参与社区人民调解工作提供了法律路径，这既是很好的发展机遇也是严峻的挑战。在当前众多的民间社会调解力量中，司法社会工作应集中力量找准自己的优势之所在。找准根基，发挥自身独特优势，积极探索出社会工作介入社区人民调解的路径，为社区和谐稳定促进社区法治建设作出贡献。

三、加快以"良芯"为内核的智慧社区建设

（一）智慧社区的基本样貌

早在 2014 年，我国住房和城乡建设部就颁行了《智慧社区建设指南（试行）》，明确地规划出我国智慧社区建设的目标、基本原则和建设的主要内容，正式提供了我国智慧社区建设的统一参考标准。中央政府已经认识到现代智慧技术是一种强有力的社会治理力量，及时进行了全盘统筹规划，预防各地规划标准不一而导致之后信息"大联接"困难。此后，虽然江苏、深圳、上海等地的智慧社区建设取得了一定成就，但从总体上看，进展速度十分有限。西部欠

发达地区数量众多的城市社区多数还停留在观望阶段,东南部发达地区中也只有个别社区进行了样板工程试点。

目前,国内智慧社区的基本规划格局如图 7 - 1 所示。智慧技术落户社区主要应用于社区管理和社区服务两大领域。目前,从技术角度而言主要有两大组成部分:一是基础硬件设施物质设施,主要包括一些必要的机器设备、网络线路、数据存储管理、数据分析等;二是基础信息平台,主要是各种软件应用。总体上看,除了智能快递柜、智能门禁卡受到居民普遍欢迎并被广泛接受外,对于其他技术多数居民还是抱着畏惧、犹豫或观望态度,接受度并不太高。

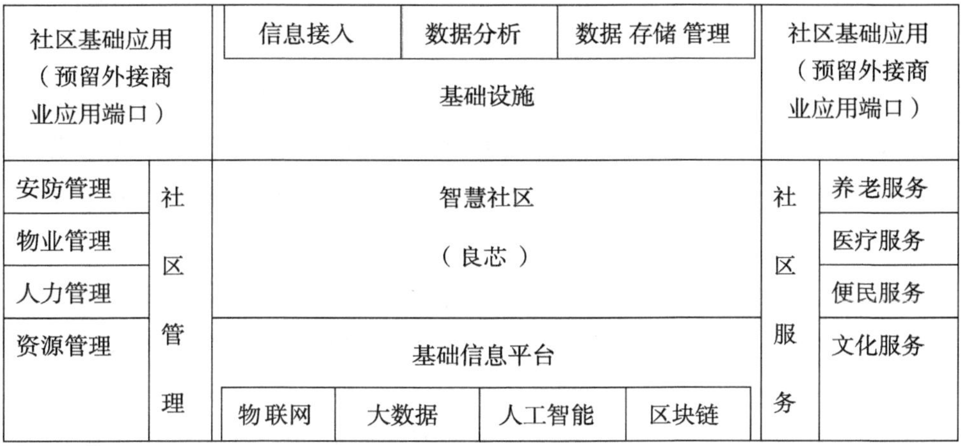

图 7 - 1　我国智慧社区的规划格局

真正让全国人民深切感受到其巨大优势并熟悉这一新生事物的,是近期社区应对新冠肺炎疫情阻击战中,智慧技术在进行病员追踪、物流配送、数据分析等各方面都显示了强大的参与社会治理能力,取得了显著效果。社区成员都深刻地感受到了以物联网、大数据、人工智能、区块链为代表的现代高科技给社区治理带来的便捷、严谨,这也是取得疫情阻击战胜利的重要支持力之一。从人文的视角看,其广泛的参与性、信息及时公开、人人平等、责任追究可溯源等恰恰也是法治精神的表现。

(二)智慧社区建设需要有一颗"良芯"

智慧技术是社区依法治理的强有力物质平台,是开展依法治理社区活动的重要技术保障。但值得注意的是,智慧技术的终极目的是为人类谋取福利,需要有一颗“良芯”作为内核。

目前,智慧社区建设更偏重于社会管理方面,网格化治理效果显著。但从长远来看,智慧技术并不仅仅是社会管控的手段,应当注重智慧社区的道德内核建设,加快为基本民生服务建设的广度和速度。目前智慧社区建设在基本公共服务方面未能与社会管理前进速度相一致,尤其在与群众日程生活联系紧密的社会保障业务、社区医疗服务、文化服务方面应用都远远不足。有的社区没有铺设相应的物质基础设备,做不到在社区“一站式”办理完某项业务的全程,往往只能办理某些方面,其余手续还需要到相关业务部门办理后续手续才能完成,前置筛选程序反而增添了办事的难度。有的社区虽然物质技术设备很完善,但居民普遍不会使用,无人辅导指点,工作人员视而不见,甚至不耐烦地大声训斥使用者笨手笨脚乱点程序,居民因此产生畏难情绪致使设备沦为摆设。针对残障、老年、重大疾病居民的传统上门服务完全取消,工作人员冷漠坐等,把责任推脱到机器设备上。智慧技术不是让居民生存变得简单的中立工具,反而演变成框定人们该做什么的干预工具。

智慧社区建设的“良芯”本质是要求社区工作人员必须有一颗同理心,自始至终贯穿以人为本的精神,设身处地地站在居民角度邀请技术人员规划、设置操作程序,尽可能以多元化的端口和操作界面为居民提供多样化选择。譬如,在输入方式上,语音、字体、盲文输入等方式均可;密码尽可能采用指纹、语音、人脸识别、虹膜识别等技术,避免让居民单一使用数字;操作界面应当十分简单,不要层层打开、进入多个窗口;每一操作步骤最好都伴随采用语音提示居民如何进行下一步操作,尽可能采用“傻瓜式”操作为弱势人群提供最大便捷。同时,更要加大宣传普及力度,不要采用散发宣传单、黑板报等方式进行高度抽象说教,应当积极探索创新更多体贴到位的新方式。譬如,建立“智慧技术体验馆”让居民利用闲暇时间在这里学习操作技巧,熟悉办事流程;动员义工组织、党员、志愿者提供辅导,让居民实实在在认识和亲自体验到智慧技术的优势。既不能怀着高高在上的官僚心态,人为设置技术壁垒,强迫居民必须学习使用既定的操作规则;也不能以自行承担不利后果相威胁,引发居民恐慌,产生抗拒行为,激化干群关系,反而不利于社区治理。“人”是一切社会问题的根源,智慧社区建设如果只见“物”不见“人”,急功近利地摆放各种高端物质设施技术而缺乏温暖的人文关怀,如果只注重智慧管理,不注重提供智慧服务,则只能打击居民使用智慧技术参与社区生活的信心和热情，得不到居民的理解和支持，很难科学有效地使智慧社区可持续运转起来，智慧社区终究会变成了只见“智慧”不见“社区”的冷漠场域。

（三）智慧社区“良芯”的四个维度

其一，“良芯”既是一种以人为本的内在精神，又是一种明确而清晰的外在活动。要致力于建立完整的可行性制度框架，使依法治理不仅仅依赖于现代智慧技术，更依赖于塑造以举行社区集体活动为社区常态的制度。它的目标并不是要建立什么充满了脉脉温情的完美基层社会，而是通过协商、讨论、对话，公开信息交流，发挥社区民主自治优势，推动社区形成自律的集体意识，尽可能维护社区场域内的自由与公平、正义，实现社区秩序的再整合，推动社区文化的再生产。居民在一次次使用智慧技术的过程中，反复体验到了只有严谨、理性、客观才能完成操作，通过使用智慧技术训练出了守规则意识。此后，居民绝不会在不允许停车的区域胡乱停车，也不会随意去反对办事流程。他们会拒绝一切事先未经预约、未经筛选判断的临时方案，更不会无条件接受陌生人披着官方外衣随意指挥。

其二，“良芯”意味着智慧技术在社区的发展应可持续、协调及安全，不应沦为形象工程的摆设。在我国各地的智慧社区建设实践中，或多或少都出现了一种混乱现象。各行政部门大多在每个社区都安装有智慧设备，但数据标准不一致，外界端口接入五花八门，由此造成社区内各设备之间存在信息技术壁垒，每个社区之间也各自为政形成“信息孤岛”。这种现象折射出在智慧技术落户社区项目开工之前，各部门事先没有进行充分规划设计，没有反复进行细节沟通，更没有实地走访社区群众听取他们的意见，只局限于本部门“小圈子”的狭隘工作目标；不考虑社区居民的使用是否方便，只热衷于智慧技术服务于行政管理，消极应对群众对公共服务的需求，充满了本部门的利益算计。

应当秉承“以民为本”“服务居民，造福一方”的理念，打破“信息孤岛”，伸展外延，建立信息衔接机制和全面保障制度。事前、事中和事后都应扎实走访群众，广泛收集意见，准确了解掌握本社区的具体需求，统筹信息系统的全盘布局，建立有效的居民个人信息安全保护制度，提升工作人员的法律意识，还应定期组织专家进行信息安全的评估与设备检修，及时导出数据进行分析，清理垃圾信息，完善信息系统报备程序。实践中，一些社区还存在“懒政”现象，长期不进行技术升级换代、不更新信息软件,甚至键盘缺损,设备屏幕模糊不清,电线老化,外接端口失灵,任由居民一遍遍重复低效率操作而无动于衷。表面上看是缺少了最新技术的支撑,实质仍然是缺乏"良芯"的表现。芯片坏了,智慧社区便只剩下一堆冷冰冰的废铜烂铁;懒散、对抗、无知、狭隘取代了生机勃勃的公共精神,将会一步步侵蚀社区法治精神所依赖的精神基础。

其三,"良芯"意味着善意收集与使用居民个人信息。智慧技术应用于社区治理与服务中,能够收集到大量关于居民通信工具、动产与不动产、社保、医疗、交通路线、日常社会交往人物、电子邮件、虚拟空间言论甚至指纹、虹膜、声音等个人信息。出于社会综合治安、危险防控的现实需要,政府确实有权利收集居民的真实信息以进行精准定位、分析和监控。然而,也存在多部门数据分享过程中居民隐私被泄露或者被不当使用的风险。此外,还存在重复收集居民个人信息、反复打扰、不说明使用目的、将信息用于远远超出事先声明的用途之外、未经居民许可擅自公布居民的个人信息给第三方等现象。泄露居民个人信息的主体不仅涉及社区工作人员、政府工作人员、第三方社会组织,还包括进入社区的商业企业,比较常见的是医疗康复机构泄露社区老人的信息档案资料、快递企业泄露居民通信方式。实地调研发现,隐私泄露担忧往往成为部分居民抵制使用智慧技术的重要原因之一。要解决这一问题,需要做到以下两个层面。

一是技术层面。首先,智慧技术应当在程序运行开启之初,在设备界面醒目位置以简洁通俗的形式告知收集居民个人信息的目的和使用范围。必须告知居民自身哪些信息被收集并用于何处,并在居民完成信息填写后完整展示所收集的信息。同时,居民有权利采取措施避免数据被不当使用。必须允许居民有权利删除自己认为不适宜收集的个人信息,或者删除不同意永久存储的个人信息。

其次,要建立隐性强制标识层,利用隐私强化技术(Privacy Enhancing Technologies,PETS)①,居民可以有效地控制自己所提交的个人信息,还可以获得一个可以信赖的假名。标识层技术可以精确验证用户是否为未成年人,是否

① 参见[美]劳伦斯·莱斯格:《代码 2.0:网络空间中的法律》,李旭、范伟伟译,清华大学出版社 2009 年版,第 243、245 页。

非法入侵，是否为列入黑名单的被监控分子，是否拥有访问权限，可以有效地防止个人信息被无端泄露。此外，还可以建立一个隐私参数平台（platform for privacy preferences）用于存储居民在使用智慧技术过程中生成的各类参数信息，从上游实现对隐私泄露的有效控制。这两者在技术层面上并不难做到，但目前我国的智慧社区缺乏足够的法律意识，缺乏对作为社区主体的社区居民的足够尊重，当然也出于节约投入成本考虑，绝大多数已经建成的所谓智慧社区都没有做到。

二是法律层面。当前应尽快进行相关问题的立法。首先，要制定全国范围的统一法律基本规则。其次，鉴于硬法律立法程序和速度跟不上现实的需要，且现实中每个人对于隐私的认知范围不同、对隐私保护的需求程度差异巨大，目前各地可以采用软法方式，在程序启动首页设置进入隐私参数平台，签署隐私保护契约，由居民自由选择个人隐私的保护范围和可执行的损害救济方式。上述措施从表面上看是着力从技术层面和法治层面注重对于居民隐私的数据信息保护，但本质上恰恰是考察智慧社区建设成就最有“良芯”的表现之一。

（四）“良芯”意味着智慧社区建设要明确技术与人的次序关系，务必确立人是技术的主体

社区工作对象主要是居民，应当围绕着社区居民的现实需求和社区发展规划来开展各项工作。智慧技术无论多么发达，只是服务于社区工作的载体，不能把大量的资源和精力投入到社区智慧技术的开发、维护、数据分析中，致使人成了技术支配的对象。实践中，社区工作人员越来越年轻化、高学历化，操作现代电子技术普遍比较强，但与群众亲密互动的能力较差，甚至有意无意地轻视基础群众工作。社区工作人员热衷于炫耀技术却疏远冷漠居民的背后，折射出缺乏“良芯”的心态。

智慧社区兴起以后，进一步弱化了居民之间的日常互动，加剧了“社区精神”没落。物业远程缴费、远程挂号、行政申报、意见反映等多数事项在社区智慧技术远端就可以实现，大大减轻了居民以往办理业务往返跑腿占用的时间和体力。居民从烦琐的日常事务中解放出来，就会产生更强烈的精神需求。智慧技术擅长帮助人们高效完成事务性劳作，但现阶段很难主动满足人的精神需求。智慧社区建设不能只注重怎样满足居民“足不出社区”办理各类事务的需求，还应同时引导居民“走出来”，采用多种智慧技术促进居民的日常互动，满

足居民的精神需求。开展丰富多彩的社区活动,打造充满了生动鲜活气息的人类家园共同体,带给居民良好的社区精神交流体验,进行社区文化创新与再生产,重构社区精神,才是智慧社区建设的长远价值和意义所在。

可以通过智慧技术建立网上社群,随时发布通知,进行风险提示,征集意见与信息反馈。根据群众兴趣开展丰富多彩的文化活动,开展志愿服务、慈善募捐和互助活动,制造更多的线下互动交流机会,让社区居民彼此熟悉,培养感情,结交朋友。为此,一些社区探索出利用智慧技术对热心参加社区活动的居民进行积分奖励的策略。值得注意的是,目前智慧技术在各地社区养老实践中应用得最多,进展如火如荼。但实地调查中发现,老人其实对于物质生活的需求并不多,但对于精神需求却很高。无论多么简单操作的智慧技术,老人们都提不起兴趣。这不仅是因为遭遇技术困难,更主要的原因还在于线上物质需求服务取代不了老人们对于线下互动交流以排遣孤独寂寞、获得情感慰藉的强烈需求。多开展线下互动,多进行人与人之间的在场陪伴交流可能会取得更好的效果。因此,有“良芯”的智慧社区养老才是真正传承了中华民族孝老爱亲传统美德。

结语:基于中国经验的城市社区法治新图示

本书选取了在中国地理分布范围广、数量多、发展水平参差不齐的西北城市社区作为研究对象,分别考察了区县城市社区、地州城市社区以及省会城市社区各自处于不同的发展阶段。它们拥有的政治、经济、文化社会资本和资源环境不同,从而制定了不同的社区法治策略。同时发现,“法治”的含义在社区治理方式改革探索中得到了拓展,依法治理方式因地制宜地发生了灵活变化,已经不再是传统法学界所孜孜以求的“有法可依,有法必依”严肃刻板的法治理想主义。最为引人瞩目的变化是社区法治探索出了具有中国实践智慧的,从党政主导、政社合作到社区自治软法登场,不同社区根据自身实际状况重新界定了国家与社会的动态关系,探索出了“法律 + 社会治理”的多种范式,务实地迈向了现实主义法治道路,使社区“法治”最终成为社区治理“善治”的一个组成部分。

一、法治理想主义在中国社区治理中遭遇的困境

从 1996 年起,北京大学苏力教授先后出版了专著《法治及其本土资源》《送法下乡》,引发了国内法学界对西方法学移植中国所遭遇的对中国本土文化“水土不服”问题的注意,中国的依法治国道路自此进入了管制型法向自治型法、回应型法多元共存的漫长探索阶段,不断尝试发挥东方经验的优势构造具有中国本土特色的法治路径。法治问题本质上是

社会治理问题的组成部分，法学界研究主题的大转型，实际折射出的是社会治理众多理论中影响最为广泛的国家—社会二元对立理论的反复印证过程。中国的国家与社会二元关系与西方有着漫长的历史文化区别，造就了与西方社会迥异的特殊关系结构。辛亥革命前中国社会结构是“家国一体”，随后在计划经济时期进入了总体性社会，改革开放以后又向多元化社会结构转变。尽管社会结构的转型必将促进法律作为社会治理方式的不断转型，但不得不承认，苏力及其后来者在这一时代转型过程中尝试开拓出的民间法学或社会法学依旧并非国内的主流法学。法律作为广义政治的一个组成部分，依然保持着多年不变的威严面孔，“让人们如崇拜信仰一样崇拜法律”成为法学界津津乐道的理想法治效果。然而，法治理想主义在基于几千年乡土中国文化涵养起来的社区空间内遭遇到了前所未有的尴尬，依法治理社区比依法治国情形更为复杂。

（一）文化传统断裂，缺乏预想中的强烈法治诉求

“社区”和“法治”原本都是西方“舶来品”，引进中国后缺乏历史文化根基支撑。中华传统“礼治”文化根深蒂固，虽经历数千年的风风雨雨，依旧深深扎根于国人精神世界。每一个中国人幼时接受最多的教育是“礼”，在不断尝试应用“礼”的过程中学习人际关系互动，用“礼”指导个人从少年到青年的社会化成长历程。自由、平等、权利、正义等现代法律观念，在中国社区居民心中尚不及礼治文化影响面广。

中国大规模普及“法治”理念大体是伴随改革开放从西方引进、吸收的，因为市场经济必须是法治经济，引进至今也不过才四十多年的光景。“社区”则是中国为适应社会结构转型的需求才逐步引进的，在全国大面积铺开建构也不过二十多年，甚至在西部边远地区才十多年。面对这两个尚处于探索发展的初步阶段的陌生外来事物，多数人还迷茫踌躇。社区怎么建？社区的功能是什么？“我们”就等于是“社区居民”？中西方文化传统的差异意味着将“法治”和“社区”两个完全外来的事物结合起来并在中国快速落地生根显然并非易事。

在此背景下，城市普通居民面对转型期复杂混乱的社会问题，首先哀叹的是“世风日下”“失了良心道义”，骂别人“道德沦丧”“人品出了大问题”，呼吁加强道德教育拯救败坏的社会风气，而并非首先考虑“法律惩罚”。根据本研究的社会调查走访看，尤其在西部地区，居民们往往对于道德品行的呼吁比对

法治的要求更强烈。关于社区的立法存在数量不多、层级不高的问题,依法办事也存在诸多空白。尽管无论是工作人员还是社区居民都普遍认可加快立法进度的重要性,但同时往往也认为白纸黑字的法条太过深奥烦琐,老百姓看不懂、记不住;还认为加快立法的现实意义远不如加快道德建设更有必要性,很多普通居民觉得只要做事情凭着良心,遵守伦理道德就不会触犯法律。

(二)有法必依不得不向社区发展初级阶段的现实妥协

西方法律移植进入中国以后,就面临着与中华法系的礼治文化相冲突的问题。该问题一直没有得到很好的解决。在基层治理中,冲突表现得尤为直观。受制于诸多现实因素的困扰,有关社区的法律条文及其法治手段,其实很难在社区治理实践中真正得到一丝不苟的执行。社区内部纠纷往往是一些琐碎的事,多属于轻微侵权、轻微违约,并不会造成大面积的社会秩序混乱,多数证据也难以固定保存用于诉讼抗辩。不同发展程度的城市社区所拥有的环境资源有很大差异,追求那种统一、绝对、严格的法律规定且要求一丝不苟地执行到位,往往既不符合法律经济学原则,又伤害了社区各主体之间的长期和睦关系,抑制了社区的自我成长空间。无论在中国小城市还是特大城市,社区内人情、面子依然高于个人利益维护。法律条文规定的“罚款”“拘留”“扣押”等貌似严厉的惩戒措施,往往在遇到“抬头不见低头见,吃点亏算了”“有话好好说”“互谅互让交个朋友”等说辞后不得不大打折扣。最初法治理想主义以法律的工具理性实现中国社区自然秩序的假设并不能充分应对现实状况。

(三)身份认同的多变性导致法律能动性未能充分发挥

一般认为,法治社会的形成,有赖于公民社会的形成及公民文化的支撑。尽管学界对于国家—社会理论引进中国后产生的种种不适应做了多角度分析,后来又加入了市场作为第三元素,产生的学术成果累累;尽管各地政府勇于探索,不断从全能政府向有限政府转型,然而现实的情形是,作为依法治理载体的中国社区,国家与社会并不存在明显的社会结构边界,居民主观上也更倾向于将国家与社会互嵌,“家国一体”的观念仍然根深蒂固。

历史文化、共同体惯习、社会发展程度等诸多原因固然都能解释这种现象,但最值得关注的因素依然是居民对自身的身份排序与现实利益紧密挂钩。社区法治中存在天然的内在性矛盾,即社群身份与公民身份在不同问题背景下时常交替出现。对于一般的社区日常生活,只要是拥有中华人民共和国国籍的社区居民，其实并不会特别在意自己是否属于公民身份这一宏大群体，宪法规定公民身份上附随的社区自治权利与权力也并非基于公民身份视角去解读。他们往往最关心的是自己是否属于所居住的社区这一亚群体，即其是不是这个社区的人，是否享有本社区的公共服务或福利，是否对于社区事务有发言权、否决权。若外来务工人员长期租住本社区房屋，则最关心是否享有本社区居民一般参与权利，是否被本社区居民接纳。如果社区成员身份得到确认，其一般会遵从社区各项规章制度，缴纳各种费用，屈从于社区群体压力，主动展示友好态度。如果涉及社区生活中较为重大的事件，需要寻求外界力量帮助时，则公民身份优先于社区居民身份，典型的例子就是"有困难找政府"，"有问题找政府"。社区自治开展至今并未得到实质深入，原因之一也源于居民在面对重大事务时，更乐于接受在政府指导帮助下的社区自治，而非基于社区成员资格的真正自治。

公民身份是一种理性政治法律身份，具有单一性；社群成员身份首先是一种小集体的成员资格身份，其次才是政治法律身份，并且在现实环境影响下呈现多元面貌形态。基于这种感性身份构建的亲睦友好社群文化并不能成为支撑社区法治的文化根基。这种"大身份"与"小身份"不断随境遇发生变化的情形，导致法律的直线式运作的对象具有极大的不确定性，不得不削减理性而作出部分折中变通。

（四）社区法治的国家建构与社会回应之间存在巨大的落差

毋庸讳言，在任何主权国家，法治的整体宏观框架结构必然由政府建构并负责完整运行。政府有责任基于全体国民的共同诉求制定一批制度性的规则来形塑社会秩序，影响和主导社会的有序运行。一般而言，主体的能动作用必须有实施作用力的对象，且必须得到该客体的回应才能进行。在社区这一最基层的生活空间内，国家法治建构与民间社会组织参与之间形成了复杂的张力关系，实践中表现为国家法治蓝图规划与社区的现实回应之间的巨大错位。

国家法治建构一直在着手推动从"管理"向"治理"的转型，但时至今日，仍然在"管"与"放"之间游走徘徊。法律被潜在认定为是维护社区秩序稳定的工具，预防、威慑、打击功能优先。于是，在"预防主义"思路的指导下，国家对民间社会组织从立法到管理实践都构建了严格的规章制度。但在共建共治共享背景下，又不得不采取扶持策略，主动建设各种孵化基地，从事前严格审批、事中监管放宽为事后惩戒,加大资金、政策的优惠力度,动员社会组织参与社区建设。此时,民间社会组织被寄予厚望,被认为是多元社会力量参与社区建设的重要代表以及推动社区自治的主要参与者,也是基层社会单位彰显平等、自由、权利等社会治理法治化的生力军。在国家法治建构这种双轨制的矛盾心态下,民间社会组织对于国家法治建构做出的回应呈现出明显的路径依赖的特点,并没有成为众望所归的社区多元法治的生力军。

民间社会组织从成立之初,为了获得政府支持,主动依附于行政部门,扮演政府职能在基层延伸的"腿"和"嘴"的角色,管理意识强而服务意识弱。当然,学界认为这是社会组织在自身初始发展阶段因受制于资源匮乏被边缘化的不利处境而做出的无奈选择,待到自身有了较好发展并能够做到独立时,就会"去行政化"。然而,一些社会组织做成品牌以后,名声远扬,能够募集到丰厚的社会资金,却并没有积极寻求实现真正独立,甚至更加主动地要求国家嵌入,继续进行指导和帮扶,要编制、要经费、要扩大自身权力。部分社会组织缺乏理想、信念与社会责任,只是把它作为赚钱的工具,缺乏自我监督,不但没有向着民主、高效、务实的方向发展,反而发展出了严重的官僚主义作风,甚至主动寻求成为权力寻租的同盟。这些社会组织避税,洗钱,行贿,转移、侵吞国有资产,缺乏担当社区责任的能力,不但未能促进社区法治建设,反而破坏了社会组织的整体信誉度,阻碍了社会组织健康发展进程,影响了社区法治建设的正常进行。实践证明,现阶段社会组织并不能成为社区法治的主要生力军。这也间接导致了依法治理并不能占据社区治理的主导者地位,一味地寄希望于法律作为社区治理利器"毕其功于一役"并不现实,须得与以德治理、党政引领结伴而行。

二、中国社区法治的本土经验

就社会治理的角度而言,目前中国城市社区尚处于公共管理与公共服务条块厘清的阶段,进行依法治理的历史并不长,走的是边摸索边学边干的道路,先动手实践,后归纳经验,再抽象到理论层面,成熟的经验比较少。到目前为止,中国社区法治的本土经验大致可以概括为三点:

(一)以"现实的人"为本

中国在社区法治的价值导向上,注重"以人为本"。在制定、执行法律时首先应当考虑法律作用的对象是“人”。一切依法治理制度设计及运作，事先都应当深入社区居民的日常生活，参与社区人际交往，充分调查他们的现实需求，广泛听取其意见，作出各种决策应当有利于居民个体的生活便利或长远发展。“治国有常，而利民为本”，法治的最终目标是建设更加和睦的社区。法学界著名的东方经验“和为贵”受到了广泛的赞誉，证明在依法治理社区过程中必须考虑基本人性，遵守基本人道，维护基本人性。应当让法律有温度、有人情味儿、接地气，而非让它成为高高在上的、冷冰冰的工具。同时注重发挥法律的教化引导作用，而不是依赖其威慑作用。更为重要的是，居民不能仅仅被视为依法治理的客体，其还应当是社区依法治理的重要参与者和践行者。要尊重居民的主体地位，推动社区自治，发挥居民在社区法治建设中的聪明才智。

在一些大城市社区，居民年龄偏小，受教育程度普遍较高，使用虚拟网络交流的方式十分普遍。虚拟网络虽然拓宽了社区的地域物理空间，简化了工作流程，提升了办事效率，但也造成了社区居民群体的二元乃至多元分割。不擅长使用网络交流的弱势人群与青年网民生活在截然不同的生活世界，很难共享价值观和进行沟通协作。一个和谐的社区，应当首先回归到“社会”的本义，重建社区的共同情感。这种“共同情感的纽带，必须让人真正体验到真正的归属感和意义感，必须体现人的价值和尊严”①。中国的社区法治建设不能沾沾自喜于本社区安装了多么先进的智慧设备，采用了多么高速的网络信息发布方式。恰恰相反，重大事务应当当面沟通，“有话好好说”才是中国人习惯的沟通方式。社区法治建设事关社区全局，必须慎重行事。应当开辟多种途径促进线上居民与线下居民多进行实体沟通交流，缩小“数字鸿沟”，促使网络虚拟人“走出网络，现身社区”，变为“现实的人”，推动其参与社区活动，关心社区事务，构建社区建设共同体。

（二）与德治、党政治理结伴而行的后传统式社区法治形态

所谓“后传统”是从时间视角出发，与改革开放前的阶段相对而言。在计划经济时期，中国城市没有社区概念，基本都是单位家属区。住房归单位所有，职工只享有居住权。住宅区的秩序维持属于单位工作内容的一个组成部分。调解职工之间发生的日常摩擦或家庭内部矛盾，主要采用熟人社会的传统伦理

---

① 成伯清：《社会建设的情感维度——从社群主义的观点看》，载《南京社会科学》2011年第1期。

道德文化,思想政治教育软方法辅之,并以党纪、政纪处分作为硬威慑力。长期以来,有矛盾找党政干部诉说成为广大职工家庭的习惯性选择。进入改革开放时期后,市场经济引发住房货币化改革,加之外来流动人口大量涌入的现实状况,推动城市出现了新事物"社区"。城市社区变成"陌生人社会",现代性的依法治理不得不提上议事日程。然而,就目前而言,法律并不是唯一的社区治理手段,在一些西部社区,法律甚至不是预想中最主要的社区治理方式。

法律秩序是良性秩序,必须依托于本地资源生长出来,需要有一个内生过程,并非依靠颁布法律就能从外部施加压力建构出来。从目前中国社区的情形看,传统伦理道德以十分坚韧牢固的影响力渗透到居民的日常生活中,依旧有着深远影响力。城市社区原本就是陌生人组成的"小社会",若社区工作人员对于社区内部的日常纠纷张口闭口说的都是严肃、理性的法律条文,动不动就以法律惩罚为威慑手段,往往会引起居民的反感。居民在传统的思维习惯指引下常常并不会冷静地听法律条文知识,反而会下意识反弹式地指责社区工作方式"缺乏温度""不关心群众""没有人情味儿",引发更为激烈的争执。中国本土化的社区日常工作的逻辑是话语转换范式,即社区工作人员如果必须拿出法律条文向居民解释,也得转换话语风格,重新遣词造句,采用老百姓熟悉的道德词汇来进行叙事。尤其注重的是安抚情绪,心理疏导,化解仇怨,而不是着重于实现双方法律上拥有的权利。此外,党政引领指导社区治理在市场经济深化阶段依旧拥有雄厚的群众基础,更符合中国城市居民的群体心理认同。无论何种涉法纠纷,党政干部出面进行劝说调解,常常比法律工作者调解能收到更立竿见影的效果。

简言之,前传统式"治心为上""教以化之",追求"长治久安"的治理思想和运作逻辑,在市场经济时代的中国社区演变为"法治 + 德治 + 党政治理"的多元组合的"后传统式",在实践中大体运作模式为党委决策、居委自治、政府管理、社会服务等多种治理方式"结伴而行"。这才是与中国城市社区精神气质相契合的精准治理方式。

(三)社区法治合法性的基础在于人民认同

依法治理是现代社会治理的方式之一,社区法治似乎天然获得了毋庸置疑的合法地位。然而,社区依法治理的权力并非仅仅依靠制定若干"白纸黑字"的法律就必然获得运作的机会。归根结底,从抽象层面上它源于人民,基于民主政治的授权。从具体层面上，它必须获得社会群体的心理认同。社区依法治理要想获得预设中的理想效果，必须同时兼顾合乎利益、合乎道德、合乎传统文化、合乎法律四个基点。

中国社区法治从一开始就兼顾了社区的多样性和发展的差异性，从现实主义角度出发，以柔性灵活的方式直面问题的复杂性，基于本地资源因地制宜地探索不同的法治方式。在开展依法治理时，将社区群众的基本利益需求放在首位，在确定法治理念、选择法治路径和考评法治效果时，都应紧紧围绕满足社区居民衣食住行、生老病死的基本生存需求，兼顾追求更高层次的美好生活需求。一个典型的例子是，在以法律应对重大疫情、自然灾害时，自始至终以抢险救灾、治病救人、维护社区居民的基本生存为主线。对于工作懈怠、损害社区居民利益的工作人员，坚决依法追求法律责任。在制定、颁行新的法律文件以及贯彻执行法律惩戒措施时，充分考虑到社区居民的传统文化心理基础，综合各种因素全面评判矛盾、风险的详情，而并非简单地机械套用法律。在依法治理的实践中，应十分注重合乎道德性，满足群众的道德期望。譬如，社区干部仅仅依法办事并不一定能够获得群众的认可，往往还必须表现出较高的个人道德修养和职业道德水平。因为他们直接反映了整个社区法治体系的公共形象，直接影响了居民们对于社区法治手段的情感接受度，甚至直接影响了法律在居民中的威信。中国基层社会治理的实践智慧一再印证，社区法治只有先获得内在合理性基础，才能获得外在合法性基础。这一运作过程的内在逻辑是，只有合乎社区群众的基本利益需求、合乎传统文化心理、合乎道德规则，才能实现群众心目中所认同的法治效果，居民才会愿意主动知法、学法和守法，进而走上国家所期望的法治社会道路。

三、共建共治共享背景下社区法治的未来发展趋势

共建共治共享的社区治理策略直接解构了以往总体性权力运作下的社区管理价值观和运作模式，社区内部人口从现实扩展到网络，异质性日益突出。社区内部社会组织众多小群体将会变得日益星团化；社区工作人员将会由国家委派干部转变为民间精英，主要承担日常治理工作；社区居民的自我管理意识会逐渐加强，自我治理能力会大幅度提升；还将会出现超越本社区物理空间的跨社区联合治理。社区法治本土性、联合性、自治性、多重心性的特点将会日益

凸显,社区走上依法治理之路自然是大势所趋。

依法治理社区将会呈现更为复杂的样貌。法治的内涵和外延不再局限于传统法学的定义,将会大幅度拓展或变形。社区的人际关系、利益互动空间和组织治理框架将会产生更大的流动性。加之社区内的道德文化、市场经济深度发展都在不断快速变迁,社区内的依法治理模式将会呈现动态化、多重心化的特点。主要表现为:

第一,实体治理与虚拟治理同步进行。智慧社区建设将会加速进行,网络虚拟空间将会成为社区治理的最重要抓手之一。社区的居民,很可能兼具网民身份,或者一个网民是许多居民组成的小群体。争夺网络空间的话语权将会成为未来社区矛盾的焦点之一。一句不够冷静的泄愤型话语可能会引发社区网民的集体围攻,使千辛万苦推动建构的社区睦邻友好关系破裂。将来的社区工作人员,将会以高学历、掌握现代科技的年轻人为主,以应对网络治理的需求。法治的理念和规则将会深入虚拟网络空间。软法因其灵活性、精准性将会得到更为普遍的接受和应用。

第二,多元交叉治理方式将会继续成为主流。中国的城市社区数量众多,发展差异很大,拥有的地方性资源不均,传统文化不同,人口结构有别,并不能一味追求完全依赖法律解决所有问题。依法治理社区是大方向,但不是唯一途径,自治、德治和党政治理也会同时参与其中并发挥各自的作用。居民、社会组织和政府都将会成为社区治理的参与者,社区的依法治理会嵌入广义上的善治框架之中,法治在其中所占的比例将会依据当地社区的实际情形呈现高低参差不齐的局面。社区的依法治理将会形成多元交叉立体网状结构,短期和长期依法治理效果将会不断呈现动态变化特征。

第三,法治"名"与"实"的张力将会长期存在。依法治理社区需要一些必备的基础条件。譬如,依法开展社区自治有赖于社区当地经济发展,人民物质生活摆脱绝对贫困,人口受教育程度提高,民主法治意识增强,等等。虽然上述因素并不可能同时实现,将会在一段漫长的时间内存在落差、错位,但法治建设的步伐不能停滞,必然会以形形色色的变通形式发挥依法治理社区的作用。大量属于政策、决议等性质的文件转身以软法的面貌出现,法律的含义要根据具体的实践情形不断重构,以发挥其权威效果。时代变迁了,社会治理的现实需求发生变化了,法律必将随之不断创新,软法与硬法并行将会是常态,人们将会在对软法的认识、了解中解答自身对于法治的困惑。

从本质上看,依法治理社区使中国社会治理方式发生了现代性变迁,它导致社区的空间、人口构成和精神需求都发生了根本变化。国家不得不面对现实,探索新的多元并举方式应用于社区社会治理实践。依法治理在社区善治总体框架中扮演着重要角色。它有利于中国城市社区法治文化的普及,法治理念的推广使自觉知法、守法的公民意识增强,但也存在过分夸大法律的功能导致在实践中出现法律教条主义、法律万能主义、法律工具论等弊端,在一定程度上抑制了其他社会治理方式的成长空间。单凭法律一己之力不可能实现社区善治,中国城市社区的依法治理道路依然十分漫长,仍然需要继续付出艰辛探索,理性地认清各种社会治理方式的局限性,尽可能综合发挥多元协作治理的优点,不偏不倚,各尽其能,平稳推进,避免急于求成搞"一刀切"走上激进道路。今后应当紧紧围绕共建共治共享理念,探索中国城市社区依法治理在多元协作治理模式中的角色和功能。